复旦教育研究曦光丛书

金榜题名之后

大学生出路分化之谜

熊庆年 / 主 编
郑雅君 / 著

上海三联书店

献给我的母亲，

是她用尽全力将我举过头顶，

才让我有机会去认识本书中的被访者。

献给我的母亲，

是她用尽全力将我举过头顶，

才让我有机会去认识本书中的被访者。

序　言

郑雅君是我指导的硕士研究生中的关门弟子。结下师友缘，应该是在2013年。当年春，复旦大学教学指导委员会决定开展提升本科教育质量研究。教学指导委员会主任、原常务副校长王卫平教授委任我为教学指导委员会秘书长，负责对整个研究项目进行设计，并指令我主持全校本科生学情调查。6月份我们实施了覆盖50%在校本科生和全体专任教师的问卷调查。几千份问卷回收并完成数据录入后，还没有找到合适的数据分析牵头人。当时还在担任复旦大学社会发展与公共事务学院副院长的徐珂老师知道了我的难处，便向我推荐了他们院社会学专业本科生郑雅君。一个在读本科生能胜任得了吗？起初我有点将信将疑，但一时也没有其他办法可想，只好将就委托给她了。让我喜出望外的是，郑雅君非常出色地完成了任务。她找了几位成绩优秀、有兴趣且想练练手的同学组成了工作小组，经过一个暑假的奋战，拿出了合格的总体分析报告。事后我才知道，他们实际遇到了不少拦路虎，但郑雅君和小伙伴们一点不气馁，一次又一次磋商，实在解决不了，再去向徐珂等老师请教。整个数据分析工作，一点儿也没有让我操心。秋季学期开始后，我又请郑雅君带着我的几个在读硕士生，进一步挖掘数据，做出了几个漂亮的专题报告。她的专业能力真是让我刮目相看。更让我欣喜的是，她能拢得住伙伴。别看她不泼辣、不强势，但不管年级比她低还是比她高，不论是男同学还是女同学，还都买她的账。据我的观察，主要是她为人诚恳、友善，有困难有麻烦走在前面。

那一年，慕课在中国兴起，复旦大学也走在潮头。作为《复旦教育论坛》的执行副主编，我向主管教学的副校长陆昉教授约稿，请他就慕课发展的路径选择写一篇文章。陆昉老师行政工作实在太忙，抽不出时间来动笔。有一次偶然与郑雅君谈到慕课，她兴致勃勃地跟我讨论起来，很有点不一般的思考。我灵机一动，请她去与陆昉老师合作。于是便有了那篇"MOOC3.0：朝向大学本体的教学改革"的文章，发表在《复旦教育论坛》2014 年第一期上。这次合作，使我看到了郑雅君做学术研究的潜质。于是建议她通过推荐免试直升到高等教育研究所来攻读教育学硕士学位。那年我已经过 60 岁了，本来不打算再带硕士研究生，但看到如此优秀的苗子，不能不动起了延揽的心思。而郑雅君在与我们的合作中，对教育研究的兴趣大增。我向她推荐了谭光鼎、王丽云主编的《教育社会学：人物与思想》一书，并介绍了几位美国顶级高等教育研究专家是如何从社会学研究转向教育研究的。作为一名优秀的社会学专业本科生，她完全有机会在社会发展与公共事务学院推荐免试直升研究生，但她最终下决心来高等教育研究所，让我十分欣喜。

对她更深入地了解，那是在成为我指导的研究生之后。她老家甘肃张掖，少年丧父，因而比一般的孩子性格更加坚韧，更有自强的意志。大西北民风的熏陶，使得她具有那方土地上的人所特有的纯朴、诚挚和善良。她父亲在世时善书爱画，这种文人气质也影响了她。我看过她在列车上画的一幅窗外风景水彩速写，那种对大自然美的敏感超越常人。她喜欢茶道，记得有一天晚上快十点，我离开办公室回家，她陪我走到校门口后，又赶去参加一个茶会。她喜欢兰花，还特地送了我一钵她自己养的墨兰，至今这钵花还在我办公室的窗台上。她为人直率，不存芥蒂，常常见面熟，所以朋友不少。老师也喜欢找她帮忙、合作。读本科时，她曾帮一位老师做访谈和口述，到高等教育研究所读研后，依旧接着做。我听说那位老师秉性自我，便告诉了郑雅君。其实她也了解到了，但她说，答应了的事，就要继续做完做好。她这种秉性，有些近于固执。本科四年级时，她曾经到香港中文大学做过一年交流生，所以，她本科实际读了五年。老师对她的本科学位论文的评价是，达到了硕士学位论文的水平。考虑到她在香港耽搁了一年，我就建议她利用 2013 年本科生学情调查的数据，在她做专题报告的基础上再深入挖掘一下，写成硕士学位论文，争取两年硕士毕业，把耽搁的时间抢回来。没有想到她不干，一定要重起炉灶，理由是，到高等教育研究所来，就要按高等教育学的专业要求扎扎实实做一遍。一心向学以至于此，实在少见、难得。

如今社会浮躁，极端功利追逐之风蔓延。来读研究生的，已经很少见有真正是以学术为志业的。郑雅君大概算得上是我能看到的一个例外。她真心喜欢学术，乐意沉浸学术之中。我因为是所里的行政负责人，带的博士研究生基本上都是在职攻读学位的，所以，通常每周二晚上请博士生来我办公室，交流学习心得，讨论学术问题。郑雅君进高教所就读后，起初来旁听，后来渐渐就加入讨论。从不忸怩，从不吝啬，只是平等、坦率地与大家交流、分享。她的见解常常得到博士生们的赞赏，出的主意往往让大家心悦诚服。所里的老师们也很快发现郑雅君是个做学术的坯子，愿意给她指点，与其分享，甚至成为合作研究的伙伴。硕士就读期间，她大概发了六七篇期刊和会议文章，有一半是与牛新春老师合作的。2016 年，我从图书馆借到了美国最新版的《院校研究手册》，有意将其中的第四篇“院校研究工具和技术”翻译出来作为学生的阅读资料。郑雅君知悉我的想法，居然在校园网上招募了 10 位同学，个把月便完成了翻译任务。得人如此，为师者舒心。这些翻译材料已经收入 2021 年 6 月由同济大学出版社出版的中文版《院校研究手册》。

郑雅君的硕士学位论文选题是她自己选定的。进入教育学科学习，她就在关心大学教育“塑造”学生的过程，关心不同社会背景的学生是怎样被“塑造”的，他们的社会背景怎么影响了他们在“塑造”过程中的自主选择和学习行为。很显然，她的社会学专业知识、思维和方法融入了教育专业研究的范式，令人耳目一新。我赞赏她的选择，任其自由探索。我向来认为，进入硕士研究生学习阶段，学生应当学会自主开展独立的研究，而不应期待导师去喂、去灌、去领着干。导师的作用就是在旁边把把方向。对有学术追求的学生，只要给他支持和空间就行了。郑雅君选择了质性研究方法来做论文，其实这比用量的研究方法更具有挑战性。能不能进入访谈对象的语境,能不能触摸到访谈对象的心灵,这是考验访谈者境界、情怀、学识、能力的标尺。阅读她的论文草稿,我就感到她已经超过了现时大多数研究生能够达到的高度。论文顺利通过了答辩,获得了优秀的成绩。之后,论文被推荐参加教育实证研究第一届评奖,在十篇获奖的优秀研究生学位论文中,郑雅君的论文是其中两篇硕士学位论文之一,又是获奖的两篇质性研究学位论文之一。后来在北京大学教育经济研究所举办的高校学生就业发展论坛上,郑雅君的学位论文再次获奖,且是唯一的质性研究论文。

论文获奖之后,我就考虑把它纳入复旦大学教育研究曦光丛书出版。资助硕士学位论文出版,不敢说是破天荒的事,至少可以说是稀罕事。我觉得值得,2018 年 10 月就与上海三联书店签订了出版合同,约定 2019 年 6 月出书。但是,我完全没有料到,计划延迟了两年多。其中最主要的原因,是郑雅君觉得不完满,想要进一步充实。她原来设计了三个研究目标,学位论文只实现了两个,她想通过出书实现第三个目标。2019 年秋,她已经在香港大学教育学院攻读博士学位了。硕士毕业时,本来她也可以选择留校攻读博士学位,也曾考虑过申请境外大学攻读博士学位。2015 年 5 月我随复旦大学访问团到香港大学访问,在港大教育学院我向白杰瑞教授推荐了郑雅君。经过严格的审核,郑雅君被接受攻读港大博士学位。进入港大之后,她对自己的要求更加高了,总想把书稿改得更好。但繁忙的学业,又使她无法集中精力改稿。再后,她遇到了自己的真爱,很快坠入爱河。结婚、生子,一路顺风。我赞成她暂时搁置书稿修改,先完成人生大事。也得到出版社杜鹏女士的理解，没有作合同违约处置。在大事基本停当之后，我便不断催促郑雅君完成书稿修订。如果说书稿还有未能尽善之处，那么该怪我鞭策太急。

“得天下英才而教育之”，这是孟夫子的名言。确实，出优秀的学生就是教师的幸福！我为这本著作的出版感到高兴！为郑雅君的成长、成熟感到骄傲！孟夫子还说，“知人论世”。为了让读者了解作者，我把与郑雅君的师友缘作个交代。是以为序。

2021年9月28日

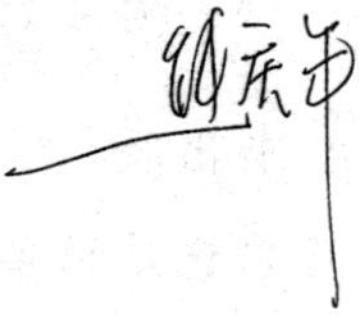

致谢

本书得以付梓，背后凝结着许多人的爱心与帮助。首先我要感谢所有参与访谈的同学。要接受一个长达3小时、没有报酬的访谈，还要和盘托出自己的故事，需要付出非凡的慷慨和勇气，而我能回馈的唯有忠实的倾听和无尽的感激。没有他们真诚的分享，本研究就无从下手。他们为本研究付出的时间和耐心，特别是那份倾心诉说的勇敢和对我和盘托出的信任，在最想放弃的时刻给了我一定要坚持下去的信念。正是他们的故事写就了本书，希望我的努力没有辜负他们的信任。

感谢我的硕士导师熊庆年老师。他是一位绝佳的教练。他很少讲大道理，却常常于细微处给我最适当的提醒。他敏锐的思想、宽阔的视野、坚韧的精神、认真的态度使我获益良多，他“接地气”的研究风格将在我日后的研究中传承。他对本研究给予的无私指导，对出版本书的慷慨资助，使本书得以面世。

感谢我的博士导师白杰瑞(Gerard A. Postiglione)教授与张丽芳教授。杰瑞对本研究一以贯之的支持给了我无穷的动力。他谦逊又幽默的绅士风格总是吸引我与他讨论问题，而我也总能从他天马行空的思想中获得启发。张老师更像一位宽厚仁慈却一丝不苟的母亲，给我足够多的自由去安排读博期间的学习生活，却总在我需要帮助的时候第一时间给我建议。如果没有他们俩的支持和信任，本书的出版将遥遥无期。

感谢上海三联书店的编辑杜鹃老师。她在我因个人原因写作陷入停滞、不能按时交稿时给予了我谅解和宽容，她甚至试图纾解我的愧疚感。她对此书的出版付出的耐心和责任心令我感佩。没有她宽宏大量的包容和认真细致的编辑工作，本书的出版计划也将付之东流。

感谢对本研究作出过指导和批评的师长们。本研究的社会学理论基础大部分来源于复旦社会学系周怡老师的教导。无论我在哪里求学，她都如我在系里读书时一般关心、勉励我。她在文化社会学领域几十年如一日地深耕，令我高山仰止，心向往之。感谢复旦高教所的牛新春老师，她的学术信念点燃了我，在她身上我看到了殷勤的行动与谦卑的姿态，和她的多番合作也使我得以从不同角度去检视本研究的结论。感谢复旦社会学系的李煜老师，本书的许多参考文献都得益于他的课程，部分思路亦得益于与他的交谈，他幽默风趣又真性情的为学风格使我体会到何为平易近人、如沐春风。感谢复旦社会学系的徐珂老师，是他将我领进社会学理论的殿堂，又为我打开了深入发展研究兴趣的大门。还要感谢曾与我在不同场合讨论过本研究的师长，包括（排名不分先后）：西南交通大学公共管理学院的罗梁波老师，复旦高等教育研究所的陆一老师、田凌晖老师，复旦大学社会学系的胡安宁老师、田丰老师，广州大学教育学院的谢爱磊老师，中山大学博雅学院的肖文明老师，哈尔滨工业大学社会学系的吴肃然老师，南京大学教育研究院的余秀兰老师，北京大学社会学系的刘世定老师，复旦大学化学系研工组长杨慧丽老师，复旦大学公共卫生学院党委副书记郁颖佳老师，以及兰州大学社会学系的刘宏涛老师，本书的写作都从他们的评论中受到启发或鼓舞。当然，我本人对书中的谬误与缺点负全部责任。感谢高教所办公室的王丽老师，她对我的勉励常常让我重拾信心。还要特别感谢香港中文大学社会学系的谭康荣老师和师母张苙云女士，在我赴港读书期间，与他们的聚会和交流已经成为生活不可或缺的一部分。特别是在本书的写作陷入停滞的阶段，他们的鼓励和祝福让我一次又一次鼓起了重拾笔杆的勇气。

感谢为本研究贡献过奇思妙想、给予我最多支持的同窗伙伴们。书中两类玩家的比喻直接来源于夏彧学姐的聪明智慧，本书自始至终都得益于和她的许多讨论；本书的进展也得益于吴菲学姐和刘子曦学姐的勉励与评论；复旦社会学系的学妹张天格、余雪微和田仁优对本书部分个案的选取提供了帮助；与查自力师兄和李威师兄的勉励与讨论也常常使我获得启发；与郭巍蓉、唐俊超的无数餐桌讨论更是贯穿了本研究从构思到写作的几乎整个过程；与陈滢、袁斌骅废寝忘食的熬夜讨论常常给我非常重要的启发；黄克柔、黄世婷、汪卫平和朱成顺在硕士论文的写作期间不仅是我名副其实的“伙伴”，还是我形成结论之际的“辅导员顾问”和“自分析案例”；吕倩文曾在我写作期间专程赶来慰劳，也曾根据切身感受对本书提出过重要的修改意见；钱米青提供的强大技术支持使得我可以方便快捷地检索文献;吴秋翔曾邀我在中国人民大学教育学院的博士生沙龙分享本书的初步思路,使我获益良多;另外,感谢在香港大学教育学院的同窗好友,包括苏余芬、祝婕、胡立如、叶薇,马莹学姐,覃云云学姐,戴婉真学姐,李桃学姐,傅明忱学姐与苏超学妹,还有 Ewan Wright 和 Samson John Mgaiwa,来自他们的评论与勉励也对本书的写作提供了许多帮助。我还要感谢祁银杉学妹多年来对本研究的强烈兴趣,感谢她义务对本书第一版的一些文字错误进行了订正;此外,还要感谢一位陌生网友"阳光流转",在我陷入产后倦怠、迟迟不能进入写作状态之时,她向我发来讯息表达了对本研究的关注,帮助我重新燃起了完成本书的信念。

感谢曾给我机会分享本研究发现的会议平台,包括中国社会学会 2017 年学术年会文化社会学论坛,2017 年首届全国实证教育研究论坛,"社会- CJS 学术论坛之第七届社会理论工作坊(2018)",2018 年北京大学"高校学生发展与就业"博士生论坛,以及香港大学教育学院的博士生研究会议(PRC)。在这些会议上收到的意见和建议,为我提供了打磨本书内容的动力和方向。还要感谢香港田家炳教育基金的资助,使我得以无忧往返大陆参加会议、收集数据。我还要感谢《青年研究》的匿名评审和编辑老师们曾对第五章部分内容提出了宝贵的修改意见,责任编辑折曦老师细致的编辑工作也使其更具有可读性。

感谢我的家人。他们对我恒久不变的爱,让我无惧风浪。我的母亲刘希芹一直是我最坚强的后盾,在我身上倾注了毕生的心血。她还是本书的第一位读者。我的父亲郑雄在我 11 岁时不幸意外离世,但他留给我刻骨铭心的宠爱让我时常备感温暖。我的继父吴天贵在我过去十年的求学历程中,也给了我许多宝贵的支持与帮助。给予了我启蒙教育的外公刘濂,在我写作书稿过程中不幸中风去世,但他从幼时给予我的信任和鼓励都化作了我写作本书的信心和动力。还要感谢我的先生李晓亮,他陪伴我走过了这段酝酿书稿的同时还要孕育孩子的艰难道路。作为同行,他对书稿进行了细致的订正,提出了许多有价值的修改意见。感谢我们的儿子近溪,他让我在书稿写作的过程中亲身领略了生命的至美和身为母亲无以言表的幸福。

感谢这段曲折的研究旅程,使我看到自己的骄傲与软弱。她改变了我的人生。最后,感谢本书的读者们,愿意去了解和批评一个初出茅庐的学者不成熟的思考,并贡献自己的见地。我想起一句歌词:"I am strong, when I am on your shoulder; You raise me up to more than I can be。"

目　录

序言 / 1

致谢 / 1

导论 / 1

第一章　迷宫 / 26

游戏规则 / 28

迷宫的出口 / 37

第二章　视角 / 47

打开黑箱 / 48

研究方法 / 65

第三章　家境 / 82

两种实践模式 / 83

模式的养成 / 97

选报专业 / 111

大学初体验 / 116

第四章　努力 / 127
掌控目标 / 129
依赖直觉 / 146
转变者 / 166

第五章　方向 / 186
意义感的来源 / 188
选择与被选择 / 196
优势的分化 / 203

第六章　余论 / 232
当工具理性遇到价值信念 / 233
文化障碍的二重性 / 242
寒门学子能做什么？/ 249

附录一　个案描述 / 259
附录二　被访者基本信息 / 264
附录三　访谈提纲 / 268

后记 / 270

导　论

对学生来说真正重要的，不是学校在多大程度上平等，而是他们离开学校时是否能不受自己社会出身的影响，在平等的原则下去迎接同辈的竞争……换句话说，学校只有使学生的前景尽可能免受其社会出身的制约，才算完成了它的使命。

——詹姆斯·科尔曼(James S. Coleman)，1966，p.71－72[①]

大约自科举取士以来，通过读书来改变自己乃至整个家族的命运，就已成为中国社会妇孺皆知的常识，勾勒出中国式贤能政治的社会理想，也奠定了历代学子的自我期许。古有《劝学诗》云："男儿若遂平生志，六经勤向窗前读"；今有高悬在高中教室的励志标语："辛苦三年，幸福一生"。教育成就与前途之间的紧密关联早已成了一种不言自明的预设，驱动着千家万户对子女教育的慷慨投入，也成为了寒门学子刻苦学习的不竭动力。

---

① 摘自 Coleman，J. S. Equal schools or equal students? [J] *The Public Interest*，(4)70，1996. 着重号为笔者所加。

近代化之后，教育更是成为全球大多数国家推行现代民主政治和公共治理的基石。在几乎所有关于工业化社会的分层与流动模型里，都将教育视作个人获得职业地位的首要机制[1,2]。换言之，教育在现代社会承担了授予人力资本的功能，是帮助个体实现向上流动的“梯子”。而在众多门类的教育中，高等教育无疑已成为那架最值得向往的梯子：一纸大学文凭，在许多国家都已成为通往高级职业和体面生活的前提条件。

在中国，通过考上大学来换取丰足人生的希冀从未像今天这样真实。大学扩招 20 年来，高等教育系统实现了前所未有的高速扩张。高达 45%的毛入学率[3]，意味着上大学对普罗大众来说已不再是黄粱一梦，越来越多的家庭开始出现第一代大学生①；伴随着改革开放以来的高速经济增长和市场化改革，大学文凭的经济回报大幅提升[4—6]，大学毕业生在毕业去向选择上也愈发自由和多元化[7]；“211 工程”、“985 工程”以及“双一流”大学建设计划等一系列重点高校建设项目正在支持多所大学向世界一流大学的行列迈进[8]；2008 年以来，一系列倾斜性招生政策显著提高了农村和贫困地区学生进入重点大学的人数[9]，助学贷款、“绿色通道”等学生资助政策体系也日臻完善[10]。所有这些振奋人心的事实，似乎足以令人确信：任何一个学生，不论其家庭经济背景如何，只要靠勤奋学习考上一所大学（特别是一所重点大学），他/她便可以挣脱原生家庭的限制、迈入阶层向上流动

① 第一代大学生即父母均未受过大学教育的学生。参见靳晓燕，刘傲冰. 我国教育现状如何蓝皮书告诉你[N/OL]. 光明日报，2017-04-19(08)[2019-05-06]. http://edu.people.com.cn/n1/2017/0419/c1053-29220804.html。

的光明未来。

我们日常生活的方方面面，都说明绝大多数社会成员业已深刻地内化了这一预设。不论是国家对重点大学公平入学机会的大力倡导，还是中产阶级父母千方百计为子女争取的择校机会，抑或是地方县市高中生分秒必争的课业安排表，以及无数公益机构想要托起的农村孩子的大学梦，还有每逢高考必然刮起的为考生加油的舆论热潮……一桩桩社会事实堆叠映衬，制造出了一种带有救赎意味的幻象——正如许多老师和家长告诉学生的那样——“考上大学之后就‘解放’了”。

这一预设同样影影绰绰地显现在学术研究界。自从教育社会学成为一门学科至今，其主流关切稳定地集中在社会分层、入学机会和职业地位获得上，对于教育过程则关注甚少，使得高等教育的过程与其结果的关联机制长久以来处于“黑箱”状态[11—13]。当学生进入大学之后的现实生活体验被化约成一个个结果变量，获得高等教育的学生群体内部的分化被忽略了，大学生的际遇也似乎被想当然地假定为某种同质的过程。然而，考上大学之后，真的“解放”了吗？这个问题其实并不容易回答。一个客观现实是，教育公平政策的确将更多第一代大学生吸纳进了大学。然而，正如安东尼·杰克（Anthony A. Jack）的《寒门子弟上大学》一书所言：“入学并不代表融入”[14]p.24。来自不同家境的学生虽然同处一座校园，但对大学的了解和在校的感受可能相距甚远。那么，中国寒门学子在大学里究竟体验如何？他们上大学的过程是否还带着家庭背景的些许烙印？大学“入场券”与高级职业之间究竟是如何衔接的？遗憾的是，已有的知识并不能为我们充分揭示这些问题的答案。

本书旨在提醒读者注意到埋藏在这一幻象之下的现实:对于那些冲破无数壁垒、最终赢在高考的寒门学子而言,考上重点大学虽可说是一个众望所归的胜利,却更是另一轮激烈角逐的开始。并且,由于这一轮角逐的规则更隐蔽,寒门学子的取胜难度更大,也可能经受更深刻的痛苦。基于对国内两所著名大学62名毕业班学生的深度跟踪式访谈,本书将向读者展现,在当今的知识经济时代和高等教育大众化的社会背景下,一纸名校录取通知书并不能确保将学生带入向上流动的光明前景,而仅仅是一张声称"获胜者通往此地"的游戏入场券。要在大学场域里的这场游戏中获胜,即在毕业前夕可以顺利获得高级职业的入职邀请,或是著名研究所的深造录取,学生需要掌握一整套特殊的技艺——一套关于"合理"看待与安排大学生活的实践图式。更重要的是,这套技艺在很大程度上是由优势的家庭经济文化背景所赋予的。低微家庭背景出身的学生,即便考入名校,享有学校提供的丰厚资源,或许也勤奋努力、执着追求,却很可能因为没有以某种有效的方式组织自己的大学生活,而难以将所取得的名校文凭兑换成更高的职业地位。换句话说,在获得理想出路方面,"上大学"如今已经不再是一个无差别的传送带,而是高等教育阶段的又一重隐秘的筛选过程,一种与家庭所赋予的文化资本紧密相连的、难以在课堂上学到的技艺。

本书名为"金榜题名之后:大学生出路分化之谜",意在揭示身处一流大学中的寒门学子们面临着的不为人知的文化障碍,并从社会学的视角对这种文化障碍的成因及其后果进行了分析。基于相关的社会学理论和实地调研所得的资料,本书提出了出身于优势和劣势家庭背景的大学生组织大学生活的两类典型的实践模式——“目标掌控模式”与“直觉依赖模式”;总结了运用两种模式的大学生在大学安排时间与精力的特征,揭示了为何“目标掌控模式”通常能带来比“直觉依赖模式”更优势的出路;接着,本书还考察了两种模式下大学生是如何使用熟悉的文化资源来选择生涯发展方向的,揭示了价值信念对于塑造出路优势的重要性。通过对“家境的影响”、“在校的投入”和“方向的选择”三个相互嵌套的过程进行分析,本书从文化的视角揭示了名校大学生的毕业出路发生分化的机制。本书提出,对“目标掌控模式”的掌握与运用作为一套根植于阶层习性的文化技能,至少是部分地导致了各校大学生毕业出路优势的分化。

需要澄清的是:尽管本书试图说明“目标掌控模式”能够制造更多的毕业出路优势,本书却无意于褒扬或倡导“目标掌控模式”,也无意对运用任何一种模式的学生表示评判,更不是为了表达对现状的悲观无力感。本书所要做的是一种尽可能去理解现实为何如此发生的经验现象探究,是一种以促进教育成果共享和社会公平为立足点的社会学努力。正如布迪厄(Pierre Bourdieu)在《世界的苦难》扉页上提到的那句著名的格言:“勿惋惜,勿嘲笑,勿憎恶,唯求理解”[15]p.1。对寒门学子在名校当中的现实处境达成理解而非诊断或批评,是写作本书的出发点。我试图揭示的,无非是不同阶层所拥有的天差地别的客观条件,铭刻进了阶层成员各自的身体,化作了他们日用而不知的“上大学”的独特实践。对于模式的使用者而言,两种模式各有其合理性，而其作用机制和后果却值得仔细思索。无论读者（甚至包括我自己）的立场如何，两种模式各自对学生的毕业出路和职业前景所带来的潜在后果是不容忽视的。归根到底，只有在清晰洞察现实的前提下，大学、学生和政策制定者才可能朝着各自的目标采取明智的行动。

难以回避的名校学子之叹

本书致力于探究一个显见却难解的迷思：为什么社会出身劣势的学生即使进入了最好的大学，却仍然在毕业出路与生涯前景上劣势明显？鉴于高等教育在当代社会职业地位分配中的关键作用，大学从各方面能够为学生提供的丰沛资源和支持性政策，再考虑到劣势背景学生通过了基础教育的严格筛选，低阶层学生势必在能力上比肩、甚至优于高阶层学生①。人们似乎有充足的理由期望他们家庭背景方面的劣势能够为优质高等教育所补足。尽管扩招之后普通大学的文凭含金量有所下降，但人们期望顶尖大学至少应该有能力使学生的前景免于家庭背景的制约。

然而，现实情况却更加严峻。任何一个身处其中的人都能轻易感受到，即便在顶尖大学，学生也失去了对自身前景的安全

---

① Robert D. Mare 在 1980 年发表在 Journal of the American Statistical Association 上的文章中指出，因为不同社会出身的学生面临的选择强度不同（低阶层的学生因自身家庭背景的局限而更易被淘汰），所以在受教育阶段逐渐上升的过程中，低阶层的学生会在能力、抱负等方面优于出身于高阶层的同辈，家庭背景带来的牵制会越来越小。此外，吴晓刚和 Donald J. Treiman 在 2004 年发表在 *Demography* 的文章提出“极度向上流动假设”，认为经过了农转非的农民子弟可能因个体能力突出而在地位获得上占据优势。

感。近年来，多篇来自 985 高校学生难以越过社会出身藩篱的“喟叹帖”红遍网络①,②,③,④，自媒体平台上“985 废物”和“小镇做题家”们的自嘲更是俯拾即是，甚至“985 废物”“小镇做题家”等词已经成为标识这一社会热点的专用词汇。自嘲虽各有所指，却弥漫着一种相似的情绪——对精英高校难以平抑自身弱势背景的巨大落差感和对前景的失望：

> “从一个连电影院都没有的小县城，考到了全河北最好的高中，六年之后要来到国际大都市上海了，要来到倾尽我家所有小积蓄，才能勉强付个首付的上海了。我这才发现，光考了好大学也是没有用的。”（摘自网络热帖《我上了 985，211，才发现自己一无所有》②）

虽然网络热帖仅仅基于模糊的个体经验，但社会学家提供的研究证据也表明，上述帖子所描述的社会现象可能已经颇具现实性。研究发现，自引入市场经济制度以来，中国城市社会阶层间的继承性或复制能力仍然远强于其流动性[16—17]，大学扩招并未缓和阶层之间的激烈竞争，反而导致优势阶层转而为子女

---

① CC. 一名非典型 985 毕业生的大学简史，http://mt. sohu. com/20161012/n470125061. shtml (2016/10/12)

② 樊小书. 我上了 985，211，才发现自己一无所有，http://mt. sohu. com/20161028/n471599847. shtml (2016/10/28)

③ 房一汀. 清北的无奈，迈不过的中产阶级，http://mt. sohu. com/20160323/n441730619. shtml (2016/03/23)

④ 赵炜龙. 深度揭秘：985 学子为何深夜痛哭，http://mp. weixin. qq. com/s/7VsPTuzM-a0YhOAymk6Xw (2017/02/04)

寻求更高质量的高等教育（例如本科、重点高校及前景较好的专业）[18]，竞争越激烈的教育场域里阶层不平等就越严重见[19—22]。这意味着，虽然总体而言重点大学文凭确与更高的劳动力市场回报相连[23]，但同一文凭的回报对于不同家庭出身的孩子却是有差别的。即使底层子女凭借勤奋和天赋冲破高考壁垒进入了重点大学，与那些来自优渥家庭背景的同学相比，其在学业成就、就业质量、升学选择、起薪、满意度等诸多教育结果方面仍处于显著劣势见[24—29]。十年寒窗换来大学梦圆，但当他们置身于房价高企的陌生都市，经济增速放缓，就业压力增大，发现自己未来的前景并非如同向来所期待的那样乐观，也不难理解为何背景平平的名校学子会陷入如此强烈的幻灭感和自我怀疑。然而，喟叹之余，现有的知识仍不足以解答人们的困惑：名校当中究竟存在怎样的挑战，让寒门学子难以兑现他们所期待的回报？

在当前中国的社会发展背景下，回答这一问题正变得越发紧迫。虽然最终能够进入名校的学子总是极少数，但精英高等教育的质量和名校生的体验却是个关乎全社会的重要议题。在高等教育大众化的背景下，中国家庭第一代大学生的数量不断增多[30]。特别是近年来，在一系列倾斜性录取政策的推动下，获得重点高校录取的贫困学生和农村学生数量增长迅速[9]。然而，进一步的研究表明，专项计划招录的学生在学业表现和生涯发展方面仍与非专项计划学生保持着明显差距[25,31,32]，这意味着随着重点大学为越来越多的专项计划学生敞开大门，家庭背景在高等教育阶段所带来的持续限制可能会愈发成为更多学子的困扰，也将成为阻碍我国高等教育发展成果全民共享的拦路虎。从更抽象的方面讲，新制度主义社会学家迈耶(John Meyer)认为，高等教育机构之于现代世俗社会的重要性，不仅仅在于帮助个体完成社会化、能力培训和地位分配，更是全社会秩序和规范的合法性来源，在现代国家建设中代表着进步、理性、公正、知识等具有道德神圣性的概念[33]。享有盛誉的名牌大学，作为高等教育质量和声望的代表，在当代已经成为全体社会成员追求公义和诉诸盼望之所。正如卡拉贝尔(Jerome Karabel)在《被选中的》一书中所言："耶鲁怎样招生，其意义不仅仅关乎耶鲁本身。因为大众对其录取过程公平性的认识将反映整个教育系统的公正性——而这事关这一系统的合法性"[34](p.376)。由此观之，如何帮助走入名校的寒门学子在大学中获得满意的发展，也不仅仅关乎这些少数的"幸运儿"自身，更是关乎每一个家庭对于教育系统的信任和指望。2014年的夏天，我带着这些问题，在熊庆年老师的指导下开始了探究的旅程。我决定走一条少数人走的路，绕开那些从宏观的制度变迁和社会结构层面所做的宏大解释，转而从行动者与能动性的层面入手，去理解家庭背景造成的出路分化是如何在大学生组织日常生活的种种细节中形成的。毕竟，对普罗大众来说，倘若想试图做些什么来缓和社会不平等或者是少受其害，终究更需要靠自身的点滴行动。

走进高等教育过程的黑箱

探究家庭背景与教育结果之间谜一样的关联，以及揭示社会不平等通过教育得以产生和延续的机制，是社会学家玩味已久的理论旨趣。以北美社会分层与地位获得研究为代表，自20世纪60年代以来，社会学家一直致力于探究教育获得和职业地位获得上的阶级差异和代际流动特征如[35,36]。其影响力之深广，勾勒了北美甚至全球教育社会学的底色[12]。在理解社会结构与教育结果之关联，特别是从学校到工作的转换环节中的不平等问题上，社会学家大体依从两种理论视角[37]pp.6-7：一是人力资本理论的视角，将教育看作个人取得的一种可在劳动力市场获取回报的资本。不同阶层获得高人力资本的能力和条件不同，再辅之以趋利避害的理性选择假设，学生的升学或求职结果通常被假定为是个人在既定条件下对风险、成本和收益进行权衡之后的利益最大化决策见[38—41]。二是倚重宏观社会结构的视角，将学生升学/求职结果的阶层分化看作是特权阶级再生产现存秩序的结果。不少基于大样本的实证研究表明，在很多国家，代表社会出身的结构性变量（如父母教育程度、家庭社会经济地位、种族和性别）对教育和职业获得、甚至职业期望高低的影响深远持久[42—44]，即便在教育大众化的条件下，优势阶层仍能够通过多种方式保持自身的相对优势[45,46]。两种视角前者微观后者宏观，相互补充，共同勾画了家庭背景在塑造教育结果不平等中的重要角色。不过，这两种解释进路也有未尽之处。理性选择解释因拥抱"经济人"假设而对价值目标的多元性避而不谈，而结构解释又因过于强调社会结构的强力而有忽略能动性的嫌疑。更重要的是，无论是理性选择解释还是社会结构解释，已有的研究在分析逻辑和操作测量上都存在一个亟待填补的缺憾——将教育仅仅视作某种如同资产财货一般的"所有物"（possession),忽略了教育作为一个生成性的"过程"(process)对个体的阶层身份认同、职业目标定向和价值目标的塑造性影响[11]。换句话说,这一研究传统实际上把高等教育的过程缩略为一个"黑箱",仿佛作为行动主体的学生在当中不会发生任何改变。其核心关切在于底层人究竟"有多少能力"将教育成就兑换成尽可能高的职业地位,却疏于关注他们在学校里"成了什么样的人""想兑换什么"的问题。然而,无论是切身生活经历还是高等教育学者的研究结果都提醒我们意识到,大学对人的影响不仅仅在于带来社会地位和物质成功,更在于奠定成年以后的自我认同、长期生活目标、世界观和价值取向等深层精神特征[47]。事实上,赋予人审慎而批判的目标选择能力、激励学生追求崇高价值,恰恰是古今中外的经典高等教育哲学赋予高等教育的核心使命[48—50]。教育史学家李弘祺认为,贯穿中国教育传统精神的思想核心,乃在于追求个人自身德行的完善与心灵乐趣的"为己之学",而不是为了求取外在的社会功能或工具性的自我效用[51]。举例来说,在《礼记·大学》中大家耳熟能详的儒家教育理想——"大学之道,在明明德,在亲民,在止于至善"——把个人道德完善和性灵成长放在首要位置,至今对东亚国家的大学办学理念发挥着深远影响[52]。高等教育学者特罗(Martin Trow)特别指出,在如今的高等教育大众化时期,各类教育形态层出不穷,精英高等教育的核心特征即是启发学生追求更重要的志向,并对实现这些志向提供必要的支持[53]。在这个意义上,大学教育者们最重要的工作,却在社会学家们的研究里被隐落埋没了。浮现在两种学科思路之间的张力,孕育了本研究的核心问题意识：学生的社会出身与他们在一流大学里所受的精英教育如何对学生的生涯选择共同产生影响，从而促成了毕业出路及其预期职业前景上的优势差异？

由此，立足于现有解释的不足，本研究试图沿着一条新的发问思路去理解名校大学生毕业出路优势的分化现象：悬置再生产假设和“经济人”假设，去倾听学生们自己的声音，他们为何这样选择，他们如此选择的意图是如何形成的，大学所提供的教育在此过程中又起了什么样的作用。沿袭理性选择理论的主张，本研究假设学生对自己的生涯目标和毕业去向作出的选择是基于某种目的的审慎选择，而且大学生的家庭背景（无论是以父母教育程度还是父母职业、家庭财富为代表）的确可能构成了约束他们选择的重要条件。不过，与传统的理性选择解释不同，在本研究的前提假设中，其选择不一定仅基于经济利益计算的工具理性，还可能受到韦伯（Max Weber）意义上的文化因素和价值理性的引导[54]。而与过分强调结构力量的路径不同，本研究将他们所身处的大学校园看作是一个充斥着多元价值目标和行动逻辑的“意义竞技场”，学生在其中有相当大的空间发挥其能动性，在不同的目标和机会之间做出选择。本研究的中心任务，就在于通过对中国两所顶尖研究型大学 62 名毕业生的跟踪个案研究，运用阐释学方法去理解他们的毕业出路选择背后的“意向”是如何在大学过程中形成的，即“为何如此选择？”。其次，在文化社会学的视野下对家庭背景或社会出身造成出路优（劣）势的分化机制进行解释，即“分化如何形成？”。

本研究聚焦于一流大学，基于两种考虑：第一，其研究必要性最为迫切。这类大学是一个社会所能提供的最高水准的高等教育，其招生的高度选择性已经很大程度上控制了学生在天赋和才能上的差异。一流大学的学生作为最高强度筛选下的"幸存者"，毕业出路尚且受到社会出身的牵制，遑论更低层次的大学。第二，其所面临的价值和意义冲突最为尖锐，身在其中的寒门学子可能尤其迷茫。出于自身的精英属性，一流大学必将坚守其传统的精英教育价值，试图激励学生不满足于个人功利、去追求崇高理想；而另一方面却必须面临社会对凭借其文凭实现物质成功的期待。在人人艳羡的名校校园里探索着自身可能性的青年才俊们，似乎有了选择明天的权力，却又似乎牢牢地被社会出身维系住；似乎想要继承父辈们的物质追求，却常常可能在五花八门的价值话语之间迷失方向……某种意义上，精英大学犹如一个天然的实验室，为探讨结构与能动性、文化与行动等宏大理论问题提供了一个中观的观察环境，而去理解身处其中的学生们，正是接近这些议题的一把钥匙。

关于本书

从 2015 年秋到 2017 年初，我陆续在分跨南北方的两所著名大学（出于研究伦理考虑，以下均使用化名"北方大学"与"南方大学"指代）访谈了 38 名家境各异的男性毕业班学生，详细询问了他们的成长背景、在大学的经历和感受，以及他们是如何决定毕业出路的，平均访谈时长约 3 小时。对于那些初次接受访谈之时尚未决定出路者，我会在访谈之后与他们建立后续的联络，直到他们最终确定去向，并听他们讲述做出该选择的缘由。考虑到一流大学中求职的主力军是研究生群体,我在选取访谈对象时有意识地扩大了研究生的比例,并确保所有被访者都是在本校或同等水准的重点大学接受了本科教育。2017 年暑假和 2018 年暑假,受复旦高等教育研究所牛新春老师之邀,我又在南方大学访谈了 24 名主要来自较低阶层背景的毕业班本科生。此番访谈使我补充了更多女性和本科生的个案,基本上没有改变我第一轮访谈所得出的发现,而是使我更加确认了前一阶段的结论的确具有某种程度的广泛性。

如果说整本书有什么是我最迫切想和读者分享的,那就是当我将自己浸没在被访者的声音中,我的发现恰恰挑战了自己先前想当然的前提假设——学生的毕业去向都是他们有意图地主动选择的结果。受韦伯的社会行动(social action)理论[55]的影响,我预先假定了"选择毕业去向"这一行动总是出于清晰的、足以构成行动动机的目的,只不过对目的和手段的选取受到了外在价值规范的约束。然而,随着研究的进展,我逐渐意识到,比起先前目的论的"理性行动者"预设,法国社会学家布迪厄(Pierre Bourdieu)的实践理论似乎更具现实性。实践者的行动受到既往经验塑造的行动图式系统——习性(habitus)的限制,在其所能调适的范围内享有各种思想、感知和行动的自由。因而,在习性的作用下所生成的实践活动,能够客观地"得到调节"并"合乎规则",而并非有意识地目的性活动和服从某些外部规则的结果[56]p.53。被访者的切身经历表明,大学生的出路结果不总是出于有意识的选择。不少人的毕业出路更恰当地说是一种无意识、非理性的"被选择",即在全无计划的情形下临时抓住一个恰好够得着的机会。然而,正如第一章试图论述的,就客观的场域规则而言,在当前所面临的升学、就业市场和竞争环境下,大学生要获得有优势的毕业出路,就需要在入学后尽可能快而清晰地确立生涯发展方向甚至具体的职业目标,并采取一系列有效的手段、利用大学的资源去尽可能地实现目标。我的研究则发现,名校大学生在组织大学生活的方式上,特别是在树立生涯目标方面存在着系统性的阶层差异,更不用说不同阶层在运用有效手段去实现目标方面的差异更为明显。毕业出路不平等的症结在于,即便是同处名校、有同样的资源可以利用,寒门学子却仍然在上述两个方面面临着更大的挑战,从而使他们的教育文凭在被"兑现"为优势出路的环节打了折扣。

无疑,与家境相连的方方面面的欠缺都可能构成获得优势出路的拦路虎,例如欠缺的经济能力、匮乏的关系网络,以及家人有限的智力支持……不过,我在书中想着重揭示的是一重更为隐蔽的文化障碍,即一种因不具备精英大学中被默认掌握的文化知识(cultural knowledge)和文化技能(cultural competence)而造成的无形障碍,既不利于较低阶层大学生获取向上流动的机会,也不利于他们产生主观的自我认同和对自身出路的满意感。在所有的教育机构里,文化障碍在一流大学中尤为突出。因为今天的一流大学远非一个控制森严、整齐划一的场域,也并非一个精英化到能够完全消除轨迹差别的狭窄空间。恰恰相反,不同阶层背景的学生都身处其中,并享有相当多的闲暇和自由,这就对文化障碍的形成奠定了土壤。布迪厄在《区隔》一书中指出,即使在学历相同的情况下,社会出身的差别仍然体现为

文化能力的差别:

> "首先,当人们对一种严格的、可严格评测的能力要求越少,而对一种文化的熟习要求越多,这种差别就越明显;第二,当人们从最具'学术'特征的和最'正统'的文化空间转向'课余'文化这种更松散和自由的文化空间,这种差别就越明显"。[57]p.63

受布迪厄及其后继者的理论启发,我在本书中揭示了根植于家庭社会经济背景的习性是如何塑造了两种截然不同的组织大学生活的实践图式——"目标掌控模式"与"直觉依赖模式",并系统地分析了两种模式下学生是如何遵循各自的逻辑安排自己的时间与精力。援用布迪厄的实践理论[56]和斯威德勒(Ann Swidler)将文化视作组织行动路线的"工具箱(tool-kit)"或"技能库(repertoire)"的概念化思路[58],我将文化理解为个人和集体在日常生活中共享的、惯常使用的表意与实践图式(schemas),社会意识形态、传统和常识构成的社会思潮是形成这些图式的原材料。文化对行动的影响不仅是通过定义价值观去定义行动目的,也是通过提供建构行动策略所需要的文化工具(比如规范、价值、故事、象征边界、分类体系等)[58,59],使人在具体的社会情境下无需深思熟虑即可知道如何恰当地行事。可及的文化工具总不是单一和强制的,但对于在客观社会结构和历史中处于特定位置的人们而言,因为内在化于身体的结构总是为某些文化工具的获得提供了固有范围,所以特定文化工具的可及性和掌握熟练程度总是依习性结构的不同而有着系统性的差异①。可以说，本书总结出的两种上大学的模式，正是不同阶层在看待大学和组织大学生活上所运用的两套典型的“文化工具箱”。本书试图说明，低阶层大学生更常用的“直觉依赖模式”，实际上与当前精英大学对学生文化技能的隐性要求不相符合，这使得他们常常在浑然不觉之中错失利用名校资源为职业前景做准备的良机。用一个比喻来说，如果将上大学比作一个“迷宫寻宝”的游戏，则运用“目标掌控模式”的大学生就好比是手持迷宫地图，事先已经做好路线规划的一类参赛者，而“直觉依赖模式”下的大学生则从未见过迷宫的地图，对其中隐含的规则也不甚了了，更谈不上提前规划路线，因而更可能在里面绕弯子。书中也指出，对“直觉依赖模式”的运用并非一成不变。在一定的条件下，有可能在上大学的过程中发生向“目标掌控模式”的转换。但因为两类学生在道德感上的抵牾总使得双方的拒斥多于融合，而大学也并未为低阶层学生有意提供那些重要的文化技能，因而总体来说寒门学子完全突破文化障碍的机会仍然比较小。

在提出上述两种“上大学”模式及其投入特征的基础上，本书还分析了学生在接受高等教育的过程中内化的价值图式在具体生涯方向的确定中所起的重要作用。根据内化的价值信念驱动生涯方向的程度不同，运用“目标掌控模式”的大学生进一步可以分类为“自主驱动者”和“机会主义者”；运用“直觉依赖模

---

① 这并非意味着结构位置决定了对文化的使用逻辑，因为文化图式是可迁移(transposable)和可推广的(generalizable)，因而行动者对文化的掌握和运用永远是创造性而难以完全预料的。详见[60]Sewell W F. A Theory of Structure: Duality, Agency, and Transformation [J]. American Journal of Sociology, 1992(1): 1-29。

式”的大学生进一步可以分类为“价值归顺者”和“迷失无从者”。这一部分揭示了常被研究者忽略的价值图式之于生涯选择的重要作用。特别对寒门学子重要的是，该部分指出了在当代中国社会文化背景下，原本处于不利地位的“直觉依赖者”通过对主流理想信念产生认同而获得体制的赞助性流动的一种可能性。尽管现阶段的青年一代正置身于一个嘈杂而富有张力的“意义角力场”，但内化程度比较深的价值信念仍可能对生涯目标的选择产生方向性的指引，从而帮助大学生避免落入迷失无从的窘迫境地。该部分也体现出，在塑造学生的价值信念方面，高等教育是一个大有作为的关键过程。

需要提醒读者的是，本书中对上大学的两种模式和获得出路的四类机制所作的类型化，并非对个体行动特征的写实主义描绘。相反，书中所描述的类别，应该被理解为韦伯所说的纯粹类型或“理念型”(ideal type)[61]，即一种纯粹基于事物典型特征的抽象层面的概念建构，其目的是从纷繁的现实生活中抽离出关键的普遍特征，从而便于理论建构和比较分析。换句话说，虽然全书引用的资料来自真实的个案访谈，但书中归纳出的模式与类型，是将被访者的一个个相似的面向拼凑、整合、极致化的结果。我们可能很难在现实中找出完美符合一种模式的实例，但每个具体的个案都会发现自己似乎更偏向于某一模式的特征。某种意义上，“目标掌控模式”与“直觉依赖模式”代表着一个连续统的两极。家庭成长经历和教育背景预先为学生在这两极之间奠定了位置，而学生在大学里所增长的见识和内在发生的改变，也持续对学生在这两个模式之间的倾向产生着动态的影响。

本书虽是一本学术著作，却也为广大的学生、家长和教师而写。对于那些还不了解“上大学”究竟是怎么回事的高中生和大学新生而言，阅读本书可能会帮助他们完成对大学场域的“去陌生化”，以促进在大学的融入；特别是对于从家庭得不到足够支持的名校寒门学子而言，本书或许能充当“导览图”的角色，向他们介绍名校的场域规则和他们所处的位置，为他们孤独的旅途提供更多参考信息，帮助他们少走弯路；家长通过阅读本书，或许能更加体谅子女在大学里需要克服的另一重难言的挑战；而对于终日苦思如何满足学生需要的大学教师和管理者而言，阅读本书或许有助于他们反思自身在平抑大学“文化障碍”当中的角色，从而帮助共建更具包容性、对寒门学子更友好的大学社区。

正文章节介绍

正文各章将分步向读者展现当前社会背景下名校寒门学子所面临着的文化障碍，它如何在制造阶层化的毕业出路上发挥作用，以及一些情形下学生试图跨越文化障碍的可能性。第一章对当代国内外高等教育发展的几个重要特征进行了梳理，阐述了当代大学中文化障碍形成的历史背景与制度基础。换句话说，这一章以文献所贡献的知识为根据，为读者勾勒出了寒门学子在进入名校后将面对的基本竞争形势与规则——布迪厄称之为“游戏规则”(rules of the game)[56]p.67。第二章对本研究的分析框架和研究方法做了交代。第三章揭示了大学生的家庭背景在重点大学里转化为一种具身化的文化资本(embodied cultural capital)的过程。基于不同家境的受访者在获得毕业出路过程上的差异性特征，试图对“目标掌控模式”和“直觉依赖模式”进行类型化，并提出两种模式是阶层化的习性发挥作用的产物。第四章从学生投入的角度，描绘了遵循两类模式的大学生各自在上大学过程中是如何安排自身的学业和课外活动的。通过揭示两类学生在组织学业投入和社会性投入上迥异的逻辑，说明了毕业出路的阶层差异是如何在上大学的过程中被制造出来的。本章还说明了投入过程如何促成了一部分“直觉依赖者”向“目标掌控者”的转变。第五章进一步引入了价值理性的作用，重点讨论了工具理性甚嚣尘上和意义感缺失的当下，大学生的生涯发展目标从何而来的问题。本章对“目标掌控模式”和“直觉依赖模式”的二分类别进行了拓展，根据“目的-手段行动力”和“价值信念驱动力”两个维度建立了一个四分类模型：自主驱动者、机会主义者、迷失无从者与价值归顺者，并依托上述模型分析了不同家庭背景的学生获得毕业出路的不同机制。第六章是对前面章节的延伸讨论，对贯穿本书的“文化障碍”概念进行了界定和梳理。最后，为考入名校的寒门学子跨越文化障碍、取得满意的出路提出了若干建议。

本章参考文献：

[1] Grusky D B. Social stratification [M]. Boulder: Westview, 1994.

[2] Treiman D J. Industrialization and social stratification [J]. Sociological Inquiry, 1970,40(2): 207 - 234.

[3] 教育部. 2017 年全国教育事业发展统计公报[EB/OL](2018 - 07 - 19)[2019 - 08 - 01]. http://www.moe.gov.cn/jyb_sjzl/sjzl_fztjgb/201807/t20180719_343508.html。

[4] Zhang J, Zhao Y, Park A, et al. Economic returns to schooling in urban

China, 1988 to 2001 [J]. Journal of Comparative Economics, 2005,33(4): 730 - 752.

[5] Hauser S M, Xie Y. Temporal and regional variation in earnings inequality: Urban China in transition between 1988 and 1995 [J]. Social Science Research, 2005,34(1): 44 - 79.

[6] Heckman J J, Li X. Selection bias, comparative advantage and heterogeneous returns to education: Evidence from China in 2000 [J]. Pacific Economic Review, 2004,9(3): 155 - 171.

[7] 黄勇,从玉华.大学生就业：从计划分配到市场“双选”[J].国际人才交流,2004,(3): 9 - 11。

[8] 教育部财政部国家发展改革委关于印发《统筹推进世界一流大学和一流学科建设实施办法(暂行)》的通知[EB/OL].(2017 - 01 - 25)[2019 - 08 - 02]. http://www.moe.gov.cn/srcsite/A22/moe_843/201701/t20170125_295701.html。

[9] 崔盛,吴秋翔.重点高校招收农村学生专项计划的实施成效与政策建议[J].教育发展研究,2018,(3): 18 - 25。

[10] 教育部.《国家中长期教育改革和发展规划纲要(2010—2020年)》学生资助中期评估报告[EB/OL].(2015 - 12 - 09)[2019 - 08 - 02]. http://www.moe.gov.cn/jyb_xwfb/xw_fbh/moe_2069/xwfbh_2015n/xwfb_151209/151209_sfcl/201512/t20151209_223925.html。

[11] Stevens M L. Culture and education [J]. The ANNALS of the American Academy of Political and Social Science, 2008,619(1): 97 - 113.

[12] Stevens M L, Armstrong E A, Arum R. Sieve, incubator, temple, hub: Empirical and theoretical advances in the sociology of higher education [J]. Annual Review of Sociology, 2008,34: 127 - 151.

[13] Wu X. Higher Education, Elite Formation and Social Stratification in Contemporary China [J]. Chinese Journal of Sociology, 2016,3: 001.

[14] Jack A A. The privileged poor [M]. Harvard University Press, 2019.

[15] 布尔迪厄.世界的苦难：布尔迪厄的社会调查[M].张祖建,译.北京：中国人民大学出版社,2017。

[16] 吕鹏,范晓光.中国精英地位代际再生产的双轨路径(1978—2010)[J].社会学研究,2016,(5): 116 - 243。

[17] 李路路.制度转型与分层结构的变迁-阶层相对关系模式的“双重再生产”

[J]. 中国社会科学，2002，(6)：105－118。
[18] 李春玲. 高等教育扩张与教育机会不平等——高校扩招的平等化效应考查[J]. 社会学研究，2010，(3)：82－113。
[19] 谢作栩，王伟宜. 社会阶层子女高等教育入学机会差异研究——从科类、专业角度谈起[J]. 大学教育科学，2005，(4)：58－62。
[20] 杨东平. 高等教育入学机会：扩大之中的阶层差距[J]. 清华大学教育研究，2006，27(1)：19－25。
[21] 李春玲. 教育不平等的年代变化趋势(1940—2010)——对城乡教育机会不平等的再考察[J]. 社会学研究，2014，(2)：65－89。
[22] 刘云杉，王志明，杨晓芳. 精英的选拔：身份，地域与资本的视角-跨入北京大学的农家子弟(1978—2005)[J]. 清华大学教育研究，2009，30(5)：42－59。
[23] 岳昌君，周丽萍. 经济新常态与高校毕业生就业特点——基于2015年全国高校毕业生抽样调查数据的实证分析[J]. 北京大学教育评论，2016，14(2)：63－80。
[24] 李春玲. 80后大学毕业生就业状况及影响因素分析——基于6所985高校毕业生的调查[J]. 江苏社会科学，2012，(3)：45－53。
[25] 牛新春，郑雅君. 重点大学城乡学生的生涯定向：基于跟踪调研的过程研究[J]. 现代大学教育，2018，(5)：58－71。
[26] 田丰. 高等教育体系与精英阶层再生产——基于12所高校调查数据[J]. 社会发展研究，2015，(1)：14－16。
[27] 邓淑娟，戴家武，辛贤. 家庭背景对大学生毕业去向的影响[J]. 中国农业大学学报：社会科学版，2012，29(3)：109－117。
[28] 郑雅君，牛新春. 家境越好对大学越满意？——双因素激励理论视域下学生满意度与家庭背景之间的非线性关系[J]. 教育发展研究，2016，(17)：43－51。
[29] 王处辉，李娜. 当前我国高等教育过程中的不平等研究——基于对某高校农村学生群体的调查[J]. 清华大学教育研究，2007，28(4)：36－41。
[30] 张华峰，郭菲，史静寰. 促进家庭第一代大学生参与高影响力教育活动的研究[J]. 教育研究，2017，(6)：32－43。
[31] 熊静，杨颉. 招生政策倾斜背景下农村、贫困专项计划大学生学业适应研究——基于某“双一流”建设高校的实证调查[J]. 中国高教研究，2018，No.299(7)：34－42。

[32] 王小虎,潘昆峰,吴秋翔.高水平大学农村和贫困地区专项计划学生的学业表现研究——以 A 大学为例[J].国家教育行政学院学报,2017,(5):66-75。

[33] Meyer J W, Ramirez F O, Frank D J, Schofer E. Higher education as an institution, In Gumport P(Ed.), Sociology of Higher Education: Contributions and Their Contexts[M], Baltimore, MD: Johns Hopkins University Press, 2007: 187-221.

[34] Karabel J. The chosen: The hidden history of admission and exclusion at Harvard, Yale, and Princeton [M]. Houghton Mifflin Harcourt, 2006.

[35] Featherman D L, Hauser R M. Opportunity and change [M]. New York: Academic Press 1978.

[36] Shavit Y, Arum R, Gamoran A. Stratification in higher education: A comparative study[M]. Stanford University Press, 2007.

[37] Lehmann W. Choosing to labour?: School-work transitions and social class [M]. McGill-Queen's Press-MQUP, 2014.

[38] Boudon R. Education, opportunity, and social inequality: Changing prospects in western society [M]. John Wiley & Sons Canada, 1974.

[39] Breen R, Goldthorpe J H. Explaining educational differentials: Towards a formal rational action theory [J]. Rationality and Society, 1997,9(3): 275-305.

[40] Breen R, Van De Werfhorst H G, Jæger M M. Deciding under doubt: A theory of risk aversion, time discounting preferences, and educational decision-making [J]. European Sociological Review, 2014,30(2): 258-270.

[41] Shavit Y, Muller W. From School to Work. A Comparative Study of Educational Qualifications and Occupational Destinations [M]. ERIC, 1998.

[42] Sewell W H, Haller A O, Portes A. The educational and early occupational attainment process [J]. American sociological review, 1969: 82-92.

[43] Jencks C. Inequality: A reassessment of the effect of family and schooling in America [M]. New York: Basic Books, 1972.

[44] Lucas S R. Effectively maintained inequality: Education transitions, track mobility, and social background effects [J]. American Journal of Sociology, 2001,106(6): 1642-1690.

[45] Alon S. The evolution of class inequality in higher education: Competition,

exclusion, and adaptation [J]. American Sociological Review, 2009,74(5): 731 - 755.

[46] Hout M. Maximally Maintained Inequality and Essentially Maintained Inequality [J]. Sociological Theory and Methods, 2006,21(2): 237 - 252.

[47] Knox W E, Lindsay P, Kolb M N. Does College Make a Difference? Long-Term Changes in Activities and Attitudes [M]. Westport, Conn.: Greenwood Press, 1993.

[48] Newman J H C. The idea of a university [M]. University of Notre Dame Pess, 1992.

[49] Clark B R. The higher education system: Academic organization in crossnational perspective [M]. University of California Press, 1986.

[50] 蔡元培：就任北大校长之演说(1991)，蔡元培教育论著选，北京：人民教育出版社，1991。

[51] 李弘祺. 学以为己：传统中国的教育[M]. 上海：华东师范大学出版社，2017。

[52] Li J, Hayhoe R. Confucianism and higher education [J]. Encyclopedia of Diversity in Education, 2012,1: 443 - 446.

[53] Trow M. From mass higher education to universal access: The American advantage [J]. Minerva, 2000,37(4): 303 - 328.

[54] Boudon R. The Origin of Values: Essays in the Sociology and Philosophy of Beliefs [M]. Transaction Publishers, 2001.

[55] Weber M. Economy and society: An outline of interpretive sociology [M]. Berkeley, CA: University of California Press, 1978.

[56] Bourdieu P. The Logic of Practice [M]. Cambridge: Polity Press, 1990.

[57] Bourdieu P. Distinction: A social critique of the judgement of taste [M]. Cambridge, MA: Harvard 1984.

[58] Swidler A. Culture in action: Symbols and strategies [J]. American Sociological Review, 1986: 273 - 286.

[59] Lamont M, Beljean S, Clair M. What is missing? Cultural processes and causal pathways to inequality [J]. Socio-Economic Review, 2014,12(3): 573 - 608.

[60] Sewell W F. A Theory of Structure: Duality, Agency, and Transformation [J]. American Journal of Sociology, 1992,98(1): 1 - 29.

[61] Kim S H. Max Weber. Stanford Encyclopedia of Philosophy (Fall 2012 Edition). Available at http://plato. stanford. edu/cgibin/encyclopedia/archinfo. cgi? entry=weber, accessed 14 May 2013.

第一章　迷宫

各种教育，尤其是文化教育（甚至科学教育），暗含地以一整套有教养阶级传递的知识、本领、表达模式为前提。……它导致了这种特权者游戏面前根本性的不平等。然而，每个人都得参加这一游戏，因为它以具有普遍性价值的面目出现在人们面前。……当人们反复批评传统教育的内容失落了其真实性，他们忘了加上一句，不同阶层的大学生所体验到的不真实感十分不同。

——布迪厄与帕斯隆（J.-C. Passeron），1979，pp. 21 – 22①

大学不仅是象牙塔，更是竞技场。尽管高等教育阶段（特别是精英大学）中的不平等往往被进步主义的舆论所掩盖，难以为旁人所觉察，但实际上每个身处其中的成员都不能否认，今天的

① 摘自 Bourdieu, P., & Passeron, J.-C. *The Inheritors: French Students and their Relations to Culture* [M]. Chicago: University of Chicago Press. 1979. 译文参考邢克超中文译本。着重号为笔者所加。

大学是一个与社会愈发联系紧密、资源和权力蕴藏其中、且竞争无处不在的空间。稍微一瞥有关大学的社会新闻就会发现，无论是大学自身，还是教师，抑或学生，每一方都在向着对各自有意义的有价资源进行激烈地角逐。在此意义上，大学正如同布迪厄笔下的"游戏场"(field)[1]p.67——一个空间和时间都有严格界限、存在明晰而具体的"游戏规则"的社会领域，对此游戏抱有不同感觉的"参赛者"置身其中，并投下各类资本作为赌注以试图取胜。正如本章开篇的引文所示，布迪厄将学校教育视作一个有利于特权阶级的游戏，并断言这一游戏具有根本上的不平等性。这一立场或许不易为人所接受，却在今天仍有着强烈的启发意义。在中国，精英大学这一场域究竟具有怎样的特征？如果顺着布迪厄的思路，将名校看作一个迷宫或者丛林探险的游戏现场，这个现场的基本布局和游戏规则是怎样的呢？学生应当如何做才能在当中获得优势？对此，社会学家和高等教育研究者已经积累了深厚的文献基础，为我们洞悉当代大学生在精英大学中所面对的现实处境提供了启发。

在本章中，我将利用已有的文献，剖析在当下我国大学生在一流大学的出路竞争中所面临着的现实情势，以展现该游戏现场中的规则究竟是什么样，以及它对"参赛者"提出了什么样的要求。仔细地揣摩那些从未被官方文件清楚地言说、却鲜明地体现在现实当中的"游戏规则"之后，我们就会发现：倘若大学生缺少关于大学和就业市场的了解，对自己未来的毕业出路没有做到独立规划、提前部署、有序准备，到了毕业之际，即便持有名校文凭，其价值也很可能会在兑换职业地位的环节中大打折扣。

游戏规则

被教育大众化和全球化裹挟着的中国一流大学,正在经历前所未有的新自由主义浪潮和国家社会主义体制力量之间的拉锯,由此形成了一种极富中国特色和矛盾性的毕业生现实处境。市场化改革、高校扩招、高等教育国际化趋势,以及政府主导的大学办学模式在其中扮演着重要角色。在这些宏观的历史与制度因素的作用下,大学生个体越发被推向就业市场的自由竞争,学生毕业后的选择越来越多,个体需要为自己承担的责任越来越大;而与此同时,出于高等教育的育人使命和社会主义大学的办学宗旨,高校并不以最大化学生的就业市场竞争力为首要目标。这种矛盾性为学生造就了一种氛围宽松、价值多元的培养环境,为学生的发展道路制造了多种可能,却也对学生独立自主地安排大学生活方面的文化技能和见识提出了更高的要求。

扩招背景下的大学生求职市场

今天的毕业生面临的首要现实是,他们必须自己寻找工作单位或深造学校。自 20 世纪 90 年代初以来,伴随着计划经济体制向社会主义市场经济体制的转轨,以“统”和“包”为特征的高校毕业生分配制度被认为不再适应我国社会主义商品经济的发展要求。1986 年,原国家教委编订的《高等学校毕业生分配制度改革方案》[2] p.2849 提出,“在国家就业方针、政策指导下,逐步实行毕业生自主择业、用人单位择优录取的‘双向选择’制度”,并明确提出“逐步把竞争机制正确地引入高等教育”。1989 年 3

月，该制度正式由国务院批准，决定在全国范围逐步实施，由此拉开了毕业生就业制度的市场化改革序幕。1994 年，原国家教委发出《关于进一步改革普通高等学校招生和毕业生就业制度的试点意见》，提出建立入学收费制度，引导学生毕业后参与劳动力市场的竞争，改变上学国家包、分配国家包的“两包”做法。同年，原国家教委开始推行高校招生并轨改革试点，并在 1997 年在全国高校实施并轨招生，即统一收费、不再区分公费生与自费生，高校学费开始增加。紧接着是势如破竹的高等教育大众化战略。1999 年，教育部在第三次全国教育工作会议上启动了高等教育大扩招，决定大幅度提高高等学校的招生规模。此后十年间，高校扩招每年都以 40 万人左右的规模递增。2009—2019 年期间，我国普通高等学校在校生总规模基本上年均递增 80 万人。经过 20 年的扩招，我国普通高等学校的毕业生人数，从 1999 年的 84.8 万人，升至 2018 年的 753.3 万人，相当于 1999 年的 8.8 倍[①]。据估算，2011—2020 年间，我国高等教育毕业生累计总规模达到一亿人，其中普通高校毕业生为 7000 万人。2018 年，我国的高等教育毛入学率达 48.1%[②]，根据特罗的理论，中国高等教育即将由大众化阶段进入普及化阶段，也意味着中国已建成世界上规模最大的高等教育体系。面对与日俱增的大学生就业压力，国家自 20 世纪末提出了鼓励大学生自主创业的口号，2012 年提出“促进创业带动就业”的战略，2015 年李克强总理号

① 上文所涉及的教育统计数据及简单计算均基于中国国家统计局网站 http://data.stats.gov.cn/

② 资源来源：中国新闻网，2018 年 2 月 26 日，http://www.chinanews.com/sh/2019/02-26/8765168.shtml

召"大众创业万众创新"详见[3],更将毕业生就业问题的解决方案向市场竞争机制推进了一步。

就业市场化改革将大学生"推入"就业市场,而高校扩招政策则将更多的大学生"拉进"学校,两项政策自然导致了市场上竞争强度的激增,毕业生就业压力不断膨胀。虽然高校扩招使得千百万普通人家的孩子有机会进入大学,也标志着国家在实现教育机会公平上取得了重大进展,而大学毕业生所面临的处境却也悄然发生了变化。全球各个国家的经验都证明:当越来越多人持有大学文凭时,市场对教育水平的要求随即水涨船高,大学文凭作为一种用来交换职业地位的通货,其交换价值在市场上发生了萎缩。美国社会学家柯林斯(Randall Collins)在《文凭社会》一书中将这一现象称为"文凭的通货膨胀"[4]。胡瑞文等研究者发现,新世纪前十年,我国普通高校毕业生人数已经开始大于劳动力市场中白领岗位的总需求人数,因此部分大学毕业生从白领岗位溢出、向蓝领岗位转移是必然趋势[5]。今天,进入大学的机会不再稀缺,而不同社会群体之间的竞争却并未休止——只是争夺的重心发生了转移。首先,正如"有效维持的不平等"(EMI)假设[6]所预见的那样,随着优势群体进入大学的机会接近饱和,他们转而去竞争那些在教育市场上相对更有价值的通货,例如重点中学、声望更高的大学、热门专业等,越精英化的教育场域里不平等就越加剧[7—11]。重点高校在高等教育系统里声望最好、回报最高,但其开放给农村学生或低阶层子女的入学机会实际上在扩招之后出现了显著的下降[8,12]。其次,正如柯林斯在《文凭社会》一书中所预测的,文凭贬值激起了人们对更高学位的追逐。大学生考研人数连年攀升的事实有目共睹，即便是重点大学的毕业生也多数首选升造而非工作[13]，而研究生才是重点高校中求职的主力军。所有上述现象都提示我们高等教育的梯子可能正在变得越来越拥挤，也因此愈发失去其在促进社会流动方面的运载效率。虽然名校文凭仍可带来一定的就业优势[14]，但也不可避免地经受着文凭通胀的冲击[15]。

扩招的另一后果是，文凭在求职市场上代表能力的"信号"作用开始失真，大学生的就业结果越来越依赖家庭文化资本和个人化优势而非学业水准。英国社会学家布朗(Phillip Brown)指出[16]，随着同样的文凭持有人大量涌入就业市场，雇主再难以通过文凭来甄别求职者的就业能力，因而招聘要求开始被定得更高更精细。这意味在两个拥有同等学历的求职者中，只有那个条件更优越者能够被录用。"就业能力"这一概念，在布朗的语境中有着双重意涵：一是求职者所具备的满足岗位资格要求的绝对能力水平，这取决于个人所接受的知识技能训练；二是求职者在所有竞争者中的相对排序位置，这取决于市场与人才的供需关系。当越来越多的竞争者具备更强的相对优势，即便是绝对就业能力足够的求职者也会陷入劣势。在这样不断升级的竞技游戏中，包括个人性格、荣誉、工作经验、实习经历在内的"软"实力就成为了证书、学位等"硬"通货的必要补充。于是，大学生要想将自己打造成能够在求职市场获得优势的候选人，必须有意地、持续地反思和管理自己的大学生活，将大学四年打造成一种致力于为简历加分的"履历经济学"(economy of experience)[17]。要完成这些极具技术性的操作，需要额外对旅行、实习、体验等课余生活进行精细地投资利用，并加以适当地包装以衔接雇主的偏好，而这显然需要来自家庭的经济、社会和文化资源的加持[18]。

全球竞争中的大学生出国潮

在不断升温的就业市场竞争中，高等教育国际化带来的“出国热”又起了推波助澜的作用。随着改革开放的推进，国家的出国留学政策也渐趋自由化。80 年代以来，国家开始逐步放开对自费出国留学的政策限制。2003 年，我国取消了对自费出国留学人员的费用征收和审批手续，并设立奖学金鼓励优秀自费留学生[19]。伴随着国家政策的松绑，自费出国留学的人数连年攀升。根据教育部发布的数据①，2018 年度中国出国留学人员总数达 66.21 万人，其中自费留学 59.63 万人。中国留学生在美国、英国、加拿大、澳大利亚等多个主要留学生输入国的国际学生份额中均占首位②，是全球国际学生的最主要来源。虽然留学生的低龄化趋势明显，但高校毕业生仍然是出国深造大军中的重要组成部分。有调查显示，我国大学生出国接受研究生教育的意愿强烈，而有出国留学意愿者通常是在校成绩优秀、家境优渥、外语能力好的优质生源[20—22]。

在重点高校中，毕业生到世界一流大学深造的风气尤盛。院校声望越高的大学，毕业生出国深造比例越大[23]。根据 2017

① 资料来源：中国教育部官方网站，2019 年 3 月 27 日，http://www.moe.gov.cn/jyb_xwfb/gzdt_gzdt/s5987/201903/t20190327_375704.html。

② 资料来源：中国社会科学网，2014 年 12 月 18 日，http://www.cssn.cn/gx/gx_gxxx/201412/t20141218_1448250.shtml。

年《中国留学发展趋势报告》①，包括北大、复旦在内的4所部属高校毕业生的出国深造率超过30%，14所部属高校出国深造率达20%以上。不难看出，出国深造已成为相当多名校学子积累全球竞争力和提升人力资本的选择。在大学校园里随处可见的留学中介广告也从侧面说明了这一现实。事实上，在全球化的历史背景下，对国际化学习经历的追求已经成为国内外高等教育的共同特征。一个司空见惯的事实是，高校与世界各地的大学签订学术交流与合作协议，并乐于在官方网站上宣传自身的国际化水平。在劳动力市场上，境外文凭（甚至是一段境外访学经历）可以作为学生国际视野和个人能力的象征符号，为简历锦上添花。当然，出国深造的价值并不仅仅停留在象征层面，而是会切实带来更高的经济回报和就业优势。经济学家发现，海外留学经历在中国（特别是东部地区）能够显著提高劳动者的工资收入[24]。更有针对同在国内读本科的首都大学生的跟踪调研发现，在控制了个人、家庭、学校、在校表现和就业状况等众多因素的基础上，留学归国学生仍享有比国内读研学生高出25%左右的就业起薪[25]。

当然，要获得出国深造机会，需要满足境外大学对申请者提出的要求。这些要求通常包括优秀的学业记录和外语水平测试成绩，来自多位教授的推荐信，以及提交诸如个人陈述、研究计划、个人作品示例等事先准备好的文件。对于大多数自费申请者，他们还需要为留学支付比国内读研高得多的经济成本。事

① 资料来源：中国教育在线网站 https://www.eol.cn/html/lx/report2017/mulu.shtml。

实上,从选校,到编写简历、撰写申请文书,再到准备面试,为申请出国所做的各项准备工作是一项事无巨细的系统工程,需要花费1至2年甚至更长的时间。因为申请者不仅需要时间去准备好上述申请程序所需要的文件,更重要的是需要花时间去“打造”出国所需要的个人特质和经历,譬如展现好奇心、实习实践、参与研究课题和国际会议的经历等等。一篇谈论大学生留学规划指导策略的文章甚至提出,“对于大学生的留学规划指导不应停留在大四,而应从大一开始贯穿四年的学习生涯,在不同学年有针对性地准备语言学习、专业成绩、实习实践等”[26](p.219-220)。要在有限的大学时光里准备好这些,既需要有条不紊地根据申请需求安排大学生活,又要对国外大学的录取规则和申请程序有充足的了解,对一个初出茅庐的大学生而言绝非易事。于是,委托咨询经验丰富的留学中介机构就成了许多学生的选择,而对于不同家境的学生而言,这笔动辄数万元的咨询费又意味着不同的分量。

中国特色大学治理模式下的校园生活

上文揭示了市场化和全球化趋势丰富了大学生毕业之后的选择,也加剧了大学生在毕业出路上的竞争强度。在这幅以新自由主义的市场逻辑为特征的图景中,大学成了求职和升学竞赛的预备所。每个学生理所当然地应当最大限度地利用自己所拥有的各类经济、文化资本,尽可能地增值自己的竞争力,好为自己赢取优势。可实际上,置身于大学校园的学生直接面对的大学生活现实却比这幅图景混沌复杂得多。其原因在于,高等教育机构作为现代社会中的核心组织之一，其功能的复杂性远超过提升学生的就业竞争力这一个方面。

美国学者克拉克（BurtonR. Clark）提出了一个包含大学、政府和市场三者权力的三角协调模型[27]，为我们认清现代大学的多重角色和使命提供了思路。首先，作为生产与传递高深学问的教育场所，大学最核心的使命是探求高深知识和培养全面发展的人才。在英国的纽曼（John Henry Newman）、西班牙的加塞特（OrtegaY. Gasset）、德国的洪堡（Wilhelm Von Humboldt）、中国的蔡元培等近现代教育思想家的著作中，这种对学术自主性和人文精神的追求俯拾即是，也仍然深刻地影响着当代大学的教育理念——这一点从当代各著名大学的校训中就能见微知著。如蔡元培在《就任北京大学校长之演说》中提出，学生“须抱定宗旨，为求学而来”，而非“徒志在做官发财”[28]，凸显了大学教育有意趋避现实功利的倾向。其次，随着现代大学对社会生活的介入越来越深，政府与大学的关系愈发密切，大学的运作也不免受到政治因素的干预。中华人民共和国成立后，一个由政党和政府全面管理社会各个领域的国家有目共睹，而高等教育也并无例外地处于国家权力的管理范围，形成了“政校一体”的管理模式。改革开放以后，虽然简政放权成为时代强音，但党委领导下的校长负责制始终是高校组织管理的核心制度[29]，党的领导仍然是中国特色一流大学治理体系的首要特征[30]，我国高等教育机构仍处于政府的影响力之下[31]。换句话说，虽然大学生的毕业出路越发市场化了，大学的教育宗旨、校园生活以及校园里潜藏着的机会和资源，却从未经历过真正的市场化，而是鲜明地体现着中国特色社会主义的体制特征。

当政府权力渗入高校治理的环节，且大学坚持知识生产和育人使命时，现实中的大学生活就远非市场逻辑所能理解的了，而是充满了与市场理性无关的许多其他内容。可以这么说：从新生入学的那天起，直到他/她有一天忽然意识到自己快要毕业了，这一过程的丰富性甚至可能让他/她短暂地忽视就业市场的竞争规则。事实上，在我国一流大学的校园里，占据学生们大量时间和精力的各类课内外活动，诸如讲座、社团、党校、学生会、社会实践、志愿服务、学术科创竞赛等等，大都与就业准备并无显然的联系。生机勃勃的校园里充斥着一张张令人炫目的活动海报，看似杂乱无章，实则各有其理：讲座主要由院系举办，目的是增强学术交流、拓宽师生的知识面；以兴趣爱好为基础组建的各类学生社团则有助于丰富校园生活、促进兴趣和特长发展；党团组织活动是吸纳、培养党员和发扬党的先进性的抓手；学术科创项目意在激发学生的科研潜力和创新能力；各类社会调研、实践和志愿服务活动则扮演着落实思想政治教育、培养社会主义核心价值观的第二课堂角色……学校表彰奖励优秀学生的评价体系很大程度上基于学业水平、品德和校园活动参与度，与市场上对就业能力的评估标准关联度不大。学校提供的针对毕业生就业的政策也以全局的国家利益为先，对学生的价值感召——例如那句耳熟能详的“到祖国最需要的地方去”——往往带着浓厚的集体主义的家国情怀，而非谋求个人利益最大化的市场逻辑。

总之，市场化在大学内外部发生程度的不同，使得“成为好学生”和“找着好工作”对应着不同的游戏规则，这无疑加大了学生安排大学生活的难度。当大学生懵懵懂懂地踏入名校校园，很可能会发现其间的生活像极了一个被精心布局的异彩纷呈的迷宫：并不存在一条“主路”或某种标准走法——似乎每一天的过法都有许多种可能，每个人在路口处需要不断地做选择，每一条小路(例如科研、学生会、社团等)都各有乾坤，且大多与迷宫外的世界保持着一定的距离。他们在各个小路之中穿行探索，一边选择自己的路线，一边在路途上收集着有价值的筹码(成绩、经历、奖项等)。他们与其他探索者之间是一种心照不宣的竞争关系，因为筹码的数量是有限的；当他们到达迷宫出口的时候，他们需要将口袋里的筹码拿出来，用它们来兑换成下一个旅程的入场券。不过，对不同社会出身的探索者来说，这个迷宫的神秘度是不同的。有人对里面的布局相当了解，有人半知半解，而有人只能通过道听途说略知一二。尤其关键的是：并不是所有人都很清楚当中的游戏规则，譬如迷宫的尽头究竟有哪几个出口，而每个出口处有用的筹码又有什么不同。

迷宫的出口

迷宫在出口方面的设置——即大学生毕业后的出路，正是前文所述及的历史和制度因素共同作用的结果。纵观各个双一流高校毕业生的就业质量报告，可以发现迷宫出口的设置具有稳定的一致性：学生的毕业出路基本分为最主要的三条，即出国留学、国内读研和求职(即签约就业)。当然，还存在一些诸如灵活就业、自主创业、暂缓就业等小众选择，不过上述三种选择通常占据了高校毕业生去向的绝大多数。大学生对出口的选择是至关重要的。这是因为，三个出口坐落在迷宫尽头的不同方位，会将探索者带去不同的天地，并且不同出口对筹码的设置和兑换率也不同：

出国留学意味着申请者参与到全球高等教育机会的竞争中去。如前文所述，成功获得境外优质大学录取的前提是，申请者既拥有优秀的学业记录，又有合格的托福、雅思、GRE 等外语考试成绩，还熟悉国外高校的专业排名、项目设置，且能按自身职业生涯规划找准定位并按要求准备申请材料。在用资历兑换录取通知的环节中，漂亮的学分绩点与外语成绩、给招生委员会留下深刻印象的个人陈述和令人满意的英文写作通常是最重要的获胜筹码。另外还包含一些间接和隐性的要求，例如申请材料一般包含数位学术界资深人士的机密推荐信。这意味着学生不仅需要有良好的学业记录，还需要和多位教授建立比较个人化的良好关系，最好有参与学术研究项目的实践经历和境外大学的交流学习经历，并且有能力支付国外生活的开支。

国内升学则细分为两种渠道：一是通过推荐免试的方式直升研究生，二是考研。现行的推荐免试制度始于 20 世纪 80 年代中期，是国家为增加研究生的优质生源、加大拔尖人才培养力度而推出的一项政策举措[32]。在该政策下，有推免资格的高校组织院系选拔并推荐优秀本科学生成为推荐免试生，而获得推荐名额的学生则毋须参加全国研究生考试，只参加招生单位组织的复试。作为一个惯例，院系分配推免名额的最重要的依据通常是学业成绩。相对而言，推免读研是最不需要学生在短期内专门准备的一个选项，因为所依据的学分绩点是由学生从大一到大三期间每学期的成绩汇总而成的结果。由于推免生的生源质量得到高校的普遍认可，获得推免资格的学生获得录取的概率很大。所以不难理解，推免直研已经成为研究型大学里许多学生国内升学的首选，也解决了相当一部分人的升学需求。据范皑皑和杨钋课题组针对北京市高校的调查[33]，985院校的本科生推免直研的比例可达40%以上。相比之下，通过考研来获得读研机会的风险和难度则大得多。要获得成功，不仅初试的单科成绩和总成绩要全部通过目标学校划定的分数线，还需要在差额录取的复试中有好的表现。由于研究生入学初试是选拔性考试，报考人数多、淘汰率高，况且名校分配给考研录取的名额一般也偏少，更是加大了获得录取的难度。因此，考研通常需要比较长的时间来专门准备所考科目的知识，花一年甚至更长时间者并不鲜见。为提高分数，学生还可能需要花钱参加考研相关的培训，甚至到目标学校旁听课程。同时，学生还需要具备一定的风险承受能力，为应对考研失败的风险而做好多手准备。

求职对学生的要求与升学大相径庭。作为劳动力市场上的应聘者，求职者需要满足用人单位对雇员的期待。学业表现仅仅是次重要的参考性要求，起关键作用的条件包括考取职业资格证书、有实习实践经历、良好的业务水平、对行业有深入的理解，并具有良好的表达能力和社会交往能力等等[34]。如果家里拥有社会关系，有机会通过熟人推荐去应聘，则成功概率更大[35]。对于体制内的用人单位而言，例如省市直机关选调生的遴选，党员身份和学生干部经历则是重要的条件。

总而言之，对于高年级的大学生来说，无论有没有清晰的目标，毕业出路都是一道难以回避的选择题。早做选择者将赢得优势。因为几条主要的毕业出路要求学生所做的准备各不相同，学生要想在毕业时获得满意的出路，往往需要从大三上学期甚至更早开始选定目标并着手准备。多手准备需要消耗很多精力，而完全没有准备的学生则会在毕业关头陷入被动。范皑皑和杨钋[33]调查发现，除去一部分因锁定推免无需准备的学生，在声望越好的学校里，学生越倾向于选定一条出路去准备；家庭社会经济地位越高的学生，越倾向于早做准备；而准备目标越明确者，职业成熟度越高。牛新春和郑雅君[36]通过对某重点大学一届本科生历时三年的跟踪调查，发现大学生生涯定向的发展轨迹从大二暑期就开始发生分化——大二暑期之后，生涯定向清晰度高的学生对高影响力活动的投入呈现出愈发明确的方向性。

如果进一步把眼光放长远，去看迷宫出口外的道路延伸向何处，就会发现大学生需要选择的还不止于走哪个出口。在某种意义上，升学仍可看作为职业做准备的预备过程，绝大多数人未来毕业后终究会走上工作岗位，在社会的职业地位结构上占据某个位置。那么，学生在职业(预期)路径上又有什么选择呢？林南和边燕杰在90年代的研究中指出，中国社会存在着一种独特的劳动力市场分割逻辑——以国家权力的控制力为核心由中心至边缘，劳动力市场划分为国有部门、集体部门和非国有经济部门[37]。单位体制资源对个人的生活机会发挥着实实在在的影响。因此，与做什么工作、挣多少钱相比，去什么部门的单位更能决定个人的社会地位：国家机关和国有企业掌握着组织生产、管理和资源分配的核心权力,是地位最高、待遇最好的部门,而私营经济则是地位最低、体制福利最少的部门。不过,伴随着我国逐步深化的市场经济体制改革,非国有经济部门从 1996 年起已经超过国有经济份额。后来关于国内劳动力市场的经济学研究认为,国有经济部门和非国有经济部门已经在城市形成了两个并行的劳动力市场[38]。两个市场中的工资定价机制有所不同:国有经济部门的工资标准、工资定级和增长幅度仍然是由传统的体制决定的,用人单位无法改变,且增幅缓慢,但往往在货币工资外辅之以实物福利和保障服务,比如优惠的住房、医疗、教育等;而新生的非国有经济部门的工资定价则是一种市场行为,根据市场和劳动力的供给需求情况决定,因而劳动力的人力资本是决定工资定价的重要条件。近年的研究表明,薪资丰厚的外资企业、民营企业或跨国公司,已经成为高校毕业生的热门之选[39]。当然,在新冠病毒大流行之后,高校毕业生对非国有部门的偏好或许会发生变化,但总体的二元格局料将长期存在。

上述关于我国就业体制中二元劳动力市场的理论,与社会学家魏昂德(Andrew Walder)提出的著名理论模型——后社会主义社会的二元精英职业路径不谋而合。魏昂德与同事基于事件史分析方法发现,政治管理精英和专业技术精英是中国职业流动机制中的两条分立的路径[40]:中华人民共和国成立以后的半个世纪以来,大学学历始终是获得专业技术职位的先决条件,而党员身份始终是获得高行政管理职位的先决条件,专业技术人员很少转变为行政管理人员,反之亦然。而郑辉和李路路研究发现，中国的精英群体在代际之间并非保持着二元路径的分立传递，他们的子女在两类路径之间实现着自由交换[41]。简言之，政治忠诚和高等教育是分别对应着行政管理人员和专业技术人员两条精英职业路径的两块敲门砖，这两类精英的下一代不一定会传承上一代的精英职业路径。因而，对于手持国内顶尖学府毕业文凭的学生而言，无论家境如何，他们既拥有非国有经济部门需求的人力资本，又是党组织发展潜在成员的关键对象，因而有机会进入任何一条职业路径——这意味着他们必须做出一个真正意义上的选择。

至此，我们已经大致勾勒出了名校游戏规则的一些特征，这些特征有着深刻的社会、历史和制度因素的根源，也切实地塑造着大学生身在其中的某种矛盾性的体验。如同一个迷宫一样，名校生活精彩得令人炫目，也令人困惑。当寒门学子拼尽全力，带着改变命运的信念来到这里，却可能发现人的全面发展、解决社会问题和高深的学术追求才是被津津乐道的主题；当他们认为好好学习才是学生的职责，却可能一进门就迷失在形形色色的学生组织和社会活动中；当他们默认上了好大学就能有好工作，却可能发现大学的生活内容很少和就业市场发生直接的联系；当他们想象来到名校就可以摆脱应试枷锁、自由发展了，却可能最终发现这里无非是另一片地形更为复杂的赛场……无论经历过多少茫然与困顿，到了毕业关头，学子们终究需要摊开自己手中的筹码，去某个出口处换取将学业成就转换成职业地位的资格。只有那些顺利获得更高兑换价值的人，才更可能换得高职业地位。

由此观之，大学四年不啻是一场回报丰厚但挑战度极高的探险之旅，其内容繁复、规则复杂，需要参赛者对此有透彻的领悟，尽早决定自己将要去哪一个出口兑换筹码，并适时调整好前往的路线。正如本章开头布迪厄的那段论述，这样看似平等的"游戏规则"，实则暗含着一些特别的要求，因而对于不同社会出身的学生可能意味着天差地别的难度。"在其他条件相同的情况下，来自优势家庭的学生更早地意识到职业准备对未来职业发展的重要性，并且倾向于在毕业前两年甚至更早的时间，就开始将职业生涯规划付诸行动"，范皑皑和杨钋老师注意到了不同阶层学生在调研数据中显示出的差别[33](p.99)。差距更集中地反映在毕业之际。不少量化研究已经确认，不同家庭背景的学生在毕业去向上也存在明显的分化。弱势家庭出身的学生比优势家庭的学生更倾向于选择就业而非升学[21,42,43]，然而弱势家庭学生的就业结果却又不及家境优势的同学[15,44]。闵尊涛、陈云松和王修晓基于某重点大学十年的学生调研数据所做的研究，更是说明在影响大学生毕业意向的因素中，家庭背景的解释力比个体学业表现重要得多；过去十年中，大学生的深造机会分配仍然体现为一种社会再生产逻辑[45]。

问题是，作为生涯发展条件最薄弱的群体，弱势家境学生为何反而更无心做职业准备呢？不同家境学生在毕业去向上的差距，又是如何在上大学的过程中被一步步拉开的？我着手这些问题的思路，是去了解不同家境的大学生穿越迷宫的过程，以此来理解他们在迷宫出口处或好或坏的处境，究竟是何以被造就的。下一章将具体地阐述本研究的理论思路与研究方法。

本章参考文献：

[1] Bourdieu P. The Logic of Practice [M]. Polity Press, 1990.

[2] 何东昌.中华人民共和国重要教育文献[M].海口：海南出版社，1998。

[3] 吴立保，吴政，邱章强.我国大学生创新创业政策的变迁逻辑与政策建议——基于历史制度主义的分析[J].阅江学刊，2017，9(3)：89-99。

[4] Collins R. The Credential Society：An Historical Sociology of Education and Stratification [M]. New York：Academic Press, 1979.

[5] 胡瑞文，张海水，朱曦.大众化阶段的人才供求态势与高等教育转型发展[J].教育研究，2014，(1)：74-83。

[6] Lucas S R. Effectively maintained inequality：Education transitions, track mobility, and social background effects [J]. American Journal of Sociology, 2001,106(6)：1642-1690.

[7] 谢作栩，王伟宜.社会阶层子女高等教育入学机会差异研究——从科类、专业角度谈起[J].大学教育科学，2005，(4)：58-62。

[8] 杨东平.高等教育入学机会：扩大之中的阶层差距[J].清华大学教育研究，2006，27(1)：19-25。

[9] 李春玲.教育不平等的年代变化趋势(1940—2010)——对城乡教育机会不平等的再考察[J].社会学研究，2014，(2)：65-89。

[10] 刘精明.高等教育扩展与入学机会差异：1978～2003[J].社会，2006，26(3)：158-179。

[11] 叶晓阳，丁延庆.扩张的中国高等教育：教育质量与社会分层[J].社会，2015，35(3)：193-220。

[12] 刘云杉，王志明，杨晓芳.精英的选拔：身份，地域与资本的视角-跨入北京大学的农家子弟(1978—2005)[J].清华大学教育研究，2009，30(5)：42-59。

[13] Niu S X, Zheng Y, Yang F. Students' social origins, educational process and post-college outcomes：The case of an elite Chinese university [J]. Chinese Journal of Sociology, 2019,0(0)：1-32.

[14] 岳昌君，杨中超.我国高校毕业生的就业结果及其影响因素研究——基于2011年全国高校抽样调查数据的实证分析[J].高等教育研究，2012，(4)：35-44。

[15] 李春玲.80后大学毕业生就业状况及影响因素分析——基于6所985高校

毕业生的调查[J].江苏社会科学,2012,(3):45-53。
[16] Brown P, Hesketh A, Wiliams S. Employability in a knowledge-driven economy [J]. Journal of education and work, 2003,16(2): 107-126.
[17] Brown P. Education, opportunity and the prospects for social mobility [J]. British Journal of Sociology of Education, 2013,34(5-6): 678-700.
[18] Brown P, Hesketh A. The Mismanagement of Talent: Employability and Jobs in the Knowledge Economy [M]. Oxford University Press, 2004.
[19] 刘国福.近三十年中国出国留学政策的理性回顾和法律思考[J].浙江大学学报:人文社会科学版,2009,6:15-24。
[20] 陆根书,田美,黎万红.大学生出国留学意愿的影响因素分析[J].复旦教育论坛,2014,(5):36-44。
[21] 李忠路.家庭背景,学业表现与研究生教育机会获得[J].社会,2016,36(3):86-109。
[22] 高文娟,蒋承.国内读研还是出国留学——家庭背景对本科生升学选择的影响及趋势分析[J].教育发展研究,2019,13:45-53。
[23] 沈文钦.我国高校本科毕业生出国读研现状及其趋势分析——基于院校差异的视角[J].中国高教研究,2017,(10):78-82,87。
[24] 许家云,刘廷华,李平.海外留学经历是否提高了个人收入?[J].经济科学,2014,Vol.36(1):90-101。
[25] 潘昆峰,刘佳辰.留学归国研究生的工资溢价及其影响机制[J].学位与研究生教育,2018,(9):53-59。
[26] 康娜,蔡立佳.浅析高校大学生留学规划指导策略[J].教育教学论坛,404(10):228-229。
[27] 伯顿·R·克拉克.高等教育系统:学术组织的跨国研究[M].杭州:杭州大学出版社,1994。
[28] 蔡元培:就任北大校长之演说(1991),蔡元培教育论著选,北京:人民教育出版社,1991。
[29] 蔡连玉,李海霏.我国高校内部治理的制度变迁(1949—2018):基于历史制度主义的分析[J].清华大学教育研究,2019,40(02):104-111。
[30] 张衡,眭一凡.中国特色一流大学治理结构:理论基础、体系架构、变革路径[J].中国高教研究,2020,(3):11-16。
[31] 涂端午.高等教育政策的控制结构及其演变——基于政策文本的实证分析[J].复旦教育论坛,(02):50-55。

[32] 罗敏.我国研究生招生推荐免试制度的特征、矛盾及发展趋势[J].学位与研究生教育,2011,(12):39-44。

[33] 范皑皑,杨钋.大学生的职业准备策略——基于北京高校学生发展调查数据的实证分析[J].中国高教研究,2015,(10):99-106。

[34] 朱云立,顾雪英.大学生求职准备研究[J].教育与职业,2002,(04):22-25。

[35] 张文玉.家庭社会资本、动员能力与大学生求职[J].中国青年研究,2017,(12):98-104。

[36] 牛新春,郑雅君.重点大学城乡学生的生涯定向:基于跟踪调研的过程研究[J].现代大学教育,2018,(5):58-71。

[37] Lin N, Bian Y. Getting ahead in urban China [J]. American Journal of Sociology, 1991,97(3):657-688。

[38] 蔡禈.二元劳动力市场条件下的就业体制转换[J].中国社会科学,1998,(2):4-14。

[39] 岳昌君,黄思颖,万文慧.高校毕业生为什么青睐在大中城市就业——基于2015年全国高校毕业生抽样调查数据的实证分析[J].教育学术月刊,2016,(7):27-32。

[40] Walder A G, Li B, Treiman D J. Politics and life chances in a state socialist regime: Dual career paths into the urban Chinese elite, 1949 to 1996 [J]. American Sociological Review, 2000: 191-209.

[41] 郑辉,李路路.中国城市的精英代际转化与阶层再生产[J].社会学研究,2009,024(6):65-86。

[42] 权小娟,边燕杰.城乡大学生在校表现比较研究[J].中国青年研究,2017,000(3):88-93,109。

[43] 李丁.过程多维性与出路阶层化:中国大学教育过程的公平性研究[J].社会,2018,38(3):79-104。

[44] 岳昌君,周丽萍.经济新常态与高校毕业生就业特点——基于2015年全国高校毕业生抽样调查数据的实证分析[J].北京大学教育评论,2016,14(2):63-80。

[45] 闵尊涛,陈云松,王修晓.大学生毕业意向的影响机制及变迁趋势基于十年历时调查数据的实证考察[J].社会,2018,38(5):182-213。

第二章 视角

社会学(这个词具有多重含义,下面仅以我们所理解的方式予以定义)是一门科学,其意图在于对社会行动进行诠释性的理解,并从而对社会行动的过程和影响予以因果性的解释。所谓"行动"意指行动个体对其行为赋予主观的**意义**——不论外显或内隐,不作为或容忍默认。

——马克斯·韦伯(Max Weber),2005[1956],p.3①

本研究引入了一种关注过程的文化视角去重新审视学生的大学经历。通过将高等教育理解为一个学生在其中生成自我认知、人际关系、发展目标等等的文化性/社会性过程,我们得以将学生穿越迷宫时所采取的策略和发生的变化纳入研究视野当中。接着,循着教育社会学、高等教育学和文化社会学所提供的理论洞见,本章还构建起了一个由"资本化过程"、"投入过程"和

① 摘自马克斯·韦伯著,顾忠华译,社会学的基本概念[M],2005[1956].黑体为原文所注。

“价值选择过程”三部分组成的“大学过程”分析框架，用以探究三个具体的研究问题：(1)家庭的资源优势如何转化为学生在大学阶段的文化资本？(2)学生在大学里的努力如何转化为他们在出路获得上的优势？(3)价值信念如何影响生涯目标的树立，又如何影响出路的最终获得？接着，本章交代了本研究以深度访谈为主体的个案研究方法、个案选取与描述、分析方法以及我自己作为质性研究者的反思。

打开黑箱

教育社会学研究大体上分为两种看待学校教育的视角[1]：一种将学校教育视为个人用来获取职业地位和经济收入的优势性的拥有物(possession)，有人力资本概念中的“资本”之意味，强调其获得竞争优势、实现社会流动之工具性，因而这种视角下主要的研究问题是学生所获得教育的质量与数量如何与结构性的因素(如家庭背景、职业地位)相关联；另一种则将学校教育看作个人置身其中完成社会化的一个更富文化意涵的过程(process)，强调研究者必须关注学生在学校里经历的社会交往过程、同辈文化以及那些难以测量的变化——而不是将他们所受的教育简化为一个离散的变量取值。

第一种视角秉承了社会分层与地位获得的研究传统，建立在马克思和韦伯的阶级理论以及统计技术的进步上，已经在北美成为了该领域的主流研究视角。自索罗金(Sorokin)[2]首开社会流动研究的先河，这一研究传统孕育出的丰硕成果已经使得高等教育与个人社会地位之间联系的紧密性成为常识。这些研究操作化教育这一变量最常见的方式，就是计算“受教育年限”如[3]、“受教育程度”如[4]或“是否升学”如[5]，将个人所受的教育抽象为一个数字或一种学历。追随这一研究传统的学者，将教育或作为预测变量或作为因变量，试图使用各类复杂的统计模型去测量家庭背景、认知能力和非认知能力对高等教育获得、职业获得和收入的预测关系，以及高等教育对职业地位获得的回报性贡献如[6—8]。不过，这一研究传统逐渐遇到了越来越多的挑战和批评。首先，随着高等教育多种形式的扩张，教育年限普遍增长，因而目前测量教育年限和学历的意义变得越来越不清楚[9]；并且，高等教育业态的多元化趋势实际上使得研究者越发难以将教育作为一个统一的、可量化的对象去理解。换句话说，高等教育扩招已经从量的角度大大降低了“纵向”的教育获得差异，却拉大了同一受教育水平中质的“横向”差异，而这必将对上述研究传统的测量方法提出挑战。更重要的是，即便对教育年限发展出更加精密的测量，这一派的研究仍然因将教育作为整体性的“黑箱”而受到批评——常将教育作为自变量或因变量去看它与别的现象（比如地位获得）之间的关系，很少关心教育过程本身发生了什么，因而也就难以理解其与这些现象的关系机制[1]p.8。当然，也有例外者，例如教育获得的“威斯康辛模型”（*Wisconsin Model of Educational Attainment*）[10]就因将社会心理因素——教育期望、同辈社会网络纳入模型而对解释教育获得的机制作出了重要贡献。不过总的来说，定量方法在测量和分析逻辑上的局限性使得这类研究很大程度上忽视/简化了教育自身所包含的丰富面向。斯坦福大学的教育社会学家 Mitchell

Stevens认为，在地位获得学派的视野下，高等教育“成为了如同财产一般匀质、可量化的结果，而那些极具文化性与过程性的、多样又难以测量的教育内容从他们的分析框架里消失了”[11]p.102。

第二种视角——作为成长过程的学校教育——在教育的社会学研究中是一个较为晚近的传统，通常采用质性方法或混合方法，把学校教育概念化为一种如“育婴室”(incubator)般培育学生品质和能力的文化性/社会性过程[12]。因为学校是学生逗留时间最长的地方，因而被视为一个相对于家庭和社会的独立环境，并且是除家庭以外第二大塑造学生社会化过程和自我认同的关键场所。这一派研究试图打开前述研究传统留下的教育“黑箱”，去细致观察学校教育的过程对学生的信念、能力和前景的影响，以及这些影响与社会不平等之间的关系。这一脉络先以基础教育领域为盛，近年在高等教育领域勃兴[12]。美国教育社会学者Jenny Stuber认为，这股研究潮流的兴起，或可归功于分层研究领域里三种理论进路的影响：首先是1970年代女权主义者对于将阶级概念操作化为职业地位的抗议，她们认为阶层的定位并不能等同于职业，而是一个多维度的生成过程，例如非职业女性的社会组织参与也应被考虑在内。其次是70年代分层研究发生的“文化转向”(cultural turn)使得意义、反思性和符号重回社会学家视野，学者们意识到阶级并非简单意味着的收入、财富或职业，而是一个复杂的意义建构和符号排斥的过程。第三是法国社会学家布迪厄[13]及其追随者的影响，他们对于文化资本以及身体化的性情倾向如何助推社会不平等提出了影响深远的洞见——社会化过程中形成的认知图式、文化修养、气质、谈吐等都会作为一种文化资本为持有者谋取优势，并且这种优势在学校教育得享合法化的特权。

本研究在概念化高等教育的理论视角上采取第二种研究取向，即将上大学看作是学生在学校里经历社会化、建立自我认同与人生理想、选择生涯道路的关键过程。在本研究中，大学既是一个与家庭和社会相对分离的独特环境，又是在培育学生的过程中发挥关键作用的行动者，也是一个具有时间性的优/劣势形成过程。2008 年，高等教育社会学领域的领军人物 Mitchell L. Stevens，Elizabeth A. Armstrong 和 Richard Arum 发表在《美国社会学年鉴》上的一篇综述[12]呼吁更多研究去关心发生在"大学生活经历"(experiential core of college life)中的分层过程，将视野从正式教育环节转向更加分散化和多元化的课外生活。本研究回应了这一呼吁，通过聚焦大学生在校期间组织课内外生活的过程，尽可能去理解那些初入大学时看似站在同一起跑线上的学生们如何在大学过程中渐渐形成了各自对毕业出路的选择，而这些选择又是怎样将他们送上了各自的社会位置。当我们抛弃将高等教育简化为某个变量取值的思路，将目光投向五光十色的校园经历时，哪些重要的元素构成了通往毕业出路的大学过程呢？三种学科领域的研究提供了丰富的洞见。

来自高等教育学的洞见——能动性的重要性

高等教育研究者已经在大学经历如何影响学生的发展成果这一问题上形成了悠久的研究传统。可能是由于这些研究通常出于教育者和教育管理者的立场,往往立足于培育全人发展的教育目的,也往往浸润着大学管理者浓厚的政策兴趣。

这一领域的代表性人物汀托(Vincent Tinto)提出的学习/社交融入理论(*academic and social integration theory*)见[14]在学生发展研究中享有奠基性的地位[15]。基于人类学关于人生阶段过渡仪式(rites of passage)的理论,汀托假设即将步入大学的学生必须先与其之前的社会关系(比如家人和高中的朋友)相分离(separate),进入一个"开始尝试融入新群体互动"[14]p.93 的转折性阶段,并习得(*incorporate*)新群体或大学内部的规范性价值观与行为模式。这一融入大学的过程体现在两个互相促进的独立方面——学习和社会交往,学业融入是指学生顺利地与学校学术方面的正式规范(比如修课与学分制度、学术规范要求等)达成一致;社会性融入则指学生发现大学社交环境与自己的偏好或期待相协调的程度。如果学生未能顺利通过这一分离-习得的过程,就难以融入大学环境,从而可能对学生发展产生负面影响;而融入程度高的学生则会增进对学校的投入感和归属感,有更好的表现。

虽然学者们对于如何贴切地操作化 Tinto 的理论模型至今仍有许多争论和质疑[16,17],但大多数学者都会同意:学生必须主动投入,积极参与学校组织的各项活动,主动与老师和其他同学交往,才更可能取得成功[18,19]。根据 George Kuh 提出的学生投入(*student engagement*)理论[19],学生的专注或投入(*engagement*)——往学校里的"教育性实践"活动中投入的时间和精力——越多,越可能产出积极的教育结果。这一理论与 Alexander Astin 的学生涉入理论(*student involvement*)异曲同工[18,20],实质上都认为学校是一个对学生发挥关键影响力的环境,而学生参与其中的程度越深,越可能获得正向的影响,许多实证依据已经验证了这一主张[15]。研究者还注意到,来自弱势背景的学生对学校的投入和融入程度都是偏低的,在师生互动和同学互动上的表现往往不尽如人意,相应地在教育结果上也偏低[21,22]。国内的实证研究者也有同样发现[23—26]。

虽然贡献颇丰,这一派理论却也受到了社会学家和人类学家的批评,主要因为诸如融入或投入这类概念似乎被看作是一个由学生自己决定而不牵涉阶层、种族等社会因素的中立过程[1,27]。这在理论立场上会导致某种始料未及的后果(unintended consequence):弱势学生在大学里表现不佳,全怪自己没有努力投入。虽然目前该领域的前沿研究已经开始探索学生投入出现阶层差异的机制问题[28],但高等教育学的研究大体上仍然将大学预设为一个公平公正的竞技场。

来自教育社会学的洞见——社会结构的力量

在社会学家眼中,大学这个竞技场绝不是"公平公正"的,而是向某些社会群体明显倾斜着。教育社会学里分层取向的研究倾向于采用一条十分偏向社会结构强力的视角,即社会结构总会再生产现有的秩序——即便是上了大学,家庭背景或社会出身的影响仍然根深蒂固。在量化研究的主流之外,有越来越多的社会学家对高等教育的过程产生兴趣[29,30],力图揭示不同社会群体在这个本不平等的竞技场中角力的过程与社会后果。

美好的大学生活需要雄厚的资本支撑。显而易见的是，充分参与各类校园活动需要强大的家庭经济支持，需要学生挤出打工兼职时间，所以缺乏经济资本（*economic capital*）的贫困学生很可能错过学校的各类课外活动和实践机会。不仅如此，社会资本（*social capital*）——即嵌入人际关系的社会网络——也对学生的教育过程和结果有着关键的影响。研究已经发现，大学生与教师、同学及家人之间的关系与学生的学业表现、满意度乃至阶级意识的形成都有重要影响[14,31,32]。更不用说学生个人在学校形成的社交网络与其家庭成员持有的社会关系资源会对学生的求职、婚恋、置业等重要地位获得机会产生关键作用[33—36]。

更重要的是，文化也是一种可用于再生产阶级地位的强有力的资本。布迪厄的文化资本（cultural capital）理论[13]为社会学领域的大学经历研究做出了最具影响力的贡献。该理论认为继承自家庭的文化资本（如语言能力、审美偏好、文化意识、知识等）可以解释学生在学校的成功。不同阶层持有的文化资本是不均衡的，而教育系统则不仅不如它看上去那般中立，更是实施与优势阶层具有某种"亲缘关系"的文化专断，从而以隐蔽的方式合法化了再生产的秩序[13]。布迪厄曾对此进行过确切的论述："学校教育系统秘而不宣地要求每个学生拥有学校并不曾给予的东西，这包括语言能力、文化感知力和对主导文化的熟稔，而这种东西只有统治阶级在家庭教育中传授主导文化时才能获得"[37]p.494。身处大学这一属于优势阶层的文化专断环境，弱势学生仍然难以摆脱社会出身对他们的影响——"因花费昂贵而无法进入某些职业的认识，在学业出路的信息方面的不平等，把某些职业、学业上的选择和某一阶层联系起来的文化模式”[38]p.13，将使得他们会因为难以适应学校中占主导地位的模式、规则和价值观而感到“很不自在”(out of place)[13]p.13，从而在诸多方面逊色于优势阶层的子女[39,40]。即便他们努力改变自己融入大学的文化环境，圈子的断裂和人际冲突也容易使他们陷入痛苦[41,42]。

到目前为止，社会学家对于教育的微观过程如何促进宏观社会结构再生产的机制问题的探索还远未休止[11]。这带给本研究的启迪是：社会不平等表现在多种维度，其机制也并非显而易见。研究者想要理解高等教育与不平等之间的关系机理，就不可忽视大学生在大学校园里的社交活动以及他们适应校园主导文化的过程。新的同学友谊和社团参与意味着不同群体的聚合，而这些群体可能是层化和相互区隔的，也很可能对他们未来的生涯选择产生影响。

来自文化社会学的洞见——价值信念的作用

要获得满意的出路，尽早设立目标、并理性地组织准备策略殊为关键。这已经获得了不少理论和经验研究所证实[43]。目标(goals)，即一种认知层面对于我们想要取得或完成之对象的表象建构，既为行动指引了方向，又为行动提供了动力来源[44]。特别对于大学生而言，对自己所要取得的成就树立目标反映出他们下一步希望作出努力或展现出色的方向，也将影响到他们在组织具体行动时的心态和策略。选择树立合宜的目标并能够有效地自我管理、并恰当地组织行动策略实现这一目标，被认为是一种可后天习得的重要智能或非认知能力[45]。

问题是,大学生的生涯目标究竟是从何而来,又如何影响了毕业出路的选择?在社会学家眼中,目标并非一种独立于外在环境的、个体的自由选择。Roberts 提出决策并不是由个体决定的,而是由个体在劳动力市场上所面临的"机会结构"(opportunity structure)决定的,而机会结构是由工业组织、政策和社会阶层等因素共同塑造的[46]。在使用理性选择视角理解学生的目标和选择行为时,社会学家将人们不同的选择看作是不同人在理性地衡量自身能力、成本和收益之后的差异化结果[47]。由此而来的一个共识是,学生的阶层背景对他们对风险和收益的衡量产生着重要影响。其中最有影响力者为 Breen 和 Goldthorpe 提出的理性行动理论(rational action theory, RAT)[48],透过对升学决策的理性计算框架,揭示了家庭背景在教育选择中显示出的次属效应(second effects)。然而,如何既避免将理性目标的树立理解为原子化个人的自由选择,又避免落入结构决定论的窠臼呢?Hodkinson 和 Sparkes 结合布迪厄"习性"(habitus)与"场域"(field)理论的启发,提出了个体目标选择的修正模型[49],即(a)承认理性选择是一种实用主义式的个体选择,但这种选择深受决策者的习性影响;(b)场域中不平等的资源分配会影响决策者与场域中其他人的互动;(c)决策受到人生历程中一些难以预料的转折点和路径的影响。他们对大学生职业选择的研究发现,学生的决策基于他们自身已经了解的信息,而这些信息自然是有偏颇的,因而决策与学生的家庭背景、文化背景和生活经历密不可分。在文化社会学家看来,生涯选择者不尽然是理性选择框架下所假设的“工具人”。即使多数人通过理性计算追求世俗成功，仍有人不遵循这样的工具性效用计算模式，而在选择中遵循其他的价值观或无意识，并且这种“特殊情况”在人群中可能并非随机分布的[50]。无论如何，工具理性之下的效用计算模式远不能概括生涯选择的全部合理性。韦伯对工具理性和价值理性的区分已经清楚地表明，他认为很有必要引入一种基于非工具性的效用计算模式的行动理性[51]。理性选择理论家雷蒙·布东（Raymond Boudon）在晚年的著作中提出，传统理性选择理论的硬伤在于将人类行为禁锢在了工具性行动上[52]。思想、信念、情感、价值、信仰，行为模式等，这些内在化的人类思想生活，和利益一样对于理解人类行动是不可或缺的。在这个意义上，将分析框架从工具理性拓展到价值信念的必要性清晰可见。

那么，价值信念在生涯选择行动中扮演了什么角色呢？这一问题触及了文化社会学领域的一个经典争论——文化究竟是如何影响行动的。回答此问的一个经典范式肇始于韦伯，认为理想、信仰、价值观通过塑造动机（motivation）来驱动人类行为。韦伯的著作暗示[53]：行动对于行动者的意义或者说行动者赋予行动的必要理由，应该被视为行动的原因。这里的理由可以是为了达成一个既定目标，也可以是非目的-手段的考虑（比如从价值观念上认为“这样做是对的、好的”）[51]。换句话说，文化通过定义“人们想要什么”来塑造行动。这个观点被帕森斯（Talcott Parsons）继承，他提出行动者的自愿选择受制于客观条件、并被手段和目的的规范所支配，正是在互动中作为共享符号系统的

“文化传统”(cultural tradition)提供了“个体在各种可供选择的取向中做出选择的尺度或标准”[54]p.7。由此看来，固然行动者在追求目的实现的行动或许是理性的，但因为信奉或认同某种规范和价值才有了行动目的，行动者的动机恰恰是由文化来塑造的。

而以斯威德勒(Ann Swidler)为代表的当代范式则认为，文化与行动并非紧密衔接的因与果，而可能是脱钩的，人们对事物抱有的观念在很多情况下难以连贯地解释他们的行动[55]。与其说文化为人提供了愿望、偏好或动机，不如说文化是一些松散的、甚至可能互相矛盾的风格、技能或习惯，如同一个“工具箱”(tool-kit)供人理性地选取和利用，帮助他们理解周遭的事物，为他们在实践情景下采取行动策略提供正当性(justification)。在这种视角下，行动不是由价值观导向的目的所决定的，更大程度上文化是一种可以被“使用”的能力(competence)，使人可以在不同的情景下灵活地选取行动路线。她发展出“稳定生活状态”和“不稳定生活状态”两个模型，在前者中文化为人们组织多种可能的行动提供正当性理由，而在后者中多种强有力的外部观念对行动可能有直接的控制，但其长期影响有赖于哪种观念在竞争中得以生存[55]。文化与行动之间成了一种松散的“弱耦合”，文化作为动机对行动的驱动力被很大程度上抽去了，变成了理性人用以实现一个事先确定的目的(predetermined ends)而建构行动策略的工具或资源[56]。不过，这个事先确定的目的又是从何而来呢？斯维德勒似乎认为这受到能力的限制，“人们最终会去追求与其文化能力胜任范围内的目的”(p.277)，但并未作详尽解释。总之，一个灵活熟练、审时度势的“文化运用者”(users of culture)在这一视角下影影绰绰，似乎在与工具理性和理性选择假设遥相呼应。

目前，“工具箱”范式已经在许多议题上成为主流框架，但争论并未平息。来自认知人类学、社会心理学的实证依据表明，文化作为动机驱动行动的作用是存在的，并提出文化图式作为一种认知结构，其内化程度依其深浅程度不同而存在多种层次[57]。2009年，Stephen Vaisey在《美国社会学刊》(*American Journal of Sociology*)上撰文，试图调和这两种范式：两种范式实际上都存在，但不在同一个意识层次发挥作用。Vaisey援引吉登斯和布迪厄的观点说明，“工具箱”范式的问题在于假定了文化与行动的关联必然在意识层面进行[58]。事实上，动机或习性完全可能是无意识的，而认知科学早已发现人类的认知包含两个过程——其一为有意识的、较慢的处理过程，可以对认知对象进行解释、计算和表现；其二为快速、多情况下无意识的自动反应过程，是个人深层认知层面的实践意识(practical consciousness)，难以被临时操控(p.1683)。而人对于文化图式的认知内化程度有深浅之分，个人可以在前一个浅层内化层面利用文化工具为自己辩护，而处在深层内化层面的文化对个人的情感、理性和行动图式有着强烈的驱动力p.1685-1686。

由此观之，关于价值信念与行动之关联的两种理论路径——价值观驱动范式和文化“工具箱”范式，其实有论无争，甚至互相补充：价值观驱动范式的解释重点在于人的行动目的是如何确立的，而“工具箱”范式强调了人如何像使用工具那样使用文化去达到预先确立的目的。抑或说，文化-行动的二元路径模型，连同斯维德勒对于两个文化时期的区分提醒我们意识到，价值理念的影响固然在人类行动的全过程都存在，不过在毕业出路获得的具体语境下，文化在学生的生涯决策中发挥什么角色，某种程度上取决于两个要素：(1)学生的行动目的生成状态——内化的价值观念是否帮助学生树立了自洽的、明晰的行动目的；(2)学生作为理性行动者使用文化“工具箱”的能力。这一理解为本研究提供了分析思路。

基于上述三种理论脉络，本研究尝试将“大学过程”(*college process*)概念化为“学生在就读大学的经历中树立生涯目标、获得毕业出路的过程。在此过程中学生参照大学内外的多种价值观念，建立起区分好恶、高低的象征边界(symbolic boundary)，对出路选择形成自己的价值权重系统，从而作出对毕业出路的选择”。在上述三种理论洞见的启发下，本研究建构了一个“大学过程”的概念框架，由“资本化过程”(capitalizing process)、“投入过程”(engagement process)和“价值选择过程”(valuation process)组成：“资本化过程”来源于布迪厄的文化资本理论，指家庭赋予的经济、文化和社会资源在大学场域里被转化为竞争优势或劣势的过程，这一过程意味着学生的社会出身对他们的文化资本及习性的模塑；“投入过程”来源于汀托和 Kuh 的投入/融入理论，指学生主动投入到大学的各类教育性实践活动的过程，这一过程意味着学生入校后发挥能动性的努力；而“价值选择过程”则来源于文化社会学中关于文化与行动之关联的两种理论路径——价值观驱动范式和文化“工具箱”范式，指大学生为自己的毕业出路树立价值目标，从而对自身的毕业去向作出选择的过程。由此，“大学过程”这一概念既考虑了结构性位置对行动者的制约，又兼顾了行动者发挥能动性的可能，为本研究从过程角度理解出路获得机制提供了统领性的框架。

核心概念与分析框架

本研究力图通过理解精英高校大学生选择毕业出路的三个关键过程，来解释家庭背景的差距仍然在学生的毕业出路及预期职业发展上继续维持的原因。因而，本研究的核心概念之一，在理论上称为学校-工作转换中的个人选择（*individual choice in school-work transition*），在日常用语和后文中则等同于毕业出路决策、毕业选择、毕业去向选择等等。但对于精英高校的本科生而言，毕业出路不一定意味着学校到工作的转换，因为他们很有可能选择升学。由此引发了一个分析的困难，即升学者和就业者的出路优劣势不具有直接的可比性。不过，虽然有些选择不一定直接面临就业，但无论是选择读研还是暂不就业，大多数选择最后依然对应着对进入某类职业的考虑。因而，虽然本研究在形式上关注学生的毕业出路选择（比如保研还是找工作），但更关注个体如此选择对于自身学校-工作转换的实质性用意（比如现在保研是为了日后找到什么样的工作）。因而，有必要区分毕业去向与职业预期两个概念，前者在本研究中意指毕业生在几条不同形式的毕业去向之间的选择，包括国内升学、出国留学、求职、创业和间隔年（gap year）等，这些去向有别，种类各异，却无优劣之分；而后者则在本研究中意指毕业生通过选择某类毕业去向而有意为进入某类职业做好准备的预期，虽然职业有分类（如从政、从学、公司白领等），但职业声望、前景与待遇优劣仍具有可比性。因而，本研究所指的学生在毕业出路中的弱势/优势均指向现实或预期的职业地位这一概念，并非毕业去向概念。

本研究的另一大难点在于，大学生出路的优劣势并非显而易见的，这增大了横向比较分析的复杂性。譬如，客观地说，一个远赴基层的选调生和一个推免直研的升学者，其职业地位孰优孰劣几乎无从判断。因而，本研究采取了一种折中的办法，从被访者主观意愿（比如该去向是否本心所愿、本人是否满意）的角度来判断其职业地位的优劣势，即当事人究竟是主动选择还是被动接受了自己的出路。虽然不同去向的职业地位难以直接相比，但转化成当事人的主观意愿，就比较容易判断其职业发展道路上的“势头”，由此使得横向比较成为可能。

本研究的另一核心概念是社会出身弱势学生（*students from disadvantaged social backgrounds*），简称弱势学生，即来自处于不利地位的社会出身或家庭背景。根据既有研究所积累的共识，本研究所指的社会出身弱势主要指以下四个维度上的劣势：

（1）家庭社会经济地位（SES）属于低收入群体或较低阶层（例如父母职业为工人、体力劳动者或无业）[59,60]；

（2）来自农村的学生[24,61]；

（3）来自西部偏远地区的学生[62]；

（4）第一代大学生，即父母双方均未受过高等教育的学生[21,32]。

根据“累积不平等理论”(cumulative inequality theory)[63]，逆境或弱势背景常在多个维度交叠存在，如农村学生往往也是第一代大学生。如马太效应一般，交叠的方面越多则处境越困难，如西部地区的农村学生则可能比东部地区的农村学生面临更大的挑战。因而，本研究中的学生背景并非优劣二元分类，而是一个有强弱差异的连续统。符合上述一个方面(及以上)的学生均属于本研究的“弱势学生”之范畴。若一个学生同时陷入弱势的维度越多，则认为他的背景弱势程度越高。若一个学生存在上述三种及以上的劣势，则在本研究中被统计作“明显劣势”；存在两种劣势，则视作“部分劣势”；存在一种劣势，则视作“轻微劣势”；若完全不存在上述四种劣势中的任何一种，则视作“明显优势”。

另外，本研究中的精英大学，并非指名义上的制度性认证，也非指学生生源的精英性构成，而是指在一个社会的高等教育系统中位于顶层的、享有最高声望的高等教育机构。在我国，虽然高等教育系统内并无国家政策认证的“精英大学”，也无专收上流子弟之所，但高等教育机构事实上仍然在资源配置和声望上存在显著的层级分化[64]，处于顶层的是被国家列入重点发展计划的部分高水平研究型大学(如“985”工程计划和目前正在进行的“双一流”大学计划)。本书中的“精英大学”、“精英高校”或“名校”概念正是指代这类高校，本研究的实地调研所选取的北方大学和南方大学都属于首批入选国家“985工程计划”和“双一流计划”的全国著名学府。

图1表明了本研究的分析框架，并将细化的研究问题循着

研究思路展现出来。在图中,“大学过程”是三个由内而外的嵌套过程,以此来体现结构和能动性之间的互动性联系,以及学生从进入大学到毕业之际选择出路的逻辑顺序。分析框架中的黑色字代表本研究中所涉及的概念,灰色小字代表此概念在经验议题中具体指代的对象,与定量研究中的操作化指标类同。至此,本研究的理论视角、问题思路、核心概念和分析框架至此都已澄清。本章的下半部分将介绍本研究所采取的研究方法。

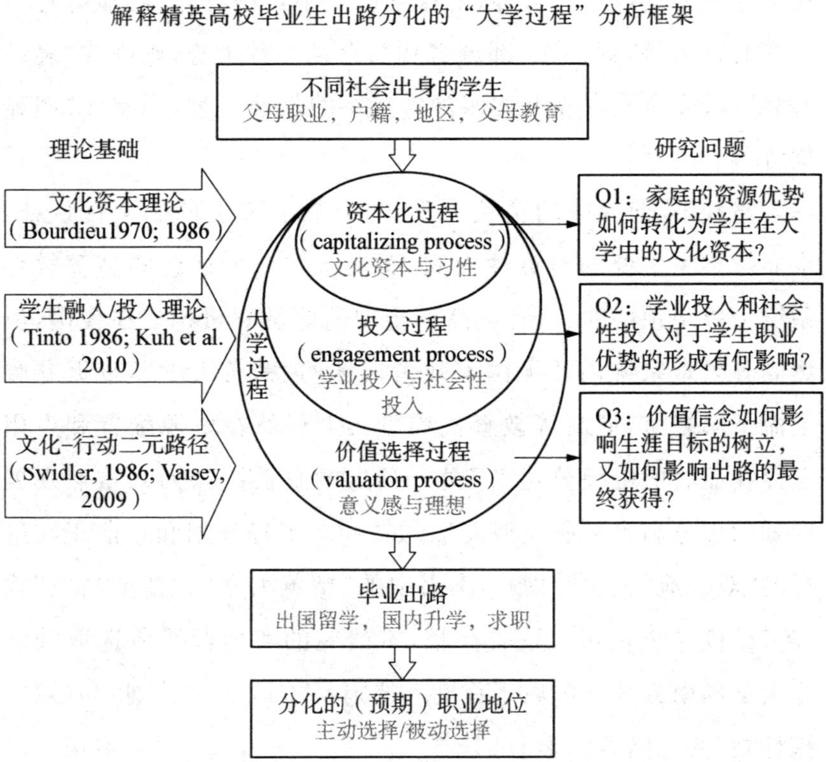

图1 本研究的分析框架和研究问题

研究方法

鉴于本研究旨在理解学生选择毕业出路的缘由，在认识论上遵循了建构主义（Constructivism）而非实证主义范式，在方法论上采用了韦伯意义上的诠释学（Hermeneutics）路径。其主要目的不在于变量关系的判定，而在通过对行动主体的意义阐释，从而发现看似随机的个人选择背后所显现出的某种规律性机制。韦伯和格尔茨（Clifford Geertz）一致认为，人是悬挂在自己编织的意义之网上的动物[65]，社会学的基本任务正是“对以意向为取向的行为作解释性的理解”[53]p.41，以探究人们行事与信仰的原因所在。

毕业出路选择无疑属于韦伯意义上的“社会行动”的范畴，而其背后的缘由即是行动者的“意向”。因而，本研究采用半结构式的深度访谈，对精英大学 62 名处于学制最后一年的毕业班学生进行跟踪式个案研究。所谓“深度访谈”，即“深入事实内部”，要求访谈者首先“悬置”自己头脑中的知识体系和成见，在被访者的日常语境中理解对他对自身行动意义的建构，然后再考虑研究者的意义情境和解释需要[66]。跟踪式个案研究是指研究者与被访者的联系并非在一次访谈结束后即终止，而是以当面或线上的方式保持联系直至被访者最终确定其毕业去向后才宣告结束。这样做一是为确保观察到个案的实际行动，以检视被访者在访谈中所叙述内容的真实性/可靠性；二是为跟进理解受访者对最终选定这一去向的原因阐释，以确认其访谈中叙述的意向与该选择行为之间的关联。

个案研究方法最常受到的质疑是其代表性。对个体行动者的意义研究能否进行推论，达到一种普遍化（generalization）的知识，向来存在争议。有学者认为，深度访谈的目的是获取意义，样本应当少而典型，普遍化并非研究者的主要目的[67]。而来自生活史社会学的研究表明，社会结构与社会过程的理论知识可以来自于对个人生活故事的研究[66]：因为宏观的社会过程会以不同的方式投射到不同的个人身上，从而影响个人的生命历程，并反映在个人的意义建构上。因而我认为，透过被访者的讲述，我们可以“以小见大”，在地方性知识的基础上建立起具有社会意义的理论推论。

田野点的选取

本研究选取北方大学和南方大学开展田野调查，主要是因为这两所学校都是建校历史百年以上、在海内外享有盛誉的高水平研究型大学，以其极高的招生标准，吸纳着全国范围内最优质的生源。在这两所学校，学生能力及其家庭背景基本同质，毕业生的升学就业处境和实际去向也大致相仿。再者，这两所学校处于同一个意识形态环境中，学校官方推行的价值导向也相当一致。更重要的是，这两所学校在学科特色和文化传统上各具特色，堪称当代中国精英高校的两个典型：

1952 年院系调整之后，北方大学在成为一所“多科性工业大学，重点为国家培养工程技术人才”①；而南方大学则成为了“人文社会（科学）和自然科学的全国重镇”②。此次院系调整奠定了

① 资料来源：T 大学官方网站。
② 资料来源：F 大学官方网站。

两所大学后50年学科发展的基本格局和师资基础。后来两校都将学科门类扩展至10个以上，但各自的公开数据显示，工科门类至今仍占北方大学一届本科生的80%以上，人文社科类则占南方大学一届本科生的40%。其次，北方大学位于北京——全国的政治权力中心，而南方大学位于上海——全国金融、贸易和航运中心。地缘优势为两所大学提供了各有倚重的就业机会，这也可能影响学生对于各种职业路径的选择。而京沪两地底蕴深厚的地域文化无疑也为两所大学的精神气质奠定了一抹底色。北方大学校长在2001年的校庆致辞中称，有300多位杰出校友担任过或正在担任着国家副部级以上的领导职务。而南方大学校友中的政界英才则远少于北方大学，历届南方大学的毕业生进入非公有制经济部门的比例大大高于北方大学。

更重要的是，两所大学在精神传统上大相径庭。1949年以来，北方大学被誉为“红色工程师的摇篮”，其本科教育的培养理念则是“培养具有为国家社会服务之健全品格的人才”，在精神传统上与爱国政治立场联系紧密。据新华网报告，在该校百年校庆的标志设计中，“主色调源自其大礼堂建筑的砖红色，被发布者解释为寓意‘又红又专’的文化传统”①。“又红又专”，即倡导政治觉悟与专业素养并重，是最常见的对北方大学文化的描述。相比之下，南方大学被校友津津乐道的则是其“自由而无用”的情怀，即保持对现实功利的疏离，保持精神自由。南方大学十分倚重宽口径的通识教育，本科培养理念是“培养具有人文

① 资料来源：http://news.xinhuanet.com/edu/2009-09/18/content_12072614.htm。

情怀、科学精神、国际视野、专业素养的领袖人才”。在一次毕业典礼讲话上，校长如此阐发南方大学的教育理想：“我们认为(教育的本质)是一颗自由而严谨、真诚而脱俗的心灵”。由此可见，两所大学百年历史所积淀的大学文化在价值内涵上各有千秋，一者被赋予了浓郁的集体主义精神，一者则以个体倾向的人文情怀为盛。在建设中国特色社会主义大学的时代背景下，这两所大学可谓是普遍特色之上生发出的两种典型。

表 1 院校特征速览

特征	北方大学	南方大学
本科生招生数(人)	3 700	3 300
校园面积(m^2)	4 503 800	2 443 200
图书馆藏书量(册)	4 912 000	5 190 000
农村学生比例	15%	10%
男/女性别比例	2∶1	1∶1
本科大类学科分布	理工医类：82% 人文社科类：10% 艺术类：8%	理工医类：59% 人文社科类：41%
本科生毕业去向分布	国内深造：54% 境外深造：28% 签约就业：8% 自主就业及其他：10%	国内深造：31% 境外深造：32% 签约就业：30% 自主就业及其他：7%
毕业生签约就职部门	国家机关：9% 事业单位：5% 国有企业：40% 科研教育单位：19% 三资企业：27%	国家机关：4% 事业单位：20% 国有企业：21% 科研教育单位：9% 三资企业：46%

说明：表格中的数据来源于两所大学 2014—2016 年发布的官方数据，数据为概数，并非确数，用以供读者了解两校概况.

个案的选取

在个案选取上，本研究采用目的抽样(purpose sampling)策略。访谈资料的收集大致分为了两个阶段。第一阶段访谈时间为2015年10月至2016年5月，以滚雪球方式在两所大学各邀请到18位和20位访谈对象，对他们进行了首次访谈，并依据个案的具体情况进行了追访。在38个个案里，家境优势者居多(非一代大学生24位)，研究生居多(29位)。在这一阶段中，考虑到重要的非核心变量可能会增大分析难度，在初期样本选取过程中考虑对学生的部分特征进行控制。具体控制原则如下：(1)仅选取男生，以控制社会性别的影响；(2)仅选取本科(曾)就读于该大学或同层次高校的学生，以保证被访者均受到同质的精英高等教育；(3)仅选取学分绩点位于同班前50%的同学，以控制被访者的学习态度和勤勉程度。同时运用理论抽样(theoretical sampling)的思路，围绕分析过程建构理论框架的需要，在关键特征上增加个案的差异性，着重选取能够带来最大理论潜力的个案。具体差异化原则如下：(1)在个案的院系或学科背景上力求差异性；(2)在个案的家庭社会经济背景上力求差异性；(3)在个案内化学校主流价值观的程度上力求差异性；(4)在个案的毕业去向和预期职业路径上力求差异性。

第二阶段访谈时间为2017年暑假至2018年暑假，在初步确认两所大学的受访者所浮现的共同特征后，有目的地从南方大学的本科毕业班中选取24位被访者进行访谈，其中有17位贫困学生、10位女生，以平衡前一阶段女生、本科学生和弱势学生个案不足的问题。在增加了样本的异质性之后，前一阶段得出的结论仍能够较好地适用于每个样本的情况。下表简要描述了 62 位被访者的背景信息。本研究的个案在家庭背景、性别、学科大类、学段和就业去向各类别均有比较均匀的分布，这种将类别进行系列分解的策略较好顾及了大学生群体内部的异质性，有助于提升研究结论的可外推性[68]。

表 2　个案基本情况描述

特征	南方大学 $N=44$	北方大学 $N=18$
性别		
男性	31	18
女性	13	0
学科大类		
人文学科	9	0
社会科学	14	7
经管商科	5	1
医药科学	6	0
工程科学	8	7
自然科学	2	3
学段		
本科生	31	2
研究生	13	16
毕业去向		
公务员/事业单位	19	2
国有企业	2	2
外企/私企/三资	11	4

续 表

特征	南方大学 N=44	北方大学 N=18
深造	8	8
暂不就业/延毕/创业	4	2
家庭背景		
农村出身	21	5
第一代大学生	35	9
农民/劳工家庭	33	5
西部地区	16	2
背景劣势程度		
明显优势	8	9
部分优势	11	3
轻微劣势	9	2
明显劣势	16	4

访谈设计与资料分析

深度访谈设计为半开放式，由研究者围绕一个事先准备好的访谈提纲进行发问和追问。要真正理解被访者的叙述，必须在了解他/她的个人生活史的前提下，站在他/她的立场上去理解他/她的观念与策略，达成对他/她意义世界和行动逻辑的“深入的理解”和“同感的解释”[66]p.56。因而，本研究在访谈设计上采取“渐进式聚焦法”(progressive focusing)[67]p.18：第一部分先从被访者的个人生活史入手，了解其大学前的成长经历、教育历程，以及在此过程中可能对他/她产生过重大影响的人和事（比如父母的培养模式、家人的期待等等);访谈第二部分聚焦至被访者的“大学过程”,包括入学时的心境、是否存在适应困难、四年学业表现,以及详细回溯大学期间投入过的主要活动,以及在求学过程中意义感和价值观的变化。第三部分再进一步聚焦到被访者的毕业选择,包括他/她对眼下毕业出路的看法、家人的意见、自己的打算,以及对未来生活的愿景、中长期人生目标和价值追求,其中可能存在的矛盾和张力,并追问至我感到自己能够设身处地地理解被访者的出路选择策略为止(访谈提纲详见附件)。虽然事先准备了访谈提纲,但访谈提纲的目的仅仅在于备忘——即确保谈话覆盖到了准备询问的议题。实际的访谈是根据具体情境,以开放式的问题为主导的,目的是让被访者感到放松,并且使得分析性的概念能够在被访者的主动讲述中涌现出来。整个访谈一般用时 2.5—3.5 小时,最长用时 6 小时。访谈过程以录音方式记录,并使用手写日志记录下研究者所观察到的重要细节。访谈结束后,将录音转录为文本,文本累计字数超过 150 万字。在转录文本的基础上,按照理论建构的需要对原始数据进行编码归类,将资料整理为一个有一定条理和内在联系的编码集。

另外,为了达成对分析对象的快速熟悉和深入理解,本研究还使用了以下辅助资料来源:(1)访谈前事先请被访者填写“背景信息问卷”,涉及个人及父母籍贯、教育程度、学业成绩等基本信息,也包含了他对大学的认同感、价值目标的测量(详见附件);(2)实地调研所观察到的校园文化风景、标志性器物及其说明;(3)两校官方网站、开学/毕业典礼实录与典礼讲话;(4)两校校友在网络论坛中描述的大学文化和个人经历的描述。

考虑到本研究旨在阐释和理解毕业出路选择的建构逻辑，并据此探索一种解释不同阶层大学生出路优势、差异的理论性假设，因而在资料分析方法上，本研究采用建构主义扎根理论方法(constructive grounded theory)。建构主义者相信意义和分析都是在具体的情境中由被研究者和研究者建构起来的，而并非如同扎根理论的客观主义观点坚持的那样，认为意义内在于数据中等待着被发现[69]。因此，虽然在访谈过程中我尽量悬置自己的常识和先入之见，但必须承认，我是带着自己的前见和理论关注点进入分析过程的。某种程度上，这是一种理论演绎法和现象归纳法循环往复的分析方法，即不断地将个案的鲜活体验和理论之所述进行碰撞和对话，并持续不断地试图整合所有的发现，直到形成一个有良好解释力的理论模型。在分析的过程中，反复阅读访谈文稿以理解被访者的处境和观念是第一步的任务。其次，在个案经验的基础上寻求理论性命题或假设，对个案所代表的群体呈现一个解释性的理论是第二个更具挑战性的任务。具体来说，就是不断地通过个案涌现出的规律来提出分析性概念和理论猜想，以此来确立编码的类目；而当一种猜想被新涌现出的现象所推翻时，则放弃原有的猜想甚至推翻原有的编码类别，重新建立新的猜想和类属，如此循环，直到所建立的理论命题能够兼容所有个案的经验——这最终导致了“目标掌控模式”和“直觉依赖模式”两种“上大学”实践模式的区分。

为提升资料分析的内部效度，本研究采用了三角互证法，通过访谈、观察得出的结论和基本信息调查问卷的结果进行对照。

研究过程中还采用了人员校验法，通过本人与被访者的不断对话，每当被访者陈述完毕一个重要观点后，我都会用自己的话复述一遍与被访者确认，以确保对被访人所建构的现实和行动意义的准确理解。

本人对研究的潜在影响

陈向明认为，质性研究者必须对自己的个人因素及与研究参与者之间的互动进行审视，才可能使自己的“主观性”获得一种比较“客观”、严谨、自律的品质[70]p.118。虽然我在进入访谈现场时并未特意整饰，作为一个天然带有个人预设和前见的认识主体，我也意识到自身的个人身份对研究过程和结果可能产生的影响：

(1) 我的身份是一位来自西部的单亲家庭、同样面临出路选择问题的女性非一代大学生，性格直爽热情。优劣势参半的家庭背景可能会使我既容易理解非一代大学生的想法，又能获得家境劣势的被访者的共情。从访谈的实际体验来看，大多数被访者容易对我产生信任、倾心吐露，被访者在访谈过程中动情而泣的情况时有发生。不过，性别可能是一个潜在的影响因素——女生在我的访谈中往往更容易推心置腹，而对自己出路不满意的男生则往往在讲述他们所遭遇的困境时显得生涩，我通常用会意的目光和坦率的大笑来化解尴尬的气氛，但也不免因顾及被访者的感受而咽下到嘴边的追问。

(2) 我对南方大学的被访者而言是“局内人”，通常很容易获得信任和理解，访谈也更加深入，但缺点是我很容易不自觉地将南方大学的地方性常识视作是理所当然，譬如对高薪和国外雇主的偏爱。在没有接触北方大学的被访者之前，我甚至对此毫无察觉。在北方大学进行访谈之后，我开始觉察到一些原本习以为常的观念仅仅是我自己的偏见。而对北方大学的被访者而言，我则成了“局外人”，在访谈初期常常深感难以理解北方大学的地方性常识。为了尽量克服作为一个“外人”的陌生感，我试图与一些对本研究议题感兴趣的被访者进行访谈之外的非正式对话，跟他们讲述我的观察，聆听他们的反馈和评论，也浏览了大量的校友网络讨论。总体而言，根据一些被访者的事后反馈，我在他们的认知中大概是“一个朴素的、没有其他目的，学位论文以‘人生理想和出路选择’为主题的同学”。

因为几乎所有的被访者都是通过熟人介绍的方式联络到的，因而我和被访者大都事先并不相互了解，熟人在当中制造了基本的信任。这使得我可以在一个适当的距离外观察和了解被访者。为拉近双方的心理距离，我会在访谈之前先介绍自己的背景（特别是不那么光鲜的一面），并坦言自己面对职业路径选择时的纠结体会，以获得被访者的了解和共情。再者，因为跟踪访问的需要，我与每一个被访者都建立了社交网络中的朋友关系，在网络空间中的互动为后续联络提供了良好的基础。

根据质性研究者的共识，质性研究报告是研究者与被访者双方参与的结果，因而“研究者在作品中应该有自己的位置”[70]p.98。因而，在后文的分析过程中，本书采取了第一人称的叙述角度，对研究报告进行个人化的描述与阐释。正如访谈前对每一位被访者的承诺，为保护被访者隐私，后文所用个人信息全部经过匿名化处理,人物均为化名,甚至对一些容易暴露真实身份的个人真实信息(如专业、籍贯、详细去向等)进行了轻微的改动。

本章参考文献:

[1] Stuber J M. Inside the college gates: How class and culture matter in higher education [M]. Lexington Books, 2011.
[2] Sorokin P. Social Mobility [M]. New York: Harperand Brothers, 1927.
[3] Jencks C. Inequality: A reassessment of the effect of family and schooling in America [M]. New York: Basic Books, 1972.
[4] Collins R. The credential society: An historical sociology of education and stratification [M]. New York: Academic Press, 1979.
[5] Mare R D. Social background and school continuation decisions [J]. Journal of the American Statistical Association, 1980,75(370): 295 - 305.
[6] Blau P M, Duncan O D. The American occupational structure [M]. New York, N.Y.: John Wiley & Sons, Inc., 1967.
[7] Featherman D L, Hauser R M. Opportunity and change [M]. New York: Academic Press 1978.
[8] Hout M. Social and economic returns to college education in the United States [J]. Annual Review of Sociology, 2012,38: 379 - 400.
[9] Gerber T P, Cheung S Y. Horizontal stratification in postsecondary education: forms, explanations, and implications [J]. Annual Review of Sociology, 2008,34: 299 - 318.
[10] Sewell W H, Shah V P. Parents' Educational Aspiration and Achievements [J]. American Sociological Review, 1968,33: 191 - 209.
[11] Stevens M L. Culture and education [J]. The ANNALS of the American Academy of Political and Social Science, 2008,619(1): 97 - 113.
[12] Stevens M L, Armstrong E A, Arum R. Sieve, incubator, temple, hub: Empirical and theoretical advances in the sociology of higher education [J]. Annual Review of Sociology, 2008,34: 127 - 151.
[13] Bourdieu P, Passeron J-C. Reproduction in society, education and culture

[M]. Trans. R. Nice. London: Sage, 1977.

[14] Tinto V. Leaving college: Rethinking the causes and cures of student attrition (Second Edition) [M]. University of Chicago Press, 1993.

[15] Pascarella E T, Terenzini P T. How college affects students: Findings and Insights from Twenty Years of Research [M]. Jossey-Bass San Francisco, CA, 2005.

[16] Braxton J M, Lien L: The viability of academic integration as a central construct in Tinto's interactionalist theory of college student departure, In Braxton J M, (Ed.), Reworking the student departure puzzle[M]: Vanderbilt University Press, 2000: 11 - 28.

[17] Braxton J M, Shaw Sullivan A V, Johnson R M: Appraising Tinto's theory of college student departure, In Smart J C, (Ed.), Higher Education: Handbook of Theory and Research[M], New York: Agathon Press, 1997: 107 - 164.

[18] Astin A W. Student involvement: A developmental theory for higher education [J]. Journal of college student personnel, 1984,25(4): 297 - 308.

[19] Kuh G. Involving Colleges: Successful Approaches to Fostering Student Learning and Development outside the Classroom [M]. ERIC, 1991.

[20] Astin A W. What matters in college: Four critical years revisited [M]. San Francisco: Jossey-Bass, 1993.

[21] Pascarella E T, Pierson C T, Wolniak G C, et al. First-generation college students: Additional evidence on college experiences and outcomes [J]. The Journal of Higher Education, 2004,75(3): 249 - 284.

[22] Pike G R, Kuh G D. First-and second-generation college students: A comparison of their engagement and intellectual development [J]. The Journal of Higher Education, 2005,76(3): 276 - 300.

[23] 熊静,余秀兰.研究型大学贫困生与非贫困生的学习经历差异分析[J].高等教育研究,2015,(2):46 - 55。

[24] 谢爱磊.精英高校中的农村籍学生——社会流动与生存心态的转变[J].教育研究,2016,(11):74 - 81。

[25] 卢晓东,于晓磊,陈虎,黄晓婷.基础教育中的城乡差异是否在大学延续——高校城乡学生学业表现差异的实证研究[J].高校教育管理,2016,10(1):63 - 64。

[26] 鲍威.未完成的转型:高等教育影响力与学生发展[M].教育科学出版社,2014。

[27] Tierney W G. Official Encouragement, Institutional Discouragement: Minorities in Academe—The Native American Experience [M]. Norwood: Ablex Publishing Corporation, 1992.

[28] Yee A. The Unwritten Rules Of Engagement: Social Class Differences in Undergraduates' Academic Strategies [J]. The Journal of Higher Education, 2016,87(6): 831 - 858.

[29] Mullen A L. Degrees of inequality: Culture, class, and gender in American higher education [M]. Baltimore: The Johns Hopkins University Press, 2010.

[30] Armstrong E A, Hamilton L T. Paying for the Party [M]. Harvard University Press, 2013.

[31] Winston G.C. Zimmerman D J, Peer effects in higher education [J]. In C. Hoxby(Ed.) College Decisions: How Students Make them and How They Could(pp.421 - 423). University of Chicago Press.

[32] 陆根书,胡文静.师生,同伴互动与大学生能力发展——第一代与非第一代大学生的差异分析[J].高等工程教育研究,2015,000(005): 51 - 58。

[33] Bian Y. Bringing strong ties back in: Indirect ties, network bridges, and job searches in China [J]. American Sociological Review, 1997: 366 - 385.

[34] Arum R, Budig M, Roksa J. The romance of higher education: college stratification and mate election [J]. Research in Social Stratification and Mobility, 2008,26(2): 107 - 121.

[35] Lareau A, Cox A: Social Class and the Transition to Adulthood: Differences in Parents' Interactions with Institutions, In Carlson M, England P,(Ed.), Social Class and Changing Families in an Unequal America[M], Stanford: Stanford University Press, 2011: 134 - 164.

[36] Dimaggio P, Louch H. Socially embedded consumer transactions: for what kinds of purchases do people most often use networks? [J]. American Sociological Review, 1998: 619 - 637.

[37] Bourdieu P: Cultural reproduction and social reproduction. In J. Karabel A H H, (Ed.) Power and Ideology in Education[M], Oxford: New York, 1977: 487 - 511.

[38] Bourdieu P, Passeron J C. The inheritors: French students and their relation to culture [M]. Chicago: University of Chicago Press, 1979.

[39] 王伟宜,刘秀娟.家庭文化资本对大学生学习投入影响的实证研究[J].高等教育研究,2016,037(004):71-79。

[40] 张晗.高校家庭经济困难学生心理健康及心理健康教育探究——以陕西省某高校为例[J].青年与社会中,2014,000(014):115。

[41] Lehmann W. Habitus transformation and hidden injuries: Successful working-class university students [J]. Sociology of Education, 2014,87(1): 1-15.

[42] Lehmann W. "I just didn't feel like I fit in": The role of habitus in university dropout decisions [J]. Canadian Journal of Higher Education, 2007,37(2).

[43] Hidi S, Harackiewicz J M. Motivating the academically unmotivated: A critical issue for the 21st century [J]. Review of Educational Research, 2000,70(2): 151-179.

[44] Dweck C S. Motivational processes affecting learning [J]. American Psychologist, 1986,41(10): 1040-1048.

[45] Corno L. The best-laid plans: Modern conceptions of volition and educational research [J]. Educational Researcher, 1993,22(2): 14-22.

[46] Roberts K: The developmental theory of occupational choice: a critique and an alternative, In Salaman, Speakman(Ed.), People and work, Edinburgh: Holmes-MacDougall, 1975.

[47] Gambetta D. Were They Pushed or Did They Jump?: Individual Decision Mechanisms in Education [M]. Cambridge University Press, 1987.

[48] Breen R, Goldthorpe J H. Explaining educational differentials: Towards a formal rational action theory [J]. Rationality and Society, 1997,9(3): 275-305.

[49] Hodkinson P, Sparkes A C. Careership: a sociological theory of career decision making [J]. British Journal of Sociology of Education, 1997,18(1): 29-44.

[50] Hechter M, Kanazawa S. Sociological rational choice theory [J]. Annual Review of Sociology, 1997,23(1): 191-214.

[51] Boudon R. The Origin of Values: Essays in the Sociology and Philosophy of

Beliefs [M]. Transaction Publishers, 2001.
[52] Boudon R: Rational Choice Theory, Turner B S, editor, The New Blackwell Companion to Social Theory, Oxford, UK: Wiley-Blackwell, 2008.
[53] 马克斯·韦伯.经济与社会[M].商务印书馆,2006。
[54] Parsons T. The Social System [M]. Psychology Press, 1991.
[55] Swidler A. Culture in action: Symbols and strategies [J]. American Sociological Review, 1986: 273-286.
[56] Kaufman J. Endogenous explanation in the sociology of culture [J]. Annual. Review of Sociology, 2004,30: 335-357.
[57] D'andrade R G. The development of cognitive anthropology [M]. Cambridge University Press, 1995.
[58] Vaisey S. Motivation and justification: A dual-process model of culture in action [J]. American Journal of Sociology, 2009,114(6): 1675-1715.
[59] 文东茅.家庭背景对我国高等教育机会及毕业生就业的影响[J].北京大学教育评论,2005,3(003): 58-63。
[60] 范皑皑,杨钋.大学生的职业准备策略——基于北京高校学生发展调查数据的实证分析[J].中国高教研究,2015,(10): 99-106。
[61] 王处辉,李娜.当前我国高等教育过程中的不平等研究——基于对某高校农村学生群体的调查[J].清华大学教育研究,2007,28(4): 36-41。
[62] 牛新春.迎头赶上:来自不同地域学生的大学学业表现的实证案例研究[J].清华大学教育研究,2018,39(1): 91-101。
[63] Schafer M H, Ferraro K F, Mustillo, et al. Children of misfortune: early adversity and cumulative inequality in perceived life trajectories [J]. American Journal of Sociology, 2011,116(4): 1053-1091.
[64] 王维懿,杜育红.分层与分化:基础研究经费在高等院校的配置研究——基于国家自然科学基金的数据分析[J].研究与发展管理,2014,26(4)。
[65] 周怡.文化社会学发展之争辩:概念、关系及思考[J].社会学研究,2004,(5): 67-79。
[66] 杨善华,孙飞宇.作为意义探究的深度访谈[J].社会学研究,2005,(5): 53-68。
[67] Arksey H, Knight P T. Interviewing for social scientists: An introductory resource with examples [M]. London: Sage Publications, 1999.
[68] 王宁.代表性还是典型性?——个案的属性与个案研究方法的逻辑基础

[J].社会学研究,2002,(5):123-125。
[69] Charmaz K. Constructing grounded theory: A practical guide through qualitative analysis [M]. Thousand Oaks: Sage Publications, 2006.
[70] 陈向明.质的研究方法与社会科学研究[M].质的研究方法与社会科学研究,2000。

第三章　家境①

"完全倚靠学校来决定自己的前途显然是'作死'的行为……我一直坚信就是所有东西都是'我想'最重要——我想往哪边发展。我一直都在慢慢地往自己想要的那个目标靠近。漫无目的地生活其实是一件没有效率的事情。所以我劝学弟学妹你们最好早点知道自己要什么,早做准备,越早越好。……很多人并不知道自己真正要的是什么,仅仅是在道听途说之下被动地选择了一条路。"

——泽斌,南方大学,东部城市学生,父母均为私企中层管理者

"我感觉我当时(大一时)已经做好准备了,我就以一个全新的新起点、新开始,一张白纸进来了,我感觉我没啥障碍啊……现在就是为以后职业上的东西没做好(准备),之前都没考虑过的事!从来没想过我以后要得到什么。感觉周围的人,通过好

① 本章部分内容曾见于《初始习性与"目标失焦":关于精英大学城乡学生表现差距的一种解释》一文,发表于《中国农村教育评论》2018 年第三期,pp. 3 - 34。

好学习进入好大学的话，是可以跳出小地方。但是我也没想过跳很远，这个想法我不太深入，我就是想五年跳哪去，我都不知道。……我感觉当你学习‘进入一个状态’的话，其他问题都不是问题了，我想的问题是有限的。”

——牛铭，北方大学，中部农村学生，父亲务工母亲在家

两种实践模式

“有的人想清楚了干什么然后去努力，然后剩下那些人是我要努力，然后再想我去干什么”，经纬若有所思地耸了耸肩。优秀的学生在南方大学司空见惯，但根据他的观察，不同的人优秀背后的逻辑迥然不同，“像很多人的动机是，我遇到很多‘学霸’，他是一种责任感驱动自己去努力，或者说他的努力是习惯性的。不是因为说我想要得到什么东西，所以我要去努力。”在南方大学读书7年，在藏龙卧虎的数学院，他已经“见过太多绝对优秀的人，但他们不够‘有趣’，最后还是去了四大[1]这种很普通很稳妥的地方”。我注意到，“有趣”一词是经纬频繁用来描述自己的方式。与那些“习惯性优秀的学霸”不同，经纬在经历数次试错和自我评估之后，紧盯着自己树立的职业目标，在大学里时刻掌控着自己努力的方向，不为大众风潮所动，却能及时根据外部反馈调整策略，默默为自己的求职之路添砖加瓦。

---

① 外资四大会计师事务所，包括普华永道(PwC)、德勤(DTT)、毕马威(KPMG)、安永(EY)。其特点是招聘人数多，专业限制少，跳槽前景乐观，在南方大学及同层次学校每年有不少毕业生入职。

现在，他站在毕业的门槛上，手握数枚工作邀请——包括几家鼎鼎大名的中资投行、券商和股票研究所。他最终选择接受一家全球顶尖投资银行的交易员职位，这一岗位办公地点在中国香港的亚太区总部，拥有起薪超过50万人民币的全球薪酬(global pay)，年终奖金额度无上限，可预期的每年收入涨幅可达一倍以上。话说回来，他拿到的多个工作机会的薪酬差不多都在同一水平，收入多并非他最终选择这一职位的理由。他无意中对自己选择逻辑的阐释，让我注意到他仿佛有种特别的思维风格："因为这个工作可以让我用钱对这个世界上发生的事情投票。你的决策能加速或减缓事情的变化。比如某种技术需要用金钱催化，你可以给它投入更多的资源去加速这件事情的到来。……你有没有看过讲交易员的电影？这是一个特别有趣的行业，很多人思路开阔，实现财务自由后都去干各种事情去了，有的去南北极跳伞，有的去搞极限运动……换句话说，这个工作可以让我变成一个更有趣的人。虽然XX证券总部的机会也很好，但可能做的事就比较常规"。对经纬而言，交易员工作的意义在于钱可以作为一种工具，去服务于他对外部形势的判断；这份如愿以偿的工作在他眼里也并非目的本身，而是服务于他最终想要取得的目标——成为一个有趣的人。他喜欢徒步旅行、潜水和古典音乐。眼下，他打算趁毕业前去非洲西部走走。2个月以后，他将飞赴美国总部参加小半年的培训，然后出现在香港公司正式开启职业生涯。无数令人眼花缭乱的新鲜体验正在向他招手，而他心里明白他想从这份工作中获得什么。

如果说经纬在职场的优势部分得益于他所学的专业——毕

竟，像数学这样的基础学科在业界深受欢迎，那么泽斌则是并不靠学业优势获得满意出路的代表。收到南方大学的录取通知时，泽斌才知道自己的专业被调剂到了技术科学实验班，后来在专业分流中被分到了一个光电工程类的专业。“你要说感兴趣，其实不是特别感兴趣，谈不上喜欢，”泽斌很直白地说，让他仍然坚持学业投入的动力并非来自学习兴趣，而是考虑到“以后就业需要一个实在的文凭”。他并不指望靠自己的专业特长找工作，因为他已经在名企实习的过程中找到了自己未来要从事的那种工作——商业营销。“我发现真实的商业案例，远远比专业内的知识更吸引我。我不觉得承认自己不适合科研是一件丢脸的事，虽然我的专业课成绩也很好，但种种迹象表明我不爱摆弄这些散发理工硬汉气息的玩意。”泽斌在谈话中的直率令人印象深刻。虽然他在系里的绩点排名四年来都稳居上游，但他一再表达自己对专业学习的“另类”看法，并且坦言自己的好成绩主要是得益于考前突击和有技巧地选课①。在他看来，上大学最重要的不是好好学习专业知识，而是“三观建设”，也就是要认清自己的目标，知道自己想成为什么样的人。“课内怎么做这个题，怎么弄这个电路，这种专业知识对于你个人的那种三观建设基本上没有什么帮助。其实大学层面对个人生涯规划方面的教育也是止步不前，大学所教的极少涉及学生的职业发展。……完全倚靠学校来决定自己的前途显然是‘作死’的行为。”带着一种理所当然的口吻，他对大学重科研、轻就业的工作局面表达了批

① 即选择那些课业任务不繁重、教师评分又“仁慈”的课程。

判,也对那种经纬口中的“习惯性优秀的学霸”流露出了不屑的表情。大四伊始,他放弃了唾手可得的保研名额,凭借自己在商业营销领域积累的实习经历,拿到了某知名网络游戏公司的市场营销岗位的入职邀请,起薪达20万人民币,后续每半年还有可观的调薪幅度。从工科类专业到游戏公司的商业营销,再到从激烈的竞争中脱颖而出,他知道自己这条路为什么能够走得通,也深信这样选择是“对自己负责”。“我一直坚信就是所有东西都是‘我想’最重要——我想往哪边发展。我一直都在慢慢地往自己想要的那个目标靠近。漫无目的地生活其实是一件没有效率的事情。……我们班除了我还没有人拿到这种offer,他们的都没有太好的。”

经纬和泽斌来自不同的省份、不同的院系,互不相识,而他们谈论择业的逻辑却异曲同工。禹海这样的同学或许正是经纬和泽斌提到的那种“习惯性优秀”的学霸。高考成绩位于全省前20位的他,从考上北方大学,到选择专业,到安排自己的大学生活,再到考虑出路,甚至再到他目前的研究方向,他感觉自己每一步“没有想清楚理由是什么”。大一刚入学的时候,辅导员让每个同学写下自己在大学里的目标。他反复思量后,谨慎地写下了“成绩排名居于30%—40%”。说起目标就反射性地想到成绩,这在他从小到大熟悉的思路里并没有什么问题。然而他后来才惊觉,其他同学的目标好像远不仅限于成绩,可是自己在这方面总是“赶不上趟”——“就是忽然发现这件事情别人已经做完了,才会认识到这件事情应该去做。比如当你知道你的同学要出国了,其实你已经只是知道一个结果,但是他们可能已经准备了很久，这个时候你知道了就会非常惊讶这种事情。”从他讲这些时连贯的逻辑和用语上，我能感觉到他在接受访谈之前就早已有了这种体会，也曾反思过究竟为何会如此：“自己的经历以及所处环境的限制，导致自己对一些问题的认识，会被别人晚个一两年这种感觉，但其实晚一两年就差别很大。现在想起来，对于大学的规划，我可能刚入学的时候完全没有规划的，还是眼界问题吧。”他把自己习惯性地只考虑学习的倾向归因于自己“眼界”不够，以至于他无法形成明确的生涯目标并且对此浑然不觉。大学快念完了，禹海才意识到似乎不能单单把成绩当作目标。

即使目标里只有成绩，即使他目前的成绩也的确达到了当时的目标，他却对自己成绩水平并不满意。“现在想想目标定得太低了。其实挺遗憾的，我觉得还是由于我自己的视野影响了我的这个预期，其实我可以对自己要求更高一些啊”。当时之所以对这个区间的设立如此谨慎，是因为他对自己能否在这样一个强手如林的顶尖学府中胜出没有一点把握。禹海的家在山西农村，从小跟随父母在城郊的矿区长大。初中毕业后，他考上了市里的重点高中，母亲为此专门辞了工，搬到城里租房陪读。当禹海不负众望踏进了北方大学的校园，却被一种心虚感所笼罩。“怎么说呢？因为刚进去没什么自信。觉得这里厉害的人那么多，我就中游就行了。”事实证明禹海的学习能力远比他以为的要强，不过他的成绩也的确就如同他的目标那样，并不顶尖，而是处于中游偏上的位置。回头看看，禹海又觉得自己并没有在学习上投入百分百的精力，这是一种“自己不知道自己在忙什么”的目标失焦状态。“发现成绩好的同学好像都是那些目标明确的人”，他苦笑道。在他所在的工科院系，课业负担很重，其实大家花费在学习上的时间都很多。但通过观察那些“目标明确的同学”，他发现虽然大家看上去同样是在忙着学习，但实际上自己和他们有很大不同：

“不一样的，他们是在认清了整个现实之后依旧选择好好学习，而我可能是刚开始不知道做什么就去学习了。虽然中间看上去和别人干的事情都一样，但是人家的策略和动机都不一样。而且他们知道其他的事情是什么样子，所以会比较专心不会受到其他环境的干扰。像我，就天天看看这儿看看那儿，不知道自己在干吗。”

禹海当初之所以选择报工科就是因为听说工科好就业。但直到大三，他仍然没有为就业做过任何准备。直到必须要考虑毕业出路的大三下学期，他才匆忙选择了符合大众主流的保守策略——推荐免试博士研究生。他选择直推博士而非硕士的原因又一次让我意识到他的思维方式：“硕士好像学不到什么，大家第一年上课，第二年稍微做一点事情，第三年开始找工作。我觉得这个有点……嗯，意义不大。”他似乎没有意识到读硕士这个过程本身可以策略性地服务于就业。如今，他又对当初的选择统统都有点后悔：如果早知道读博士，其实本科就应该选理科，会更有助于打好理论知识基础；现在要面对漫长的博士研究生涯，他又找不到这种波澜不惊的生活意义在哪里，觉得若直接去找工作或许对个人成长更好。他想着以后博士毕业了还要去业界求职，却不知道现在如何做才能有利于未来求职。

能够抓住免试直升的机会，这样的幸运并非人皆有之。冰倩从湖南乡下考入南方大学某社科专业，她曾天真地以为到了大学就可以松一口气，根据自己的兴趣去学习了，因而从一开始就几乎放弃了对成绩的要求，并对即将面临的竞争和即将失去的机会浑然不觉。

“我当时不记得是听谁说的，就是大学好自由，你喜欢的东西你就努力地去追寻，不喜欢的你去拿个60分就可以了。我大一抱着这种思想去学习，其实后来我发现我有好多B+，我当时就想还不错，随便学着都是B+，我当时心目中B+还是一个挺好的分数。后面哪知道绩点好重要，决定你能不能出国、你能不能直研，还有你的奖学金。当时我好像是不知道这个事，我不知道。”

她懵懵懂懂地凭着兴趣上课，跟着室友刷剧，轻松的两年很快过去了。到了大三，冰倩才蓦然意识到成绩在大学的重要性。而现实是，她凭借这一纸毫不起眼的成绩，根本没有推免直研的机会。因为她并没有任何实习经历和行业履历，也没做过求职的准备。无奈之下，她只得选择考研。然而经过半年辛苦备考，她又因为几分之差而落榜了。几度寻求调剂机会未果，她面临着无学可上也无业可就的僵局。这被她视为人生中最低落的时刻。她不甘心，只好延迟毕业，准备来年二战。我坐在她面前，能轻易看出写在她脸上的错愕、懊悔与不甘。

“真的，要是当时有谁跟我说说绩点决定很多东西，我估计就不会抱着那么随便的态度去学习了。后面我才知道，你要是不努力去学，其实你也不知道你喜欢什么。然后我后来才知道旁边有一些那种不拿A就很难过的同学，然后我当时觉得我们好不一样，我拿了个B＋就好开心，他们拿了个A－都难过，而且他们很多人是知道成绩是用来做什么的，我当时真的不知道，就好傻。”

说这些话时，冰倩已经步入大四的尾声，办好了延毕手续，眼神里难掩失落之情。她不止一次提到自己“好傻”，傻在当初不懂得绩点的重要，傻在不清楚绩点多高才算高，傻在轻信了那些鼓吹自由与兴趣的鸡汤，傻在没有从一开始就依照大学里真实的游戏规则行事。与禹海一样，冰倩回望自己的大学时光时，看到的尽是令人啼笑皆非的懊悔之事。但这一切岂是她的过错呢？冰倩从小父母离异，父亲常年外出打工。她从记事起就当起了留守儿童，由年迈的祖父祖母照料。她是家里第一个考上大学的人，从来没有人告诉过她，应该怎么上大学，哪些事情是重要的，连最基本的学业竞争规则也不得不靠自己付出代价去摸索。冰倩看到的只是自己的“傻”，但如果将她的故事与其他被访者的故事并置，很容易发现这似乎是与冰倩家境相仿的被访者的一个共同特征。譬如，禹海在访谈中反复提到的“眼界局限”就与这种“傻”的含义颇为类似。

布迪厄在《继承人》一书中说：“处于最不利地位的阶级……对于实现命运的途径过于不觉悟，从而促进了自己命运的实现”[1]p.94。冰倩、禹海后来才察觉到自己的“傻”和“眼界局限”，是这句话最贴切的注脚。顶尖的大学虽然可以通过合法化学习资格来授予所有学生改变命运的机会，但实际上，他们当中最需要靠教育改变命运的学生，并不真的知道该在大学里如何做才能改变命运。同样天资卓越的优等生，面临着（至少程序上）共同的游戏规则，甚至看上去正在做同样的努力，但被访者们在言谈举止间向我展示了截然不同的两种名校大学生。正如文中所示，四位被访者也不约而同地察觉到了这种不同。在经纬的语境里，"学霸"这个被用来指称学业成绩优异学生的词，明显带着轻微的贬义。他并非觉得优异成绩不值得追求，他非常明确地阐释了他语气中贬义的来源："他们做事情都特别好。可是你问他为什么要做好，他会觉得做好就行了，不是说我看到一个远的东西（目标），所以说我要走过去。只有临到决策那一刻才想：我到底要干吗？其实大多数'学霸'都是属于这样的。"这种差异是如此让人介意，以至于经纬需要常常使用"有趣"一词来强调性地标识他自己和那些大多数"学霸"们的界限。这条界限区分的——如果我尽可能地描述准确的话——既非优秀程度，也非努力程度，而是对大学生活的安排在多大程度上有自我主导的方向性和目标感。

循着这道界限，我归纳出两种截然不同的"上大学"实践模式的理想类型，依此区分名校学生在组织大学生活中表现出的思维、认识、评价和行动的不同模式。这两种模式的形成与学生的社会出身紧密相连，抑或说正是在大学前的教育经历和家庭环境中深刻地具身化（embodied）而形成的一套阶级化的性情倾向系统。换言之，在考入顶尖大学伊始，学生对上大学的态度、知识和策略其实就是分化的。虽然学业成绩水平或许相当接近，但不同社会出身的学生往往带着不同的由家庭背景和成长经历奠定的阶级习性。我在此处借用了布迪厄在《再生产》一书中所使用的“习性”（*habitus*）概念，表示这两类模式反映了特定阶级或集团所持有的“共同的感知、理解和行为图式”[2]p.52。我将经纬、泽斌，以及禹海口中的那些“目标明确的同学”上大学的方式称为“目标掌控模式”。目标掌控模式的核心特征在于：了解大学及劳动力市场中的制度和非制度性的规则，因此能有意识地树立生涯目标，并且知道如何通过管理自身的行动来趋近目标。目标掌控者有条不紊地组织大学生活，通过掌控自己的生涯目标来分配自己的时间和精力，所以他们在大学中的经历和成果往往可以高效地转化成他们下一步生涯目标的资本。比如，若要出国读研就努力提升成绩和学术经历，弱化与此无关的投入；而若要找工作就有意积累目标行业的实习经历，将成绩保持在一定水平即可。目标意识使得他们在选取行动策略时有明确的方向性——在哪里多投入，在哪里省点力，他们应付自如。运用目标掌控模式的前提是洞悉精英大学场域的游戏规则和自身所处的位置，即对大学和劳动力市场的运转逻辑有所了解——这实际上是一种暗藏阶级壁垒的文化性知识（cultural knowledge）[3]。

与此相对，我将禹海、冰倩以及经纬口中那些“习惯性优秀”的“学霸”们组织大学生活的模式称为“直觉依赖模式”。直觉依赖模式的核心特征是，在陌生的大学场域中难以自我定位，从而无意识地陷入无目标状态，主要倚靠直觉和旧有习惯来组织大学生活。直觉依赖模式主要是由于阶级原有习性不匹配新的精英大学场域而引起的，即布迪厄所谓的“习性滞后”（habitus hysteresis)。“习性滞后恐怕是机遇和在抓住机遇所需的倾向之间存在差距的根据之一;该差距致使机遇被错过”[2]p.84——在《实践感》一书中,布迪厄一针见血地阐明了直觉依赖者总是抓不住机遇的原因。直觉依赖者并非没有树立目标的能力,只是因为升学流动带来了场域的剧烈转换,从而引发其内在自我及文化常识的震动,陷入一种不清楚自己是谁、将要成为谁的模糊的位置感[4]。此外,他们的父母大部分没上过大学,所以他们对适应精英大学缺乏必要的文化性知识,譬如学生社团是如何组建的,团委和学生会在大学里扮演着什么角色,教授青睐什么样的学生等等。自我认同和必要知识的缺乏使得目标感无从建立。因而,他们对大学生活的安排常常缺乏方向上的一致性和策略上的技巧性,难以为日后的出路选择积累优势。例如,想当然地以为大学的主要任务就是好好学习,参与课外活动、实习实践是“耽误”学习,但又没想过或不清楚成绩搞好是为了什么。缺乏包含多样策略的文化工具箱使得他们往往奉行单一的行动风格——勤恳而单纯,对任何事情都一样认真。也正是这种老实持重的风格使他们难以意识到尽早树立目标的重要性,也更难树立起一个对自身有意义的目标。

有意思的是,目标掌控者与直觉依赖者的区别不仅仅体现在组织行动的技术层面,更体现在道德层面。换句话说,二者秉持着基于不同逻辑的道德判断,由此构成了区分“我们”与“他们”的象征边界(symbolic boundary)[5]。目标掌控者认为,认为大学生理应有自己的目标,并且相信在规则允许的限度内使用策略去达成目标无可厚非,无目标地组织生活和学习是一种对自己的“不负责任”；而直觉依赖者却往往将围绕生涯目标组织大学生活视为“功利心强”“动机不纯粹”，并且对使用讨巧的策略去达成目标有种道德上的拒斥感。譬如，分别来自甘肃和贵州贫困地区农民家庭的成忠和余涛在入校不久后都发现，身边不少同学为拉高绩点去选一些给分容易的课。对此，成忠感到惊奇，却也很不以为然：“他们这也不是厉害，就是套路更深罢了。他们可能确实会拿到更好看的成绩。但是按照这种方式我觉得没必要。这样就失去了按兴趣来培养的初衷嘛，太功利了。”余涛还发现，身边聪明的同学会频繁和任课老师接触以取得老师在给分上的关照，他虽然羡慕别人的好分数，却对这种走捷径的“套路”嗤之以鼻：“他们会想方设法和老师和任课老师套近乎，经常问一些没有意义的问题，就为了让老师记住他的名字，然后我就觉得这样的行为非常不齿。”这种道德感似乎与余涛对农村人的认同相连——他想保持住自己“本质”的东西：“就是自己最纯真的那一面。像我们很多人就说，当提到我们那边的时候，大家都会说很淳朴啊那个人，农村没有套路，是什么就是什么，大家都很朴实。所以我不会为了某个目的不择手段什么的。”

必须承认，虽然我最终从第一手的访谈资料中发现了上述两种实践模式，但在概念化的理论思路上，我受到了三条学术脉络的研究洞见之启发：一是布迪厄在《继承人》一书对于大学生行为合理性与职业准备的论述，他认为大学通过老师的合谋有意无意地将学习的成功与职业前途之间的关系分隔开，不同阶层的学生由此出现两类模式——“考试能手”和“浅薄涉猎”。处于最薄弱地位的大学生往往被学习的成功所强烈吸引,“除考试外忘掉了一切”[1]p.74;而处于最优越地位的大学生则往往“与自己的工作保持着一种很神秘化的关系”,从而能够达到“一种明确而单一的合理目的”p.81。布氏提出的两类模式与我力图理论化的两类理想类型在内涵上颇有接近,不过这两类模式在他笔下着墨不多,仅在分析逻辑中一笔带过。二是心理学家 Baxter Magolda 发展出的自我主导理论[6]。该理论提出了自我主导性(*self-authority*)这一概念,即个体根据其内在声音和核心价值观去主导自己的认知发展、自我认同和人际关系。“目标掌控模式”中的“掌控”一词,含有该理论所指涉的自我主导之意。不过,作为心理学的理论工具,自我主导性这一概念主要指涉个体的能力,而对其社会性特征语焉不详。三是社会学家斯威德勒于 1986 年讨论文化与行动的一篇著名的论文[7],她在该文中挑战了韦伯-帕森斯意义上驱动行动的文化观,而是提出文化作为一套“工具箱”(*tool-kit*)可以被人策略性地使用。她在文中区分了两种生活状态下不同的行动风格——在“稳定生活状态”(settled lives)下,行为方式是预先确立的,行动者自然而然知道如何利用自己熟悉的文化工具来建立行动策略和达成目标;而在“不稳定生活状态”(unsettled lives)下,先前的文化目标被抛弃了,人们需要学习组织行动新方式、践行先前并不熟悉的行为习惯时,就会受到外在的意识形态、象征和仪式等文化资源的直接影响。“目标掌控模式”和“直觉依赖模式”与上述两种生活状态颇有对应之处,两类学生的观念塑造行动的模式差异正如斯威德勒对这两种状态的区分。

需要澄清的是,之所以有必要建构“目标掌控模式”与“直觉依赖模式”这一对概念,是因为二者的区别并不能被目前研究中常用的几个近似概念所代替。例如,有无职业目标、目标定向是否清楚、职业成熟度是否足够、职业决策是否果断、职业准备是否完善这些概念,都不足以涵盖本研究所提出的理想类型所表达的实践模式的系统性差异。作为实践模式的分类,“目标掌控模式”与“直觉依赖模式”不仅强调大学生在组织大学生活中的行动策略上的区别,还试图捕捉他们在组织大学生活过程中进行价值判断、伦理立场和个人风格上的分歧。当然,这并非意味着现实中的优等生只分为两类,或某一个人只能带有某一类的特征。事实上,这两类模式仅仅描述了韦伯方法论意义上的两种理想类型,个人在现实中完全可能同时带有两种类型的特征,其比例和表现形式也千差万别。根据我的观察,上述两类模式只有在社会出身最为弱势的学生和最为优势的学生身上才各自体现得最为典型。从“目标掌控模式”到“直觉依赖模式”的渐变差异可被视为一个与学生出身弱势程度相对应的连续统。

表 3 展现了两类组织大学生活的实践模式的特征。

表 3　精英高校大学生“上大学”的两种实践模式

	目标掌控模式	直觉依赖模式
关键区别	了解大学及劳动力市场中的制度和非制度性的规则,因此能有意识地树立生涯目标,并且知道如何通过主动管理自身的行动来趋近目标	不了解大学及劳动力市场的场域规则,难以进行自我定位,从而无意识地陷入无目标状态,主要倚靠直觉和沿袭旧有习惯来组织大学生活

续 表

	目标掌控模式	直觉依赖模式
技术实践层面		
大学生活管理	• 时间分配有明确的规划 • 擅长使用策略性行动达成目标	• 时间分配没有明确的规划 • 很少或拒绝讨巧
生涯选择准备	• 先树立目标后采取行动 • 意识到早日树立目标的必要性 • 决策不易受外界影响	• 凭借直觉依循旧有习惯组织行动,没有明确目标 • 未觉察到缺乏目标的潜在风险 • 决策易受外界影响
道德实践层面		
对待权威的态度	• 认为有批判能力是"好",审视制度性权威	• 认为踏实勤奋是"好",遵从制度性权威
学习伦理	• 把高效实现自身学习目标者视为"优秀"	• 把抱着纯粹目的取得更多学习收获者视为"优秀"
个人风格	• 机巧灵活,游刃有余	• 老实持重,踏实勤奋
结果	付出的努力往往可以高效地转化成用来实现目标的资本	付出的努力往往难以转化为获得高职业地位的累积优势
举例	决定去求职,则尽早去掌握信息、参加实习,弱化对与此无关的方面的投入(比如学习、社团)	可能想去求职却出于习惯仍然只顾学习,没有意识到需要专门对求职进行准备

模式的养成

对"目标掌控模式"与"直觉依赖模式"的运用之所以与大学生家境的优势与劣势存在对应关系,是因为上述两类模式本身就是不同的阶层习性的产物,是在不同阶层大相径庭的教育经历与生活境况中逐渐养成的。尽管升入名校的大学生看似处在同一起跑线上，但他们入学前经历的巨大差异却是难以掩盖的。这些差异如同涓滴细流汇成的巨浪，推动着不同社会出身的大学生上大学的实践往两种截然不同的方向发展。

大相径庭的中学教育经历

同样是被名校录取，不同家境的学生获得的基础教育经历却有天壤之别。经纬家在上海，父母均为企业中层经理，在上海市区拥有四套商品房。用他的话说，他家属于“收房租就可以过得很好”。他毕业于上海市“四大名校”之首的某著名高中。在经纬的描述中，他的中学教育显然与大众印象中的“应试教育”截然不同，“高三其实跟平常也就一样，跟高一、高二一样，大家上完课该打球的还是去打球，周末该放（假）的还是放，礼拜五还是三四点就放了，周末不会让你来补课的”。他的高中非常强调学生志-趣-能的结合式发展，不仅开设了500多门发展课程供学生选修，还创建了30多个现代数字化创新实验室帮助学生开发学科兴趣。经纬在年级里位于75—100名之间。根据全校历年的行情，他考上南方大学是意料中的事。高三的时候，他还参加过南方大学的自主招生。在自主招生的初试环节——一个满分为一千分的10科联考笔试中，他的考试结果并不理想，因为文史科目需要识记的题目他大多答不确切。在谈到这件事的时候，他露出了自信又鄙夷的神色：“我绝对不会记哪一年发生了什么事情，我觉得记住哪一年发生什么事情是没有任何意义的。因为你不需要知道它是哪一年，只要知道它发生了什么事情，为什么会发生,这才是最重要的。因为很多这样的问题导致了我当时的千分考考得不是特别好,而且我至今还是这样,不太去记某些东西。”经纬自信地批判了他对一所著名学府的招生考核标准。在他的观念里,独立思考的批判性精神和全面发展的综合能力——也通常正是那些著名高中的人才培养目标——比识记能力要重要得多。

类似于这样的态度是家境优越的被访者们的一个共同特征。来自东部大城市、家境优渥的被访者通常就读于质量优异也相对轻松的高中,这让他们更有闲暇去反思自身的处境,发展自己的自主性。并且,华东大都市顶尖高中的丰富资源,使得他们在高中就兴趣广泛,并且形成了与大学类似的学习和生活方式:

“我高中有一个老师教政治学的,他讲课很有趣。然后他会说,如果有同学想多了解一些这方面的知识,那下课可以来找他借书。然后我就从他那边开始借书来看,算是一个起步。另外。我还有一部分奇奇怪怪的兴趣来自于我对自然的好奇吧,有点像小孩子那种的。那个是通过杂志来完成的,我可能一个月当时订了有接近十多本杂志吧,各种各样的科技类的杂志,我记得其中印象最深的两本好像是《博物》和《青少年国家地理》。”(晓刚,毕业于浙江省某著名中学,东部城市学生,父母经营工厂)

“其实感觉高中和大学的环境已经挺像了,无论是学校的教学,或者说周围同学的环境,会比较类似。所以我适应(大学)比较快可能与这个有一定关系吧。因为周围同学从高中到大学都很优秀,然后各种特长都有,虽然他们特长未必一样,但是这方

面是类似的。”（彦超，毕业于北京市某著名大学附属中学，东部城市学生，父亲为大学教授）

“高中时候经常考年级第一，但因为实在不想花很多时间在奥数奥赛班了，就从理科转到文科。我记得那时候我爸送给我一套礼物，是译林出版社的‘世界文学名著系列’，大概有五箱书，都是在高中看完的。”（庆溪，毕业于江苏省某地方著名中学，东部城市学生，父母均为高级图书发行人）

“我的高中是全福建省省状元最多的学校……反正那个学校……或者说整个福建就是非常开放的一个环境，就是思想非常活跃，包括我们高中老师会带我们读什么萨特，所以说进入大学一上手，我们看到这个才是大学真正应该有的样子。”（宇森，毕业于福建省某著名中学，东部城市学生，父亲警察，母亲在当地教育局工作）

他们通常不会对成绩太过焦虑，也不会对顶尖成绩抱有执念。他们最常见的心态是——“只要在那个区间就可以了”。他们描述高中生活时的轻松神情常常令我惊讶，或者说，身为在顶尖高中里“傲视群雄”的优等生，他们得让自己至少看起来游刃有余。他们中的不少人向我淡定地表示，他们在高中其实没有费多大工夫。他们常以一种极其稀松平常的语气向我讲述他们当年取得的辉煌成绩，并表示自己其实并没有把这些太当回事。虽然他们事实上都以极其优异的中考成绩考入当地最好的高中，又在高中继续保持在优等生行列，但他们却不约而同地都对成绩带有一种批判的态度和轻松的语气：

“成绩考差不多就搞‘副业’去了，那时候喜欢读法律和政治学的书,还有一些经济学的科普书。我记得我当时住校,因为要开灯嘛,室友又都睡了,我觉得躲在被窝里不是很好,所以躲在衣柜里看过法律的书。那时候其他人应该在熬夜做数学题,我躲在衣柜里开着手电筒在看法律……我这个'副业'一直搞到高三,那时候已经通过了自主招生,我只要过一本线20分就可以了。"(晓刚,毕业于浙江省某著名中学,东部城市学生,父母经营工厂)

"我很早就意识到,你成绩比我好,不代表你比我厉害。厉害是一个综合的东西。我那时候(高中)打'魔兽世界',每天回家都要开电脑,在当时的所谓'好学生'里面,是不能想象的一件事情。只要在众人眼中你还是这个区间的就行,成绩差不多就行了,我还是干自己喜欢的事比较重要。"(钦凯,毕业于上海市某著名中学,东部城市学生,父亲为私营企业主,母亲为工程师)

"高一学竞赛时候还学得非常开心,因为学的都是新东西,高一拿了一次全国(物理联赛)一等奖。高二之后就非常无聊了,刷那些题很无聊都是在炒冷饭,有什么意义啊。然后高三又拿了一次全国一等奖,但那时候就觉得实在很无聊。只是要一定程度上满足父母的期望嘛,然后嗯就听妈妈的话,假装就做个好学生这样子,那时候找到一堆东西来填补空虚,比如篮球和漫画。"(夏宇,毕业于上海市某著名中学,东部城市学生,父亲为警察,母亲为教师)

在鼓励独立思考、广泛涉猎的高中环境里,学生们自然而然地意识到学习成绩好只是优秀的基本条件。从他们讲述自己高中生活风格的语气和他们想强调的重点中我理解到,在他们的常识中,一个出色的学生本就应该特长明显,有自己的爱好,思维活跃而有主见,又在学业上游刃有余。换句话说,要在鼓励素质教育和个性发展的中学里成为佼佼者,成绩优异只算达标,而富有自主性的思想和有趣的个性才是加分项。这种超越庸众的思路,恰恰能够帮助学生更早认识到"自我"和"个性"的存在,调动起他们对爱好、目标、倾向的自主掌控,在大学前就对"目标掌控模式"习以为常。

相对而言,农村学生和中西部学生接受的基础教育则往往不允许他们考虑所谓的"个性"。禹海的父亲是煤矿工人,母亲在家务农,家里还有一个姐姐患有慢性疾病,一家四口靠着父亲作为矿工的薪水勉强维持。不过即便如此,一贯重视教育的父母还是倾尽所能支持禹海读书,母亲在他中学期间在市区租房陪读 4 年。在高中陪读期间,母亲为了让他专心学习,趁他不在家时收走了电脑。在类似家境的被访者中,禹海仅仅是一个寻常的例子。他们中绝大多数人的高中生活都极其辛苦,需要学生付出几乎全部的时间和心思专注于学业。许多人凭借出众的成绩跳过了县中,直接升入了全市乃至全省最好的高中,但这常常需要合家鼎力支持,学生所承担的压力是外人难以想象的。因而,一个"懂事"的寒门学子必须十分专注于学业,才能取得好成绩回报父母,或是为辛劳的父母"争口气"。学业成绩的意义已经超出了学业本身,更是为自己和家人换得尊重和指望的筹码。

"感觉我妈牺牲挺大的,因为要伺候我上 XX 一中,不能出去工作,还得在县城里租个房子,给家里造成很大的经济负担。

因为这事我妈和我爸闹得很僵，她也很焦虑。我等于一半的学习动力来自于，我要给我妈争气，你知道吧？有这种感觉。”大成来自甘肃省某乡镇，从初中起就由母亲陪着去外地的一个以“苦学苦教”著称的县中去读书，父亲因为并不看好如此高成本的主意，在很长一段时间内拒绝支付学费，家庭关系一度陷入僵局。坐在北方大学的咖啡馆里，大成与我说起那段“不堪回首”的高中岁月，仍然唏嘘不已，“那时候 XX 一中时间很紧，早上 6 点钟学生都到教室里坐好了，老师 5：50 就在校门口站好等着抓迟到，晚上 11 点下自习，有的学生还要打着手电再学一阵。作业又多，考试又勤，根本没办法考虑别的事，就是学。”那个时候，对于许多像大成那样的寒门学子而言，一纸名列前茅的成绩单，既是对自己付出努力的回报，也是对父母的报答，更是一份跳出农门、远走高飞的模糊的希望。在母亲租房陪读六个寒暑之后，他总算不负众望，以全县第一的高考成绩被北方大学金融学院录取。

处于同样处境的不乏其人。牛铭家在湖南农村，小学和初中就读于乡下的学校。当地经济状况一般，但历来重视教育。牛铭说，如果说小学成绩好是因为聪明，那初中起就能保持尖子生的水平就必须得归功于他的勤奋了。

雅君：“你初中后特别努力的原因是什么？”

牛铭：（笑）“因为我觉得孔子说‘吾十有五而志于学’，我该好好学了。”

雅君：（惊讶地）“真的吗？”

牛铭："嗯，我初中突然感觉一下子有了认识，就是我不能再和镇上的那些人比了。我们镇上有两个中学，都很好，但是我感觉市里的同学有很多很厉害的人，那时候我天天看作文书，感觉这些所有很厉害的人都有优秀作文，总感觉需要努力奋斗。"

从初中开始，牛铭发愤读书主要出于某些他"感觉"到的单纯理由：先哲的鞭策，或是打败某些想象中的市里的竞争对手。听到"为什么要好好学习"这个问题，他愣了一下，仿佛从来没想过好好学习需要某种理由。他怔了一怔，有点语无伦次："为什么要好好学习是因为，首先我觉得学习是我一个，我肯定是希望自己以后有所作为的，并不是为了提升自己，我真是觉得这个东西不掌握好，你怎么有所作为，就这么回事。再一个你说兴趣吧，我也挺喜欢学习的。……优等生一般不都这样吗?"在他自幼形成的常识里，人理所当然就是要努力奋斗、好好读书，因为只有"学习好"才能"干一番大事"。不过至于究竟什么是"大事"，实际上他很少考虑这个问题，或者说紧凑的学习节奏和有限的知识面使得他无暇顾及这个问题。

"我们那个地方，湖北教育搞得非常严，比如说6点起床，晚上10点半，初中开始就这样，就一直在学校。早上5点天还没亮就去跑步，然后就一直在学习、刷题，抓紧时间休息，基本上就干这些事。当时基本上从来没有过大学规划，有一个想象就是能考上武汉大学，然后努力奋斗，因为其实在我们那个学校感觉考上武汉大学也是挺难的。"

天道酬勤。经过初中三年的刻苦学习，牛铭升入了一所全省顶尖高中——在牛铭就读的初中，“一届毕业生能考上四个五个就不错了”。然而，勤奋有时候需要付上健康的代价。因为长期过度透支，他高一的时候生了一场重病，住进了医院，经过手术才恢复了健康。从那以后，牛铭的母亲就从镇上搬来市里，租房陪读。康复以后的牛铭更是加倍投入到了学习中，这种投入可谓是“全身心的”。他专注于“拼命”学，以至于很少考虑这么拼命是为了什么。

牛铭：“主要是我身体不好，我从初中开始身体就不好，一直是身体不舒服，身体弱得很，感觉学校环境比较苦。”

雅君：“怎么会身体不好呢？”

牛铭：“就是一天到晚想学习，很刻苦，其他的人生目的从来没想过，就是学习。”

雅君：“估计你那时候很想考上武汉大学？”

牛铭：“不，高一想过（这个问题），以后从来没想过。都是先考再说。我感觉当你学习进入一个状态的话，其他问题都不是问题了，我能想的问题是有限的。”

最终，牛铭以全省理科前20名、超过北方大学录取分数线15分的高考成绩被这所全国分数线最高的大学录取。实际上，牛铭在高考前拿到了北方大学20分的自主招生加分优惠，但这20分也没用上，因为他的高考分数已经足够了。

牛铭的故事仅仅是众多低阶层学生的一个缩影，“先考上再说”的思路在他们当中并不鲜见。在我的被访者中，非东部大城市著名高中毕业的被访者几乎都在高中阶段过着极度自律的苦行生活。

“高中我们都封闭式管理的，就一周放假一天，六点钟起来背英语，然后中午的时候我们学校有午休，就是你必须要去宿舍睡觉。然后我呢，中午不休息，吃了饭就到教室里刷题看书。老师来检查的时候，我就跟他们说说好话，我就在那边写。晚上10点下晚自习，10点半熄灯。我就拿着充电台灯到厕所里去学。我们宿舍那个厕所，刚好能容下一张桌子和一个小凳子，不到一点半我不出来！然后高三那一年，整整一年天天如此，周末我也在学校里面看书。我这一年之内刷完了数理化生四套‘五三’（五年高考三年模拟）。除了这些之外，还刷了天利38套，刷了30多套理综……然后老师布置的所有作业我全部做完，不耽误老师的东西。”（鹏程，毕业于广西某县城中学，第一代大学生，父亲事业单位职工，母亲为个体户）

“可能对自己一直都有一个期待，就是比别人做得出色一点。每个人都有吧。但那个时候我并不知道我对自己有多高的期望，我就觉得考试就是大家都考，我也去考，别人都能考那么高，你也读我也读，要读就（分数）比别人高一点。偶尔闲下来，也会想想好好学还是有好处的，至少考上大学能离开这个小地方。”（梓桐，毕业于云南某市级中学，农村学生，第一代大学生，父母务农）

“高中学习是很苦的，是相当苦。虽然我们高中当时也有社团，但办不起来，不知道为什么，就是可能从初中开始就比较苦，很有压力的。压力很大，就是要去竞争角逐那种感觉。当时是叫什么？好像很多高中都有这样的一个标语，就是‘多拿一分压倒千人’类似这样的口语。也没人做班干部，越到后面越没人做，大家都像要隐居了一样，一门一心搞学习。”（大明，毕业于贵州某县城中学，非一代大学生，父亲为事业单位科级干部，母亲为个体户）

在紧张繁忙的高中生活之外，中西部地区家境平平的学生很少有机会考虑学习以外的其他问题，对成绩的重视深嵌进了他们的常识，也就无需发起质疑和追问。换句话说，在中学笔直而单一的赛道里面，成绩优异很大程度上成了学习的目的本身，也是证明自己能力和价值的一种成就。在无数个日夜的勤学苦练中，尽力提高成绩已经被深刻内化为他们的习惯。然而升入大学以后，面对这个赛道复杂多样的“迷宫”，原本得心应手的参赛策略和知识就不够用了，很多人甚至没有很快意识到这一点。这些身处迷宫而不自知的人，只能循着自己的直觉和过往的习惯慢慢摸索。

父母在重大决策中的作用

几乎所有的被访者都告诉我：至少从高中开始，父母对他们的约束和引导就变得极其有限，不再催促他们的学习，也很少在重要关头（比如文理分科、选专业等）直接替他们做决定，自己的路几乎都要靠自己决断。然而，相比之下，不同阶层父母在子女的人生道路上所扮演的角色仍然有微妙而重要的差异。

优势阶层的父母插手少，可谓是一种“无为而治”。不过，尽管他们不会直接发表意见,却会为孩子提供足够的信息和资源,支持孩子做出明智的决定。多数家境优越的被访者表示,虽然父母是技术精英或管理人员,却很少鞭策他们的学习或直接根据自身的偏好替他们做决策,而是常常鼓励和引导他们自主决策:

"主要还是看我自己的兴趣或者想法吧,对,基本都是这样。他们不会给什么主观的意见,基本是会有引导,但是不会直接说你就去吧。包括他们会给一些建议,类似于说:如果你选A,那可能会是什么样的状况,基本上是'如果……可能……'吧这种假设,然后告诉你之后,你就自个儿选一下。"(彦超,北方大学工科,东部城市学生,父亲为大学教授,母亲为医生)

"他们算是支持我的学习,很明显的引导倒没有,可能算是一种保障。那比如说,我要订杂志,当时接近一年订杂志也要定到快1500块钱嘛,然后他们也都支持我。然后我记得当时买书也很多,比如说我会买很多竞赛的书来看,他们也都不太管我了。"(晓刚,南方大学社科,东部城市学生,父母为私营企业主)

"其实也没有什么特别,每个父母都希望孩子考上一个好的学校,但不是那种特别逼迫的学,而是有兴趣就学。父母也不会说你必须拿个奖什么之类的,我还是有很大的自由度可以自己决策。但是该做的我父母肯定也会都做,比如说去找老师沟通,再是选文理科,他们都会给我提供意见供我参考。"(经纬,南方大学理科,东部城市学生,父母为中层企业管理者)

"他们不会替我决策,他们会问我你想怎么样。但在整个过程中他们会参与,比如报专业,他们会说你要不要考虑中文,或者要不要考虑社工？这样你去了之后可以转专业，还能修二学位怎么样之类的，他们都很操心。就是这些东西他会把信息提供给你，然后你了解了之后自己选择，是这种模式。”（敏浩，南方大学社科，中部城市学生，父母均为正处级干部）

也就是说，优势阶层的父母一边鼓励孩子发展掌控自我的能力，一边又有足够的实力和眼界从旁为他们保驾护航。这些父母自身有上过大学的经历，有的甚至在大学工作，他们自然洞悉如何在重大教育决策中趋利避害。比如，经纬的父母就曾建议，本科阶段选择培养口径比较宽的科系，有利于硕士阶段进入细分领域深造——基础学科既可以为艰深的科学研究打好基础，也能轻松跨到好就业的经管类专业；再比如，敏浩的父母就指出，在好学校和好专业不能两全的时候，先选好学校，然后可以通过转专业和辅修的方式化解专业劣势。

与此形成鲜明对比的是，低阶层的父母不插手，多半是因为没有能力和见识去参与孩子的决策。他们绝大多数从未踏进大学的校门，对大学里发生的一切几乎一无所知。除了精神上的支持和经济上的帮助，他们再无法就子女高中以后的重大决策给出具体的咨询意见了，更不用说指导他们管理大学生活和确立生涯目标。实际上，他们的子女能够超越他们成为全家第一个大学生，已经在很大程度上满足了他们的期望。至于上大学的目标，已经超越了他们的认知范围。

“他们不大会引导我。因为我的视野已经比他们更高了，所以他们也会尊重我的想法。”（初晓，南方大学工科，东部城市学生，第一代大学生）

“他们从不管我，反正我成绩好也不是他们要求的。比如说我小学、中学的时候晚上出去玩，什么几点回来，从来不管。我如果成绩差的话，他们说没什么事，因为我能考上那个重点高中已经超过他们的想象了，我们镇上有几个人能到那个高中去呀？我觉得我已经大大满足了他们的预期了。”（牛铭，北方大学社科，中部农村学生，第一代大学生）

“我父母不管，我考上一中之后他们就不管了，像选文理科这种，你自己想干吗都可以。我自从考上市里的一中他们就特别满足，这是毋庸置疑的，就是特别满足，我回家他们也不怎么问，你要看书就去看，反正就这样。”（梓桐，南方大学文科，西部农村学生，第一代大学生）

“他们都是尊重我的选择，我想去哪就去。我父母在我这个大方向上的干涉很少，文理科是我自己选的，志愿是我自己报的，都是自己决定自己的未来。因为他们也知道自己其实没办法提供（帮助），他们知道的信息比我少，那么他们给我的建议肯定也不会是那么的正确，那这样的话还不如我自己来做。”（明宇，南方大学社科，西部农村学生，第一代大学生）

如果说优势阶层的父母放手让孩子选择是一种策略，那么从未上过大学的父母放手让孩子选择则是一种无奈。在大学这个游戏规则愈发复杂的迷宫里，优势阶层的父母基于对这一场域的洞悉，为孩子织就了一张“安全网”，帮助孩子认清形势、定位自身、树立目标，顺利通关；而弱势学生则没有这张“安全网”，只得独自在这个陌生的场域里无助地摸索前进，父母能提供的建议越来越少，往哪走全靠自己或对或错的直觉和过去的习惯。

至此，通过对比分析不同家庭背景受访者的中学教育经历和父母在重大决策中的作用，本研究展示了“目标掌控模式”和“直觉依赖模式”的形成是如何与家庭背景交织在一起的。换句话说，这两种模式作为大学生日用而不自知的实践和思维图式，其实是特定阶层生活经历所塑造的习性的一部分。下文将通过两个典型的事例来说明这两种实践模式在日常生活中的体现。

选报专业

在填报专业志愿的时候，绝大多数被访者都对自己填报的专业并无深入的了解，多半凭借的是模糊的认知和流行的传闻。即便如此，我们仍然可以发现使用两种模式的学生截然不同的选择逻辑。

“我为什么选经济金融（专业）就是这样，没想着选了这个以后能干啥，就是觉得要进那个最好最难进的，给我妈争口气，也不知道还有啥其他的更好的选择。”大成的考分足以让他在北方大学任选专业。他很显然把进入“最好最难进的”金融专业当成了他证明自己和回报母亲的目的本身，而并未考虑过该专业和未来前途的联系。临近本科毕业之时，大成才意识到，这个专业虽然光鲜热门，却并非自己的志趣所向。

和大成一样，牛铭的高考分数也几乎可以让他任意选择专业，“但其实北方大学哪个专业比较火，哪个好就业，我其实不太知道，也不太知道每个专业是干吗的，就凭专业的名字自己想象”。在眼花缭乱的院系和专业面前，牛铭用他对专业聊胜于无的认识，出于“扬长避短”的考虑填报了社会科学实验班。

雅君："你是理科生，你为什么会来社会科学实验班？"

牛铭："当时是太天真了，我其实是崇尚理论的，虽然我感觉北方大学以工科见长，但总感觉工科不是我的追求……当时我太年轻了。"

雅君："为什么工科不是你的追求呢？"

牛铭："反正就是我感觉就算学理的话，我也想学什么研究物理数学（这种理科），而不是学什么工科。而且当时我电脑从来没摸过，但是计算机比较火。我总感觉一个人要想成功，一定要扬长避短，人家那些比如说科学家这些人，从小新闻报道上都有，他们有可能高中计算机就很熟练了。其实我很勤奋，我可以混得很好，但是我总觉得和他们一比的话我不能做出更大的成就。一看'社会科学实验班'，我就感觉反正来北方大学学社会科学，应该是不错吧，就报了第一志愿，提着东西我就来了"。

说这席话的时候，牛铭脸上带着诚恳而憨厚的笑容。事实上，在选专业的时候，他对社会科学一点也不了解，"感觉好像是研究社会"，更不清楚自己在这个学科领域是否真的能"避短"。他后来才发现，他去的是北方大学里相对弱势的院系，而社会科学又是一个要求学生有宽阔的见识和阅读量的学科，他在课外阅读上的先天"短板"恰恰在这个学科中显露无遗。实际上，大成和牛铭绝不是个例，出身或多或少带有弱势背景的大学生们在选择专业的时候，往往显得较为随意或冲动，很少会考虑到自身的兴趣、特长或优势，也很少会基于未来的职业规划作决定：

“我现在回想，我觉得我没有(对选专业)作过认真的思考，也没有考虑喜不喜欢，或者说哪个好找工作。以我个人的性格，我觉得我可能学其他专业也总归都还挺喜欢的，我觉得这学专业就大概跟找女朋友有点像，有的人就是会……比如说包办婚姻其实也过得蛮好的。”(禹海，北方大学工科，中部农村学生，第一代大学生，父亲为工人，母亲务农)

“因为我小时候我妈妈在上海打工，好像是一二年级的时候，妈妈暑假带我坐卧铺去上海，看了好多各种各样的房子，去看动物园吧啦吧啦都觉得很开心。我妈后来跟我说卧铺特别贵，当时她花了好多钱……就整个那段经历，让我觉得想报上海的学校……有一次好像北大的同学来我们高中做暑期宣讲，有个同学在他们宣讲的团队里面，我觉得他讲话干什么都很吸引我，于是我就喜欢上了。他说他自己的专业是社会学，这是我第一次接触那个名字。”(冰倩，南方大学社科，中部农村学生，第一代大学生，父亲务工)

“选专业的原则就是‘不能浪费自己的分数’，因为我分数高嘛，所以只能在医学和经管里面选，然后我又怕血，所以就选了经管。没考虑太多兴趣，只是考虑到工作前景，报的人多，听上去高端，其实后来没有什么特别大兴趣。”(王冰，南方大学经管，西部城市学生，第一代大学生，父母均为中学老师)

从分文理科到选择大学和专业……直到选择职业路径，“直觉依赖者”们在人生关键时刻的很多行动都堪称“误打误撞”——跟着感觉走，走到哪算哪。换句话说，他们的决策并不是经过理性的分析、在某种中长期目标的驱动下做出的，也不是出于对自己兴趣和优势的匹配。阅历和见识的局限使得他们难以看清形势，因而即便他们的高考成绩优势到足以让他们任选专业，他们在大学里采取的行动策略也难以将这种成绩优势转化为未来职业地位的优势。由于他们的“文化工具箱”中可供用来理解大学里的事物、组织行动策略的知识和信息过于匮乏[7,8]，他们作出的决定和采取的行动要么随意盲目，要么缺少精打细算，以至于与“读书改变命运”的想象南辕北辙。并且，由于他们的家庭整体缺乏这种关于大学应该怎么上的知识和信息，他们只能独自摸索，没有后援。Megan Holland 对美国第一代大学生挑选大学的研究也发现了类似的现象，即第一代大学生往往对大学所知甚少，在挑选和比较大学时无从下手，大多采用比较随意的态度，或是只秉持非常局限的标准去选择[9]。

当很多像牛铭这样的“直觉依赖者”对专业选择摸不着头脑时，经纬已经在筹划如何通过专业选择为未来的发展铺就道路。实际上他对数学专业了解不多，也没有强烈的个人兴趣。他选择了数学专业是因为，他从一些渠道获知数学专业更容易为未来的专业发展奠定基础：“其实说白了也就是高中老师觉得这个东西，首先你以后想做什么东西都可以转，你以后想做计算机你就可以做计算机，你想做金融可以做金融，你想要转生物，其实数学转生物也很多，做统计的，都很多的。然后其实高中选专业都是特别盲目的，我们当时也觉得老师说得有道理。我们班级一共就三十几个人，六个人进了数院。”

钦凯的思路与经纬并无二致。在聊到当初为什么选了化学系时，他直言不讳地表示主要是为方便以后出国："我高中那个化学老师挺会讲课，然后就觉得化学挺有意思，很容易学。再一个当时选化学专业，有一大半原因是听好多人说这专业特别容易出国，就你愿意申 PhD 的话出去特别容易，那就选了化学。当然后来我意识到这根本不是我想走的路，然后就没有然后了。"后来钦凯意识到，出国读化学博士对他而言意味着要放弃很多东西，因为在他看来"上海已经几乎是现在世界上最好的地方之一了"。化学固然有意思，但他不愿意为此放弃自己目前的生活方式。在讲起当初选专业的考虑时，他和经纬一样，语气轻松淡定，似乎觉得选专业就应当"为未来计深远"，没有解释的必要。

北京学生彦超选了北方大学建筑系，主要是受到了他父母专业背景的影响。他在专业精英家庭长大，父亲是农学教授，母亲是某三甲医院的医生。在选择专业的时候，他有意识地选择了一个专业性非常强的领域——建筑学，"那时候也谈不上喜欢，主要就是一个很专业的学位，所以我爸妈当然觉得挺好，建筑学和法律、医学一样都是专业性很强的领域，可能跟我的家庭环境有关，专业性是特别重要的。另外再就是它分高呗，每年第一波招人，学号是从我开始排的"。父母很支持他的选择，他们非常清楚一个专业壁垒高的学位在就业市场中的竞争力更强。在真正学了建筑学之后，彦超才逐渐发现自己越发喜欢这个专业，既能培育专业技能，又贴近生活，还可以带来很强的成就感。更重要的是，临近毕业时，正如彦超曾经筹划的那样，在并非一片大好的就业形势中，他的专业果然是不愁找工作的："学建筑的其实工作口径很宽，可以去建筑事务所，也可以去地产公司……然后因为建筑师又是一个相对专业的领域，所以不是很难找”。

与第一代大学生相比，优势阶层的学生更清楚大学里的专业分类，也更有渠道去了解各个专业那些很少被官方言明的特征，例如人才稀缺程度、行业专业化程度、境外市场需求、深造前景等。更重要的是，虽然他们中的很多人也并不十分了解特定专业的具体情况，但他们在选择专业的思路中明显带着更多的目标意识，更倾向于将专业选择与自身正在形成的生涯规划结合起来。

大学初体验

另一个令人惊讶的事实是：在同一片校园里，不同家境的学生对名校环境的体验和感受千差万别。很大程度上，学生在大学前的生活经历决定了他们进入大学之后感觉熟悉或者陌生、自在还是紧张、失望还是仰望。彦超高中毕业于北京市某著名大学的附属中学，和北方大学位于同一个行政区。加之自己的父亲就在大学工作，北方大学的一切对他而言是如此熟悉，以至于谈到适应大学环境的话题时，他几乎没有什么可说的。“我适应得很快。因为其实大学环境和高中环境非常地接近。就是那种周围同学比较厉害，什么特长的都有。虽然他们特长未必一样吧，但是这方面是类似的。”从福建考来北方大学的友斌也颇有同感，他出身于国企工程师家庭，习惯用“还好”来形容自己对北方大学的适应过程：“跟想象中差不多，我来之前就做好心理准备了，估计这些同学都很厉害，果然来了都很厉害。适应还好，知道自己的实力在入学时排在中等，果然我来了以后第一次考试我就是排在中间，正好在中间，很符合我的预期，我就觉得没什么。”国凡从小生长在上海，父母均为高校教师，他从小在南方大学的附属学校读书，考入南方大学毫不意外。当他提起来到南方大学某文科系就读的感受时，一股“嫌弃”之情溢于言表：“对系不太满意，进去以后也不太满意。我觉得里面的人都太古董了，姑娘都长那么丑，然后男的又长得很奇怪，又很自傲，氛围实在是太垃圾了”。因为不喜欢该系的氛围，国凡后来转系到新闻学院，但听起来新闻学院仍然不能令他满意：“当初一直给我们介绍新闻的美好前景，可是谁也不会告诉你互联网时代即将到来。我发现就是新闻学教育的问题，学生从来没有任何职业规划。新闻学院很坑爹。”对于从小生长在深圳商人家庭的宇鑫来说，南方大学令人失望之处在于硬件设施和住宿条件：“刚来的时候是非常嫌弃的，我觉得这也不好那也不好，这也不行那也不行。哪里都不行。基础设施和条件实在太差，跟深圳实在没法比，特别是因为还要跟高中同学有很多联系，他们有很多去香港，就落差很大”。总之，对家境优越的大学生而言，大学是一个认知上较为熟悉、心理上有亲近感，甚至社会交往上也有些许联系的环境，入学后的适应是个自然而然的过程，与他们原本的习性并无明显的冲突。即或他们在大学中有不适应之处，他们也往往将这种不适归咎于大学，而不是自身。况且，即或不甚满意，他们还是能够迅速利用自己的各种资源为自己赢得先机。

当大城市的中产子女对大学校园投来稀松平常、甚至是挑剔或嫌弃的目光时，来自西部和农村地区的同学可能是第一次踏出家乡的省份、第一次踏进大学的校门。他们中的大多数人从未造访过像北京上海这样的超级大城市，更不用说见识过这些地方有名的大学。他们几乎全部都是家里的第一代大学生，孤身一人来城市里读书，好奇、陌生、胆怯、自卑等这些词汇都不足以概括习性错置（habitus dislocation）带来的冲击——Reay 等人称之为"精英休克"（"the shock of the elite"[10]p.1110）。身处于名校当中，身边围绕着家境丰裕、见多识广的高阶层同学，作为少数群体的低阶层学生往往感到与周遭环境差距巨大，原先的习性不再能驾驭新的精英场域，而新场域所要求的习性和文化技能他们又不具备，因此他们只能单凭对大学仅有的片面的知识、直觉和先前的习惯来行事——也就是上文提出的"直觉依赖模式"。习性与场域之间的不匹配对他们适应大学环境制造了一种独特的文化障碍。首先是对周遭社会环境的差距感与疏离感，感觉自己仿佛"走错了地方"。如布迪厄所言，习性如果突兀地进入一个与自身不配合的场域，会产生一种如同鱼离了水的感觉[11]。出身寒微的大学生往往发觉自己的外貌、穿着、口音、姿态、生活习惯等诸多原本习以为常的特征与名校里"默认"的风格迥然不同。他们既难以理解新环境对自己的角色期待，又感到自己是新环境中的异类。原有的自我认同和自尊心被动摇，个体陷入自卑感与羞耻感当中，故而无从谈起理性的自我认识和生涯规划[12—14]。本研究中家境劣势的被访者们，在进入大学之后普遍经历过一个自信心被松动乃至瓦解的阶段。这是一段艰难的自我调整过程，长则数年，短则一两个学期，严重者甚至对自己的能力和身份产生了严重的自我怀疑。

昌盛生长于甘肃省的一个偏僻农村，通过贫困专项计划被南方大学某社科专业录取。当他接到录取通知时，以种地为业的父母甚至没听过南方大学的名字，只怪他为什么没被省内的兰州大学录取。昌盛坐在我对面，平静又不失尴尬地吐露了大一刚入学时的困窘心境：

> “来了之后就发现，现实已经远远地偏离了我的预期。这种差异就非常的……怎么形容呢？就是相当于我从中国大西北最偏的一个小山村来到中国最繁华的国际化的大都市里面，那这种落差你知道，很多东西我都是没有见识过的。我都是第一次去尝试，所以很多时候感觉自己非常的土。大一刚来的时候可能还不注意这些，但是慢慢地发现其实和周围的人是有非常大差距的，而且这差距不是你努力就可以赶得上的。他们的经历，包括他们的一些旅游或者求学的经历对我来说都是闻所未闻的。我身边的同学都出过国对吧，那我在高考前我连省都没有出过，感觉差距非常大。大二就陷入了一种非常低迷的状态，可以说稍微有点抑郁。每次出门我都会有一种恐惧，就是害怕与其他人交流，更不愿意跟其他人谈起我自己，然后感觉别人看我时候的眼神是不对的，我感觉他们可能是在嘲笑我。”

当昌盛发觉自己与其他同学的差距已经大到努力也无法弥补的时候，他开始嫌弃自己，并陷入了长达一年的轻度抑郁状态。他拒绝社交，也不去上课，终日躺在床上有气无力，浑浑噩噩。他没有勇气面对这种差距，虽然置身校园，心里却感觉自己并不属于这里：

> “那时候就两重折磨，心里的空虚是一种，另一种就是感觉自己与环境的这种格格不入，这种差异也是一种折磨。那段时间我到底做过什么，我已经想不起来了，但是我就回想起来一个场景：就是我躺在我的床上，然后看着窗外。因为我是住在三楼，能看到外面。窗帘是半掩着的，然后外面阳光很好，但是我不愿意出去，我就听到外面人声很嘈杂，很热闹，但是我感觉我和外面是隔绝的。”

尽管并非所有低阶层被访者都经历过像昌盛这样痛苦的体验，但昌盛的体验的确有一定的普遍性。根据布迪厄的理论，进入名校的寒门学子往往需要不断地调和自身与精英大学场域之间的矛盾，需要维持与旧有场域的联系，又要发展新的倾向以适应新环境，故而容易产生一种“习性分裂”的体验（a habitus divided against itself）[15]p.511。自我认同的撕裂和对自信心的打击使得他们不再清楚自己是谁，更不用说树立目标，去定义自己想成为谁。更重要的是，寒门学子在名校中受到冲击的不仅是情感层面的效能感和自信心，折损率更高的是他们对场域游戏规则的了解和行动策略方面的准备。由于失去了一种对场域的熟悉和自身的“位置感”，又欠缺大学场域默认掌握的一些知识和技能，他们很容易陷入一种茫然无措的境地。与擅长使用策略的中产阶级学生相比，出身于工农家庭的被访者在安排大学生活和毕业出路时普遍缺乏策略性和计划性，决策时所凭借的信息有时也并不准确，全凭直觉和外部机遇随时调整，导致他们容易在懵懵懂懂之间错失机遇。例如，鹏程在大一时不知从哪听说保研名额只有10%，就放弃了保研，结果到大三才发现名额不少；余涛和一帆也在大一时受到了“60分万岁”的误导，导致成绩排名靠后，因而被分流到弱势专业或错失保研机会。在一片茫然中，“直觉依赖者”们的大学生活就这样开始了。难怪他们在组织安排大学生活方面，几乎谈不上有什么主动性和确定感：

“从上海站那边一下来我就觉得有点不对劲了，跟我所熟悉的环境已经完全脱离了，就是找不到方向了，我爸也是。然后坐上大巴去学校，一路看有高架，各种各样的啊，我觉得以前都是一些电视里面能看到的，当自己真正去接触到的时候，就会觉得‘原来世界已经变成这样了’，当时就有些恐惧。就像我们县城，再厉害也就是房屋高一点，但是现在看到这些高架已经完全超过我的想象了。学校很大，熟悉环境就大概花了半年时间。然后就觉得落差感很大，好像一时迷失了自己。对，我都不知道那段时间是在干什么，也不知道自己下一步要做什么，而且就是完全打破了以前的生活习惯，比如说上课这件事情你自己还要去选课、抢课，然后自己去找教室上课，然后老师们永远不要再喊起立、坐下这种，上完课就走了，你有问题也找不着他。”(益民，南方大学管理学类，安徽农村学生，父亲为供电工人，母亲在家)

“学长学姐开学的时候迎新一下，说我们如果有问题可以问一下他们，但是也提不出啥问题。选课也不知道该怎么选，就是看着那一本《培养方案》，很迷茫。不是说看不懂，就是很迷茫那

种感觉。”（余涛，南方大学医学类，云南农村学生，父母务农）

“当时很多东西需要在网上操作地选课，还有什么比如交费啊什么的全都是要在网上进行，它其实对我来说是陌生的，不知道该怎么操作。而且就是你知道在这里，很少有人，不，没有人会问这种问题！（苦笑）就很搞笑！然后久而久之，你就会有自卑。然后没有一个可以给我真正一些建议的人，整个上海我没有一个亲人，也没有熟悉的学长学姐。我们高中老师一直鼓励我们的一句话，就是‘到了大学你就清闲了’。我就是怀着这样的预期来的。然后，我来到这里，大学生活应该是什么样子的，我应该要做什么，我需要做什么，我不知道。”（琳琴，南方大学社科类，甘肃农村学生，父母务工务农）

从基础教育阶段到高等教育阶段，优势家庭背景的大学生的性情倾向和文化能力始终能够满足学校场域的规则和要求，因而他们一入校即会体会到一种舒适感，在基础教育阶段已经被培养起来的自主性、自我反思能力和目标意识也得以较好地彰显。与此形成鲜明反差的是，低阶层大学生的习性好不容易适应了基础教育阶段严苛的应试环境，却又在大学阶段遭遇了一个脱离了考试主义的规则更复杂、更隐蔽的场域，入学以后不得不经历一个痛苦的适应期，他们在情感层面和行动层面承受双重的茫然无着感，加之基础教育经历又多强调苦学而不强调生涯目标的选择，他们在大学里起航的状态和家境优越的学生迥然不同。他们找不到自己的方位，前路一片模糊，只好如履薄冰地凭着感觉行事，对自己迈出的每一步都忐忑不安。

本章试图剖析家庭教育经济背景转化为学生在大学里的初始优/劣势的过程。大一新生在进入精英大学之始，就带着社会出身和基础教育经历的烙印。通过区分“目标掌控模式”和“直觉依赖模式”两种组织大学生活的模式，本章将这种烙印的差异进行概念化和理论化。顺着这一理论思路，我们已经清晰地看到，两类学生从跨入高等教育的第一步——选择专业志愿开始，其行动逻辑已经出现了鲜明的区别。阿姆斯特朗(Elizabeth A. Armstrong)和汉密尔顿(Laura T. Hamilton)提出，中下阶层的学生上大学是为了提升自己的职业技能以实现向上流动[16]。但本研究却表明，即便中下阶层的学生的确抱着向上流动的期待来到大学，他们事实上对“向上流动如何发生”知之甚少。特别是在树立具体目标(如毕业出路)而非抽象目标(如改变命运)方面，低阶层学生缺乏必要的态度倾向和知识，这很大程度上增大了他们高效地组织大学生活的难度。“知道自己想要什么并努力向它迈进”，或者至少“在不知道自己想要什么之前，先给自己铺一条最宽的路”，这种意识，在经纬这样的目标掌控者看来再简单不过，却并非对所有新生都是常识。更重要的是，这种差异很大程度上并不是个体能力的差距造成的，而是关乎所属阶层和社群的思维习惯、视野和见识的区别，是一种结构性的社会事实。在这一点上，我们看到了只强调能力和表现差距的研究在解释大学生毕业出路分化上存在的局限性。

布迪厄常常用一个游戏的比喻来阐明习性、资本和场域三个概念在教育不平等中的关系[11]p.98-100[17]p.66-69。倘若把学校教育比作一场具有竞争性的游戏，场域是参与者的行动所指向的社会世界,也确定着这场游戏的规则;资本就是确定行动者在游戏中成败机会的经济、社会、文化资源;习性则是指在场域中处于特定位置的行动者对游戏抱有的一套倾向系统,或说他“对游戏的感觉”。在本研究中,置身名校的各阶层大学生们就好比是在参与一场迷宫探险的游戏。场域就是如同迷宫一样有着复杂游戏规则的精英大学,学业、学术科研、学生工作、社会实践、志愿服务、出国交流、入党、科创比赛……迷宫里的各关比拼堪称“过五关斩六将”的升级打怪游戏,关底对决则通往另几个不同的游戏场——求职或是升学。资本就是大学生用以获取通关优势的各种资源。习性依社会出身分化为两类玩家对游戏的不同感觉:同样是面对地形复杂的迷宫探险,“目标掌控者”是持有迷宫的地形图入场的——他们洞察了这套游戏的规则,对各关取胜之道深谙于心,于是他们不会单单关注某一关的胜负,而是直奔自己设定的关底对决,不惜动用技巧、装备、利用游戏规则来尽可能减省在中途所要花费的精力,甚至常常以批判的眼光审视这套游戏规则本身;而“直觉依赖者”们则从未见过迷宫的全貌——他们常常忘我地专注于每一关的竞争,没有意识到事先设定关底对决才是整个游戏的取胜之道,按部就班地走着。他们勤勤恳恳地遵循游戏规则,面对每一关的挑战都心怀忐忑或力不从心,更不知道下一关又将面临什么任务。很明显,目标掌控者更容易早日通达关底,获得他们想要的职业;而直觉依赖者对关底对决毫无预设,哪怕前几关表现还不错,也更可能在关底手忙脚乱。

当然,社会出身仅仅奠定了新生在大学中起航的初始状态。

虽然习性的结构性力量强大，但尚不足以决定个人最终的职业去向。高等教育过程本身也是学生获得个人成长的过程。一部分学生也能在此过程中实现从直觉依赖者到目标掌控者的转变。在下一章，我们会看到大学经历是如何将两类玩家送上"关底对决"。

本章参考文献：

[1] 布尔迪约，帕斯隆，邢克超译．继承人：大学生与文化[M]．商务印书馆，2002。

[2] 皮埃尔．布迪厄，蒋梓骅译．实践感[M]．译林出版社，2012。

[3] Lareau A. Cultural knowledge and social inequality [J]. American Sociological Review, 2015,80(1): 1-27.

[4] Reay D. Finding or losing yourself?: Working-class relationships to education [J]. Journal of Education Policy, 2001,16(4): 333-346.

[5] Lamont M, Pendergrass S, Pachucki M C. Symbolic boundaries [J]. International encyclopedia of the social and behavioral sciences, 2015,23: 15341-47.

[6] Baxter Magolda M, King P. Nudging minds to life: Self-authorship as a foundation for learning[R]. ASHE Higher Education Report, 2012.

[7] Swidler A. Culture in action: Symbols and strategies [J]. American Sociological Review, 1986: 273-286.

[8] Yee A. The Unwritten Rules Of Engagement: Social Class Differences in Undergraduates' Academic Strategies [J]. The Journal of Higher Education, 2016,87(6): 831-858.

[9] Holland M M. Framing the Search: How First-Generation Students Evaluate Colleges [J]. The Journal of Higher Education, 2020,91(3): 378-401.

[10] Reay D, Crozier G, Clayton J. 'Strangers in paradise'? Working-class students in elite universities [J]. Sociology, 2009,43(6): 1103-1121.

[11] Bourdieu P, Wacquant L J. An invitation to reflexive sociology [M]. University of Chicago press, 1992.

[12] Aries E, Seider M. The interactive relationship between class identity and the college experience: The case of lower income students [J]. Qualitative Sociology, 2005,28(4): 419 - 443.

[13] Jin J, Ball S J. Precarious success and the conspiracy of reflexivity: questioning the 'habitus transformation' of working-class students at elite universities [J]. Critical Studies in Education, 2019: 1 - 16.

[14] 廖青.逆流而上:转型期农村籍大学生的身份认同[M].北京:北京大学出版社,2019。

[15] Bourdieu P, Accardo A, Emanuel S. The weight of the world: Social suffering in contemporary society[M]. London: Alhoda UK, 1999.

[16] Armstrong E A, Hamilton L T. Paying for the Party [M]. Harvard University Press, 2013.

[17] Bourdieu P. The Logic of Practice [M]. Cambridge: Polity Press, 1990.

第四章　努力[①]

“大学对我影响最大的就是讲座和同学。我以前总翘专业课去听哲学系的课，我还听了很多的讲座，不断地听讲座。……再就是大学的同学，有很多人都特别有趣，能力很强但又很有想法。你会发现和他们聊一次天，就觉得我怎么人生过得那么乏味、那么单纯？他们告诉你，你可以不用像学生会那些（循规蹈矩的）学姐那样。那时候我才大二大三，他们对我的人生有很大的改变，那个时候才开始真的考虑我想要什么。”

——经纬，南方大学理科，东部城市学生，父亲国企中层管理者

“参加系里科协的一些活动，但是也比较表面，没有深入地参与过。然后学校层面的社工，绿色协会也是参加过一点，但是投入也不是很深入，我当时总是觉得可能会影响成绩之类的，所以并不会特别深入地去做。大三主要还是在学习，准备推研，然

① 本章部分内容曾见于《名校生的出路分化——文化-行动二元路径模型下的一种补充性解释》一文，发表于《社会学刊》2018年第一期，pp. 93 - 141。

后大四一开学，推研完就进实验室了……我比较倾向于遇到事情自己解决，很少向外物或别人投入感情，或者说我其实并没有想清楚为什么要去参加那些活动。”

——禹海，北方大学工科，中部农村学生，父亲务工

不论哪一类“玩家”，在大学这一局迷宫游戏中的表现都决定着他们在关底对决的求职或升学竞争中能否占据有利位置。换句话说，无论是什么样的社会出身背景，学生在上大学过程中如何安排自己的时间与精力，都攸关他们能否在残酷的竞争中抓住下一轮升学和就业的机会：要么自信地踏上自己主动选择的职业路径，并借着大学提供的资源为自己创造良好的发展预期；要么到了紧要关头才仓皇考虑自己的资格能“够得着”的出路，而那样的路往往并非自己本心所愿。每个人都告诉我大学的经历对他们意义非凡，那么究竟是大学经历中的什么决定了他们在终极对决中的处境？一个简明的答案是——玩家能否在上大学的过程中尽早预见到自己在关底将要走向哪个关口。

话说回来，对于所有新生而言，要在短短的大学四年里迅速适应大学的游戏规则，并认清未来的职业目标（对于部分人还意味着实现习性的转变），绝非易事。即便对于优势家庭背景的学生来说，形成对未来职业道路的明确想法也需要一个探索的过程。在这个问题上，大学生发展研究已经达成了一个基本的共识：学生必须主动投入，积极投身学校的各类教育实践，提升学习成果，主动与老师和同学互动，才更有可能取得成功[1—3]。根据该领域的文献，学业投入（academic integration/engagement）与

社会性投入(social integration/engagement)一般被认为是学生的投入中促进自身发展的两个最重要方面[1,4]。因而本章对于各类学生的投入的分析逻辑也主要从这两个方面展开。我们将在本章看到,两类学生在面对课业学习和社会性投入时的态度和行动(策略)是如何不同,"目标掌控者"是如何在投入过程中一步步为自己的目标做好准备,而"直觉依赖者"的投入又是如何促成了他们在升学或求职中的劣势。本章还将展现,大学中的投入过程是如何推动一些"直觉依赖者"实现了向"目标掌控模式"的转变。

掌控目标

"目标掌控者"的投入过程是以目标的树立和实现为纲领的。他们倾向于在投入过程中时刻保持一种元认知层面的自我省察,以明晰自己通过各类投入意图取得的收效,确定下一步投入的方向。并且,这些目标和预期收效往往是以生涯目标为核心去统筹管理的。下文从学业投入和社会性投入两方面进行阐述。

学业投入:学以致"用"的策略

"成绩只有在一种条件下很重要,就是你推研的时候。因为这是门槛,你要有这个敲门砖,其他没有任何意义,学得好不一定以后用得好"。已经决定本系直升博士的北方大学工科学生海文带着一种不以为意的语气告诉我,虽然他的成绩实际上在本系排名中相当靠前,但他似乎并不在意成绩。换句话说,他努力学习根本不是为了成绩。他深知学校的游戏规则里绩点很多时候是一项硬指标，但他仍然强调“自己看重什么”才最重要：“虽然学校评奖学金、出国交流等等是要看成绩，但是要看你看重什么，把那个你看重的东西做好就行了，我觉得没有必要为了分数把自己给套死”。

不在意，却尽量不错过它所能带来的好处（至少不能让它成为一种阻碍），是多数目标掌控者对待学习成绩的态度。他们清楚成绩对他们的“用处”在哪里，也知道什么样的课该去怎么应付。这并不是说“目标掌控者”不会认真对待学业，而是说他们牢牢把握住了投入的意义，并且从这些意义出发，选定他们的学业投入策略。实际上，他们对学业投入的程度基本取决于他们在实现生涯目标方面对学业成绩的需要程度。

尚未明确出路预期的“目标掌控者”对学业的态度通常是：把成绩控制在某一区间，以保证未来不会因成绩过低而失去机会；同时又尽可能在学业中节省投入成本，以便让自己投入到更广泛的目标探索中去。南方大学工科学生泽斌其实在大学低年级时也不清楚以后要选择哪条路，他一进大学就开始了马不停蹄地探寻，这意味着他必须从学业里节省精力去尝试更多的事。而“如何在维持成绩水平的情况下从学业里节省精力”早已在学生群体中广为流传。几年前，在南方大学的 BBS 里，甚至盛传过一个名为《选课学概论》的帖子，历数了高绩点的几大“用处”，透露了许多门选修课的老师给分情况与作业要求，该帖作者明确表示其目的正是“帮助大家在学习总时间不变的情况下最大限度地提高自己的 GPA（学分绩点）”。泽斌在访谈中坦言，《选课学概论》对自己很有用：

泽斌："其实我上大学以后没把成绩当一回事。就我并没有关注这种东西，差不多就行了嘛。"

雅君："然而你成绩还是很好，怎么说？"

泽斌："以前就考前突击型的嘛，就一门课看个一星期，就刷刷题，去考试啊。"

雅君：那你会去看那些《选课学概论》[①]吗？你知道这个东西吗？

泽斌："我当然知道了！肯定那个时候都看过嘛，对吧，肯定就希望轻松一点。我选课标准就是只要轻松就行了，当然还有你给分不要太差了。当然我倒没有非要拿A啊什么的，我倒没有这个执念。"

雅君："为什么呢？是因为你觉得已经够高了吗？"

泽斌："不是，是我觉得不值啊。就比如说我（绩点）3.5对吧，然后3.5在我们理工科系已经很高了，那我觉得花那么大力气3.7、3.8，没有意义。我要是用这些时间去做别的事效益会更大。我觉得已经效益最大化了吧，用最短的时间来获得我能够满意的这个成绩。"

雅君："你又不觉得成绩重要，但是选课你又要轻松的话……看样子你好像不打算在课上学到什么真东西？"

① 《选课学概论》是由南方大学的某学长编写的指导学弟学妹选课的实操指南，其目的是帮助读者通过有技巧地选课，在学习总时间不变的情况下最大限度地提高绩点（GPA）。

泽斌：(笑了)“对吧，这个是核心！所以我并不指望说我在课上一定要学到什么高深的东西，买菜又用不到微积分的咯。但我觉得反正上大学嘛，我觉得学习也就占个不超过20%，顶多吧。其他部分就是你要体验生活啊，你要认识人啊，你要考虑你这个未来啊，不是吗？”

泽斌认为，尽可能地以最少的时间换来还不错的成绩，以尽快明确未来目标，才是在未来的学校-工作转换中为自己积累优势的上策。这种思路听上去“投机”味道十足，但他并不认同这种评价。他认为，自己只是在合适的时机做了该做的事。因为已经决定未来在求职中不靠专业技能，所以他自然需要把努力的重点放在学业以外的其他方面。更重要的是，从他的视角来看，这非但不是一种功利心驱使下的投机，而是踏踏实实地为自己的目标做准备的负责任态度：“你得对自己负责。你决定了做某事的话，就是你如果有一个目标的话，你不能就什么都不想，你一定要为了这个目标去努力，去帮自己做准备”。

泽斌的例子并不说明“目标掌控者”都会用这种表面应付的态度来对待学业。对那些已经明确了出路预期的目标掌控者而言，对学业的投入程度取决于他的预期职业要求与学业之间的关系远近。敏浩当初一进南方大学校门就打算从政，大二时开始考虑本科毕业后读研。出于积累基层工作经历的考虑，他选择了通过参加研究生支教服务团直升研究生的出路，同时注意到这条出路对学业成绩只有一个最低线的要求。从那以后他明白他的绩点只是需要满足那个要求即可：“我只要(绩点)过了2.

8就行了，即使排名一直靠后，我也无所谓了，因为我不用它直研。当然学还是得好好学，但就没那么紧张了”。而对于决定读博搞研究的海文而言，学业与他未来的职业道路息息相关，所以他在大学里就对学业有着密集的投入。他在大二的时候就主动找老师申请加入研究团队，并入选了学校的本科生创新人才培养计划，还获得了不少竞赛奖项。说起他自己感兴趣的热源研究方向，他的眼里闪着光亮："怎么样根据时代的发展去选择利用不同的能源，是让我着迷的。而且我去过银川、涿州、太原等等很多地方，去看他们当地的能源系统，包括自己现在也在参与新疆的一些能源规划。我觉得做这些事情总是能让人充满动力，去解锁你探索未知的这些能力。当然现在也是还没有完全毕业，精力还不能完全扑到自己喜欢的事情上，我觉得读博之后应该会学到更多”。在访谈后不久的那个寒假，他即将飞往瑞典交流考察。还未正式读博的他，早已在自己选定的路上迈开了步子。

“目标掌控者”根据自己的生涯目标来确定自己努力的方向，他们对待学业的态度和学习的目标也就自然而然清晰了，策略也随之即来。即便是被调剂到自己没兴趣的专业（比如泽斌和敏浩），他们的发展也不会从此受限，因为他们会很快分析清楚这个专业能为他们所“用”的方面是什么，由此努力坚定地迈向自己选定的方向。

“也考虑过转专业，但是其实并没有那么强的意愿，就觉得理工科还是蛮有用的，可能就无论是为了以后就业，还是说学的东西的实用性，我觉得可能都有一些用处。那些工作需要的东西你学哪个专业都要自己去积累啊。”（泽斌，南方大学工科，父亲为私营企业合伙人）

“（自己的专业）还不错，唯一比较失望的就是太微观了，就是太过于局限在人际交往里头，宏观的东西太少了。所以我研究生选的是社会政策，就不读自己专业了。反正我大一大二就知道学这个东西又不一定是做这个工作嘛，然后你只需要从他的教育里面获得你所需要的东西就可以了。我觉得它教给学生的那种对人的关怀啊、与人沟通的能力啊，这些东西对我以后（从政）还是很有用的。”（敏浩，南方大学社科，父母为机关干部）

由此可见，重视成绩而又不盲目盯着成绩，而是根据学业之于自身生涯目标的“用处”来通盘规划学业投入策略，这是一种能够带来竞争优势的文化倾向。况且，由于“目标掌控者”们多出身于东部城市的优渥家庭，虽然他们大部分人不会一门心思只重视学业（除了那些决定要走学术科研路线的人以外），但实际上他们在大学学业的比拼中可能更占优势。牛新春对某双一流高校十年本科生成绩的历时分析表明，东中西部的生源在成绩上确有差距，虽然中西部地区的学生往往会追赶上来，但西部学生和东部学生之间的鸿沟却一直存在[5]。与“直觉依赖者”相比，“目标掌控者”掌握和运用了更多精准提高绩点的文化技能（比如和助教保持联系、提问、上课回答问题、策略性地选课等等）。且不论在教育学上的伦理争议，许多人同意这些策略客观上的确是行之有效的。其次，因为东部城市显著突出的教育质量，"目标掌控者"总体的学习能力和高中使用的学习策略都（至少在入校时）更接近大学的要求。从小在上海读书的钦凯，高中的时候托福考试就能轻松过100，大学本科绩点3.6，被化学院的同学称为"学霸"，但他本人只是轻描淡写地表示："我其实没怎么认真学，英语课动不动不来，然后只是因为动手能力还比较好，因为我们化学学科专业课里面150个学分里面，大概有20—30分是实验，那样的课我基本上都拿A。所以说我的绩点还行。然后那帮人就一直叫我'学霸'，其实我的脑子一团糨糊真的不是学霸，不是谦虚，实在话"。

社会性投入：锚定职业目标的关键环节

"专业知识给不了你对自我和这个社会的认识，这个是'内功心法'，而不应该落实到招式"。谈起大学对他最大的意义，经纬直言并不是课业，尤其不是专业课，而是课外的人际交往、讲座和各样的社会实践经历。他这样描述大学里的社会性投入对他自我探寻的意义："经历丰富的人，他才知道自己想要做什么。你想，其实大多数学生，大学所有的东西都是别人给你安排的，你不去经历，你就永远不知道自己想要的是什么。你去经历去尝试，会做错很多事情，但只有这样才能知道自己想要的。"

成绩固然重要，不过作为大学各种机会资源分配、求职、升学的基本条件，它只是一道最基本的关口。英国社会学家Phillip Brown在二十年前就观察到，在知识经济和高等教育大众化的时代背景下，高校毕业生的就业力（employability）越发成了一个建立在比较和排序之上的相对概念：毕业证书只是就业中的敲门砖，求职者还需要对自己的过往经历、个人品质、甚至性格和自我认同进行一系列管理和展现，才能获得雇主的青睐[6,7]。这个诊断在今天的中国仍然适用。毕业生需要精心打造自己的简历，不仅展示自己在大学的学业表现，更重要的是通过恰当的履历来展示自己的素质和品质，例如团队合作能力、表达能力、自我管理能力等。而在打造简历时，学生在大学期间的社会性投入（包括人际交往、实习、实践等）比学习投入可能更重要。泽斌正是因为认清了这一现实，才认为他理所当然应该在课外的实习实践上投入绝大部分精力。在打造履历的过程中，学生投入过的重要组织和课外活动将一个抽象的学生形象逐渐描画丰满。凭着这份简历，面试官才有理由断定他有足够的资质胜任他所申请的职位或学位。更重要的是，学生在参与的过程中，也将与这些实践和相连的文化产生密切的关系，生涯目标也将由此变得更加清晰。因此，对大学中社会性投入的高度重视和积极参与，实际上是顺应场域规则的另一种重要的文化倾向。大多数“目标掌控者”都清楚，他们需要通过在大学期间参与各类社团、校内外组织、实习实践、人际交往等社会性投入，为自己的简历积累增值要素，也使自己心目中职业理想的雏形逐渐变得丰满具体。

“我就一直秉承一点，我就想做一点对社会有用的事。然后这个有用的事具体问我是什么，我刚进大学的时候真不知道，或者说哪条路都在考虑中。”海文回想起了他在大学四年中寻求职业理想的历程。最初的时候，他只是对自己未来的目标有一个模糊的认知，并无明确的方向，但大一时申请加入北方大学的某个因材施教培养计划的经历迅速让他受到了启发：

“在最后一轮面试的时候，（面试老师）问了我一个非常严肃的问题，把我问倒了，他问我：‘以后想做什么职业？’然后我脑子一懵，我就很坦诚地说，我并没有清晰的职业规划，我就想做一点对社会有用的事情就够了，政治也可以、科研也可以、商业也可以，这些都可以。然后可能就同时来面试的是建筑专业、数学专业的同学，他们回答起来就非常贴近自己的专业，但是我那个时候并不清楚我的专业能干什么。所以我这个问题的确答得不好，而且输在这个规划上，从那之后我就自己主动去寻求、去探索了。”

海文在这次惜败的面试经历中深受震动，自那以后开始了主动寻求职业前景的历程，他一股脑儿讲述了这个过程：“我大一暑假跟着我的班主任建立的一个支队，去调研绿色小城镇的发展状况，第一次了解专业能干什么事；然后跟着新生导师开始听会，报名参加 XX 计划[①]，然后督促自己去做项目，就发现了专业到底分为哪几个领域，专业到底能做什么事情；再就是和学长交流，就是在大一暑假的时候带我支队的那个学长，跟我说我们专业除了冷这一块，农村这块还有很大的一块（研究潜力）在热力，我就开始感兴趣这一块。但我们课程培养体系对热的培养不是特别足，特别是对于城市能源这一块的热没有太多，到了大三才会有，所以我大二的时候就主动申请那个 SRT（大学生研究

① 北方大学向本科生开设的一个科研导向的创新人才培养计划。

训练计划），跟着那个做热项目的老师做项目，就了解了热，从那之后也定下我以后就要做热的方向”。

显然，海文顺利找到心仪的发展方向得益于他在社会交往和课外学术实践上源源不断的投入。现在，大四的海文已经在本系直升博士，致力于热能源的研究。并且，他在科研学习过程中深受系里老师们学术人格的影响，树立了将科学研究服务于百姓生活的意识。我请他再回答一遍面试老师曾经提出的那个问题，他爽朗地说出一串：“我希望用自己的力量给我们国家的城市能源利用带来一些改变，为煤、电、气、热、可再生能源的协同利用作出贡献。有可能跟规划、能源政策相关的部门，或者说跟工程相关的部门都可以，总之哪里需要我就去哪里”。其实，到了高年级海文才发现，实际上他所学的建筑与环境专业其实是这样的：“这个专业前三年你（如果按部就班学上来）根本就不知道你能做什么，因为基本上都是基础课，没有学你能用的东西，到了第三年你才能有稍微清晰一点的认识”。现在回想起来，海文还是很感谢北方大学，感谢那次面试经历，“尽管最后没录我，但它逼着我去提早探索我自己要做什么”。

不过，并不是所有人都像海文这样幸运，“顺藤摸瓜”就能找到志趣所在。可能更多人会像经纬一样，经历一个不断“试错”的过程：尝试—体验—放弃—再尝试……直到清楚地认识到自身的优势与不足，并在失败面前叩问自己真实的兴趣，最终锚定一个职业目标。在这条探索之路上，经纬走得可谓艰辛，一度“山重水复疑无路”——

经纬:“当时所有的人问我理想是什么,我可能高中的时候是想当科学家,大一的时候想好好读书,然后出国读研,大二那时候想当高管,其实连高管是什么都不知道,只是感觉听上去很厉害。然后到了大三的时候去创了一下业。”

雅君:“那你到底是从什么时候开始知道自己想要什么的?”

经纬:“当我失败的时候。”

雅君:“什么?”

经纬:“你知道什么是选择吗?”

雅君:“什么是选择?”

经纬:“我们都害怕选择,是因为选择往往要意味着放弃已有的东西。当你选择自己要的东西时你可能就必须放弃一条安逸的路。其实你大多数的时候不想去选择,因为你已经有一个很好的选择——就是你不去改变,顺着既有的轨道往前走。但是当你失败的时候,你会发现那条(原先的)路堵死了,然后你才会发现什么才是我最终要做的。那个时候其实人很难,当那条路已经堵死的时候,你必须选择:你要么重新启航找一条路继续走,要么说你真的去寻找你想要做的事情然后认清自己、为之努力。这就是为什么我会想很多事情。”

雅君:“你的人生在什么时候发生了这件事情?”

经纬:“就是大三创业失败的时候,就是所谓的‘没有深夜痛哭过的人不足以谈人生’。虽然说没有那么夸张,但是那个时候没有好好学习，没有去上课一年，也挂过科。然后那时候本来是想着出国读研，大一大二的时候是想着安安分分出国读研，大三了（成绩）就成了这样……当然又觉得可以去争取。因为我家有足够的钱，要想出国读书不是一件难事。你可以真去，但是你真的是想要这个吗？当时我咨询了很多人，如果我要是去做这件事情，重新开始努力而且我还要比别人更努力，或者说就去做别的事情。这时候我们会发现这（失败）才是真正的选择。因为当你可以不去选择的时候，你觉得不去改变是最好的选择。”

大三的经纬，曾面临过他求学生涯中最大的挫折——创业失败，成绩也因此一落千丈，不能获得推研机会，先前想好的出国路又犹豫了——光景只能用惨淡二字形容。这是一次自我认同的危机，更是职业出路的困局。奇妙的是，就是在这困局中，社会性投入又一次促成了转机：“我当时选了一门课，一半中国学生，一半留学生，我跟一个新加坡人聊过这件事情，我觉得他们来中国的原因就是因为他们想要找到自己想要做的事情，就是尝试很多奇奇怪怪的事情……当时交谈很愉快，我就忽然觉得我比数学系的学生多了一分这种讲话的条件。”在和不同背景的同学交际的过程中，经纬忽然意识到自己的优势之一是口才——能够辩护自己的观点，并且能让别人信服，“我当时就想我应该做什么去符合我的能力，然后就忽然意识到我应该去学金融，金融领域你首先要会算，其次要会说，而且钱也多，所以我觉得金融更适合我，而不是做数学。”

锁定了行业领域，下一步要考虑如何达成。经纬明白，如果以后想在金融领域从业，本科学历是不够的，他需要拿到硕士学位。在出国读研还是本校考研之间，他犹豫再三，最后根据咨询了解的情况，发现出国回来从业不会带来许多额外优势，遂决定考研。他本来报考的是管理学院的金融硕士，但后来听说该项目要读 4 年，他认为时间成本太高，就凭借自己的高分调剂到了数学院的金融硕士项目。

考上硕士的经纬仍走在探索生涯目标的路上。他趁毕业的空档迅速去了行业研究所实习，“行研实习非常有趣。当时我在XX，号称行业里压力最大的研究所。常常写报告，让你去研究自己从来没有了解过的行业。可能突然给你一个报告，你就要去研究军工飞机，你要研究飞机有什么材料，会利好哪些公司，谁知道飞机有什么材料？我发现我非常喜欢做那些研究，我可能是那一批实习生中做得最好的，我做完之后老板跟我说，如果你想留的话，就继续来实习，那时候其实我研一还没进去”。他还在毕业的假期去了西藏“漂泊”，在旅途上与不同的人交流思想，这让他有功夫定下心来思索关于人生航向的问题：“去了西藏跟着他们去转山，跟着他们绕着布达拉宫转，然后在那个山上去绕着山转，我就跟着他们转，和藏漂一起生活。跟当地人生活在一起，去认识一些当地有趣的人，其实我觉得人生的选择很多，没有必要顺从别人的定势”。他从这些经历里获得的，不只是一个重振旗鼓的机会，也是对人生意义的重新反思。他意识到人性里的一些矛盾，甚至意识到人的计划和处境的某种虚空性。讲到这里，他张口背起了一段《天龙八部》里虚竹和尚念过的《入道四行经》："'众生无我，苦乐随缘；纵得荣誉等事，宿因所构，今方得之；缘尽还无，何喜之有？得失随缘，心无增减'。所以凡事也不要把它看得太严重。人其实有很多人性的弱点，人性的弱点会让你做很多错误的决定。所以，修身比技术等重要，要去了解自己、剖析自己。"

在实习和旅行中经历了成长的经纬，研一上学期基本上修完了三分之二的研究生课程，研一下学期就去了他现在就任交易员的那家公司开始实习。一年之后，他决定应聘这个公司的交易员职位，应聘的过程可谓惨烈：公司初筛留下60份网申简历，再细筛出20个候选人；然后，通过人力资源部的面试选出2个最终角逐者；接着，部门高管亲自与2人面谈，被选中的幸运儿获得为期6个月的实习机会；最终，实习期满后，公司根据实习表现最终决定是否录用。事实上在申请的整个过程中他都不曾松懈，他通过网页尽可能地了解这家公司，在几天内读完整本行业书籍，以及挖空心思琢磨面试表现。最终，他胜出了。他认为自己之所以胜出，很可能正是因为"更有趣一点，至少知道自己要什么"——也就是他身上的"目标掌控者"特质。

经纬的反思可能没错。Jenny Stuber 对美国大学生的研究发现，积极参与课外活动是一种回报丰厚的投入，既是个体积累文化资本和社会资本的关键渠道，也是显露阶级差异之所。与第一代大学生相比，社会出身优势的大学生自带乐于进行社会性参与的文化倾向，也更能通过课外活动为自己积累有用的文化能力与社会资本[8]。就读于南方大学化学系的钦凯在大四时已经获得了年薪超过25万人民币的工作机会，但他还是决定继续在南方大学读研，最主要的考虑就是南方大学的环境不错，“可以再多认识一些有意思的人”。和经纬一样，他也课外兴趣广泛，把“有趣”作为人生追求。他喜欢独自旅行，也是健身俱乐部的教练级成员，还对养殖世界各地的热带鱼有浓厚的兴趣。因为觉得面试很有趣，他甚至有意向不同类别的公司投了简历，专门去体验五花八门的求职面试，虽然有的公司并不在他的考虑范围内。用他的话说，他要的是那种“既有钱，又有趣”的工作，收入高只是一个基本条件，终极标准是“有意思”：“月收入是两万还是四万对我来说差别不大。如果在这个能赚钱的过程中，同时实现了有趣这件事情，我觉得是比较有意思的，而不是你纠结每年搬砖 300 天，为了比如说收入高 30%，我觉得这个就不值得。如果你能找到一份，每天比如说工作 10 小时甚至 6 小时，你觉得还有意思的工作，那就更好了，更何况那样一份工作你也许也可以去欧洲玩一次，去美洲玩一次，是这样子”。

访谈时正值气氛紧张的求职季，已经手持几个顶尖咨询公司入职邀请的钦凯，看上去游刃有余。他凭借自己丰富的求职面试经历告诉我，那些能抵达顶级金融和咨询公司的终面环节的候选人往往有一些通性，除了“硬”的认知能力和业务素养以外，最重要的是钦凯称之为“演绎”的自我表现能力：

> 钦凯：“这类公司，一半看人的基本条件，比如说我们面咨询，你对 case 了不了解；你面投行，你对金融对市场直觉正不正确，基本概念有没有，或者也包括你的学历，可能他们只要求复旦或者交大，专业对不对口，这些都算上。但是

另一半就靠演绎,演绎怎么演绎?这个演绎也是一坨东西,包括长得怎么样?你情商高不高?你给人的印象怎么样,仪态怎么样,比如坐下的时候西装外套的扣子有没有解开?还有就是我们说的转化率。诸如此类。”

雅君:“情商是什么?”

钦凯:“所谓情商高的人,就是让你感觉在人际交往中,他能让周围人都觉得很舒服。其实招聘的时候,说到底也是这种我愿不愿意与你相处。即使我是你的上司,我得考虑万一下一次我跟你同时上一个项目,如果我们一起去等一班飞机,结果我们晚点了,我们得在机场留一下午,我跟你有没有得聊。就是这种能力。”

雅君:“那转化率又是什么?”

钦凯:“就是你不可能有所有东西的知识储备,很多时候就是他发一个资料你看一下,然后你经过快速学习,给他的回应让他觉得你是专业的,这就是那种及时转化率。”

钦凯告诉我,他的化学专业背景对于申请咨询和金融类的职位并无优势,他之所以能拿到比较好的入职机会,主要是因为他个人比较擅长“演绎”。他有着健身、养鱼等诸多兴趣爱好,平日结交的多是较他年长不少的商界精英,交际圈的拓展使得他视野开阔,在面试中的表现更加从容:“很多时候其实你硬实力过的时候,他们给你一个高端的地方面试,高端的人出现,你很惶恐。但对我来说,比你更高级的人我也见过,那我就不惶恐。并不是装出来的,而是由内而外透出来的”。而托福接近满分的外语水准，和他一贯自信的“有趣”特质，让他在表达上也更容易获得优势，并且在他看来这种能力是在他日积月累的社会交往中逐步锻造的：“当你说话比较有意思的时候，就越来越多的人愿意跟你聊天；当你转化率特别高的时候，很容易话语权又到你这儿来。别人的注意力慢慢往你身上走，多和人聊天是有增益效果的”。他最后放弃了年薪超过30万的某顶级咨询公司的入职机会，选择了一家更为小众的外资酿酒企业，“因为不想那么忙，连健身的时间都没有”。

有太多和经纬、钦凯的经历一样精彩的故事，限于篇幅无法一一道来。我们从他们的故事里看到，大学里的学业和社会性投入是如何有力地促进了“目标掌控者”对职业出路的探索，增进他们在前景上的优势，抑或是帮助他们将劣势转换成优势。不理解“目标掌控者”的人对他们有一个常见的误解，认为他们太过强调达成行动的目的性和策略性，从某个角度看似乎很急功近利。其实并不尽如此，如果我们把“功利”定义为“花费尽可能少的代价达成短期目的”的话，“目标掌控者”优等生的确重视目标的达成，却不一定在所有任务上都企图花费最少的代价，而且他们的目标也可能是长期的。泽斌在回应这种“功利”评价的时候主动辨析了二者的区别：“比如说我找工作，那么我要实习，那么每一份实习，如果我只是为了凑(简历上的)经历，这是一种功利性的想法。但是呢，我的意思是如果你的目的是工作，那你就不应该把实习当作一种你刷简历的方式。所以我所指的这个目的其实不是那种功利，是你要对自己负责，你在决定了做某事的话就是你不能就什么都不想，你要为它做好准备！所以如果你要去工作的话，当然要有本科文凭，但其实在上课这件事情上投入很多就没有必要。”

我们从泽斌的话里可以对“目标掌控者”的道德感有所认识。他们中的不少人向我表达过：“有目标地组织你的大学生活”是对自己、对家人负责任的表现。在目标所指向的领域，他们同样鄙视短期功利化的行为，也强调要在自己选定的目标方向认真努力；反之，对于那些并非他们目的、又必须去做的任务，他们则接受一定程度地使用策略去省力，因为只有这样才能更好地在自己的目标方向进行投入。“有的人你看他成绩平平，那是因为他的重点就不在学习上”，“目标掌控者”大概都会同意晓刚的这句话。即使中途经历挫折与诱惑，心无旁骛、持之以恒地向自己真正的目标迈进，勇敢地对自己的选择负责，是“目标掌控者”认同的道德价值观，也常常是他们与“跟着感觉走，走到哪算哪”的“直觉依赖者”划立象征边界的标记。“我一直都在慢慢地往自己想要的那个目标靠近，哪怕读了一个八竿子打不着的专业，我也在不断朝那个方向调整。但可能很多人，他既然已经学了这个，不知不觉自己就走上了另外一条路。这时候突然扭转自己，他肯定会感觉痛苦。但是你要坚持那个目标，就是要承受这些痛苦。”泽斌神色坦荡地说道。这番话的精髓与经纬的意思有异曲同工之妙。在毕业选择的关头，泽斌放弃了唾手可得的推研资格，接受了他自己颇为满意的一家大型互联网公司的工作邀请。

依赖直觉

“直觉依赖者”的投入过程则是在几乎不考虑生涯目标的情

况下进行的。他们通常没有太多对预期收益的谋划,习性引导下的直觉和外部随时出现的机遇主导了努力的方向和程度。他们倾向于孤立地看待学业,又对校园里的人际交往和课外活动保持着天然的排斥。更重要的是,在付出努力之时,他们自己往往不清楚这些投入将会将他们带去什么样的境遇。

学业投入:"绩点无用论"背后的优等生惯性

对于从小到大经过多轮严苛考试筛选的"直觉依赖者"而言,被南方大学和北方大学这样的大学录取,已经意味着在学业竞争中取得了某种了不起的成就。他们的名字总是被挂在高中的光荣榜上,供后来的学子和家长们瞻仰艳羡。然而,许多人都未意识到,一场更激烈的比拼即将在大学校园拉开帷幕,只是这一次拼的不再只是学习。在游戏规则如迷宫一般复杂的大学里,赛道更多元了,地形更复杂了,对玩家的要求也增加了更多微妙的东西。正如上文中"目标掌控者"们所熟知的,学业在大学里是一个最基本的竞争领域,与表彰奖励和升学机会直接相连。讽刺的是,尽管学习曾经是他们骄傲的全部来源,尽管许多人总是习惯性地将学习放在第一位,不少"直觉依赖者"们还是会首先在学业竞争中败下阵来。这些曾经在高考独木桥上十拿九稳的优等生们最容易走入的误区,不是学习方法和能力,而是对成绩的态度。当他们从清苦的高中时期转折到看似自由的大学阶段,他们中许多人的反应都是:在大学里可以轻松地看待成绩了。

牛铭大一时觉得:"我都已经看重成绩这么多年了,都上了

X大了，还那么看重成绩干吗呢？应该随自己的兴趣去发展”。结果，大一结束时在70多人的班里，他只占中等排名。然后他很快面临了上大学以来的第一次挑战——社科实验班的专业分流，即根据学生填报的志愿和成绩情况将学生分入具体专业，他想去“感觉会好找工作一点”的经济学，而选这个专业的同学往往要面临激烈的成绩竞争，这让他一度有点焦虑他能否如愿分到经济学。后来总算是有惊无险，但他终于明白：“还是太年轻了，大一进来之后从来不看GPA，我那时候视GPA为粪土。但是我必须承认，在大学如果你想混得好的话，或者有机会（想拿到）的话，比如说交换、奖学金，还是成绩好最重要。”

牛铭的观点可能是许多和他一样的“直觉依赖者”都会同意的——来上大学就是来探索自我、学习本领的，不应该太看重像绩点这种诟病重重的结果性评价。来自浙江省工人家庭的初晓在南方大学读力学类专业，他在低年级时也觉得，多年的勤学苦练好不容易换来一朝自由自在的大学时光，可以用来增长见识、开拓兴趣了，不用再重视成绩了。道听途说的亲戚建议更让他确认了这种想法。结果是，他的成绩从大一第一学期开始就处于班级中后位，以后再想往上拉，已经为时晚矣：

初晓：“那时候就觉得都进了大学了，不用再看重成绩这个东西了。我那时候一下选了好多门课，第一学期就选了至少28分吧，觉得哇好多课，多新鲜啊！什么光政治课就选了两门！（苦笑）然后平时上课听也不听，然后最后考试也就突击一下，准备点资料考试，成绩也就一般吧。大一上绩点也就2.9几。后来慢慢拉上来一点,但也幅度很小。”

雅君:“你那时候看到这个成绩是什么反应?”

初晓:“我那时候因为其实也不是特别看重绩点,所以太差了我也没怎么管它。那个大一的时候不是感觉有点低了嘛,就拉一拉,拉上3.0好看一点嘛。然后我就拉到3.0,然后大二上了3.0的话……就觉得差不多了,没必要去管了(笑)。但是后来到了大三保研的时候,就突然觉得:唉呀!这个绩点要保研的话太重要了!怎么这样啊,不太好,还得继续往上拉。”

雅君:“那为什么大一的时候没有早意识到这个呢?”

初晓:“我当时这样想的,这个我还是记得很清楚的。我当时觉得我读书读了十几年了,一直的目标就是我的成绩要比别人好。现在进了大学了,是吧,我就觉得应该是不要把重心再放在成绩上了,或者说把重心转移一下,就是去想想、找找别的东西有没有比较好的,或者找找自己的目标或者什么的。而且我当时我家里的一个亲戚,年龄大三十来岁,是交大出来的。跟我说什么大学里成绩不是那么重要,什么大学里也学不到什么东西,就是啊恋爱谈谈吧,是吧,什么社团参加玩玩啊,培养培养兴趣啊,挺好的是吧。以后工作了需要什么你再在上面强化。然后他的话可能有一点影响。我也觉得一直关注成绩都关注了13年了,进了大学还是看那个成绩,是吧,没有意义,我就没有太关注了。”

雅君:“你选课的时候一般考虑什么呢?”

初晓:“就是看看哪个老师比较好,上课比较有意思。听了觉得有收获,或者听得比较轻松。怎么说呢?主要就是这个课有意思吧。当然再能学到东西那最好了。但是就是不要抱着书好像我死命读,然后刷绩点,弄得自己很痛苦这样子,没有必要。”

雅君:“那你当时觉得在大学里追求什么东西比较必要呢?”

初晓:“以前其实没想那么多。那时候就觉得大学里么,愉快一点,多交交朋友啦,轻松一点,然后看看各种……怎么说呢,多增长见识吧。”

大一时对成绩的漫不经心,使得初晓到了大三才蓦然发现自己如果要推研恐怕绩点不够。到了大三下学期,他发现他的成绩的确不够推免研究生的资格,一扇门就这样关上了。现在他回过头来颇有悔意,“绩点稍高一点还是有好处,至少有很多事情会比较游刃有余一点”。

除了“绩点无用论”的误区,还有一部分“直觉依赖者”会因为不假思索地承袭高中的学习方法,或者不能适应大学的学习方式,而在学业竞争中处于劣势。阳龙是来自江浙农村的体育生,高中生活过得还算轻松,在参赛和训练之余他总能快速消化一些文化课知识,因而成绩在体育生中算佼佼者。然而来到南方大学以后,他把在高中时的学习方法移植到大学,没有在学习上特别花费精力。也并未着意管理绩点,结果他第一学年的绩点只有 3.0,在文科类学生里属于下游位置,这使得他在大一结束时面临专业分流时非常被动,"当时没想过要把它拼死拼活搞好,就是顺其自然……就是还没有意识到这绩点的重要,我知道它重要,但是并没有特别重视,也没想到后果会很严重。然后就一直就是延续了高中的这种学习方式和生活方式,谁知就一下子绩点成这样了"。

对成绩漫不经心的反面则是对成绩特别紧张。在许多"直觉依赖者"的概念里,成绩不啻是评价一个学生的最重要标尺,成绩甚至被习惯性地作为定义一个人素质和价值的主要标准。来自湖北农村的禹海在进入大学后,一方面觉得成绩应该没那么重要了,一方面又会常常担心自己在北方大学是一个不合格的学生,以致于经常因此而做噩梦:"自信心不够呗,会有一种紧张感。我当时有一个典型的事情,在大学前两年或前三年,不止一次做过一些不太好的梦,然后当时大概的情景就是自己因为考试不及格之类的事情被大学劝退,这样的事情常常发生在梦里面。"其实他在班里的成绩表现还算不错,但这种担心持续了好几年。多年后的今天,他对成绩的态度正好有了一个反转:在大学里成绩好还是很重要,因为"它是一个构筑你自信心的基础",而当初其实不必为自己的实力如此焦虑。

特别当自己成绩和其他同学拉开差距时,"直觉依赖者"往往会陷入对自己各方面能力的怀疑和胆怯,专注于自己学业上的欠缺,以致于进一步限制了他们在学业以外的其他方面发展的可能性。被南方大学自然科学实验班录取的四川农村学生高翔,在大学的头两年都在紧张一件事——不挂科,他想不通为什么江浙地区来的室友就看起来学得很轻松,而自己却每每在及格线上苦苦挣扎，甚至因此消磨光了参与竞争的勇气："那种影响确实比较大，以前的话都想去争个输赢，然后从那以后，我就觉得好像反而变得比较不太想去争什么东西了，也很少去参加什么活动认识什么人，我想的就是怎么能不挂科"。

因为对大学场域的游戏规则缺乏了解，"直觉依赖者"常常会在进入大学后误以为学业成绩在大学里不再重要，而秉持一种自由探索的学习态度。但同时出于他们在基础教育阶段一贯养成的习性，虽然在认知上觉得不应该再只看重成绩，却又不知道究竟什么才是大学里真正重要的，因而不由自主地还是将自信心和大学生活的重心建立在学业的基石上。秉承着"进了大学就要根据兴趣自由探索、学真本事而不仅是混个考核"的心态，他们顺服地坚守着这套"好学生"的学习伦理。

其实，不少"直觉依赖者"在进入大学后，很快就注意到了"另一类人"对待学业的不同态度和投入策略。《选课学概论》这样的知识，在大学里是学生们在选课季茶余饭后的常见话题。然而有趣的是，即使是了解了"目标掌控者"们提高成绩的常用策略，大多数"直觉依赖者"们对这些策略的第一反应也是拒绝。他们当然明白这是一条通往好成绩的捷径，但许多人的道德感却不允许他们让自己成为"那样的人"，或者说某种象征层面的"道德边界"将两类人的学习观念区隔开了：

> 禹海："我从来没有操纵过我的成绩。比如说很多人，他们会为了高成绩，然后就跟老师套近乎，或者选课总挑简单的选，这些事情我从来都不会去做。"

雅君："你从什么时候发现，其实拿到好成绩是有捷径的？"

禹海："这些事情我知道以后我还是不认可，他们这个不是正经道路，我也不会去做，我比较倾向于通过硬实力来参与竞争。"

雅君："嗯，所以你即使是知道你也不会去做？"

禹海："首先我确实也不知道这些技巧，然后知道之后我也不会后悔当时我没有做这些事情。我觉得就是你凭硬实力，或者说凭你最大的努力的程度去做就行了。"

雅君："那你觉得你在大学里的学业尽到最大的努力了吗？"

禹海："（讪笑）显然没有，肯定是没有的。"

雅君："嗯？那你在干吗？"

禹海："你可以理解为就是在左顾右盼，大概也不知道自己要干什么。所以也没有在一门心思地学。"

牛铭也是一样，他也发现要提高成绩其实是有技巧的。但在他的观念里，这种行为是"投机取巧"，是他所鄙视的。直到今天，即便是知道自己可能已经因为绩点失去了一些机会，他仍然坚持："如果你现在让我给学弟学妹介绍经验，我也会说要好好学习因为绩点很重要，但是最重要还是要发现自己的兴趣，绩点能带来的这些东西都是很短的一些利益，但比较长远的话你还是不能看这边。我感觉他们选的那个（课）根本学不到东西。"高翔同样面临这个矛盾，大一时他从室友那儿了解了选课的秘诀以后，也很不以为然："至少瞎选的时候选择很多自己想去上的课。我就觉得那个模块课，有些课就是他们都不敢选，我就敢选，没事反正我的成绩已经这样了"。不过，当他后来听说大二的专业分流是根据成绩排名，他还是亦步亦趋地学会了使用选课策略，尽量规避掉那些可能拉低绩点的选修课。但现在到了大四，当他回望大学时光，又为那几门为"刷分"而选的课感到遗憾和懊悔。在清晰的道德边界和模糊的目标意识之间，"直觉依赖者"在学业上置身在了一个矛盾的处境中：他们坚守着自己对待学习的纯粹目的，认同踏实勤勉的学习方法，却又常常因为缺乏明确的学习目标和策略而不容易表现出色，却又打心眼里不认同"刷绩点"的取巧策略。

显然，仅靠学习很难直接带给"直觉依赖者"们紧缺的职业目标意识，于是他们中的不少人会在禹海描述的这种"东张西望"的状态下度过他们在大学中的大多数时光。当他们到了三年级，惊觉自己面临着毕业出路问题时，除了那些乐意走上学术道路的学生，大多数"直觉依赖者"往往发现自己不想在意又禁不住去在意的学业无法带给自己一个关于职业前景的答案，或者说无法带给自己一个让自己真正有兴趣去从事的方向。勤勉学习唯一能直接带给他们的，是一条还不算太坏的"缓兵之计"——推免直研——正是被目标明确的泽斌们不以为意的"平庸之路"。

社会性投入：被习惯性忽略的宝藏

如果说目标掌控者会不假思索地多在社会性方面投入，那么“直觉依赖者”则往往不假思索地尽量少在社会性方面投入。正如上文所述，大学里的竞争绝不仅在于学业，社会性投入在帮助学生找到职业方向方面所能带来的帮助远胜于学习。然而，正如已有研究已经指出的，弱势背景的大学生往往会对校园中的社交活动和课外活动保持着一定的拒斥感，他们倾向于将这些活动视作是对他们的主业——学习——的一种干扰[9,10]。换句话说，他们的阶层习性没有为他们养成对社会性投入的向往和积极性，也没有令他们足够地意识到社会性投入在生涯发展上的价值，再加上习惯性地对学业的重视，使得弱势背景的大学生往往对大学里的人际交往和课外活动投入程度较低[11,12]。

当然，在讨论“直觉依赖者”对社会性投入的惰性之前，必须要承认，弱势学生在名校中要参与社会性投入，本就面临着更多挑战。根据家境劣势的受访者叙述，他们入校后或多或少地都会首先经历一个“社交融入困难阶段”。且不论经济上的窘迫对社交活动的直接限制，他们还面临着社交融入上的文化障碍。他们在上大学以前的十几年中所装备的“文化工具箱”不足以让他们快速与名校的老师同学所默认的文化技能和风格品位无缝衔接，这种对默认文化的不掌握往往令他们感到捉襟见肘。对于好不容易从甘肃考到北京来的大成而言，适应北方大学的社交环境并非易事。首先是见识的问题，“当然是眼界变得很开拓，很多东西我都没见过，比如说网购什么的这些细节的东西，虽然很小、很容易，但对我来说需要时间去学习”；再者是语言能力与其他同学的差距，“我们经管学院从大二起绝大部分课程都是英文授课，我的英语根本不行，当时是真听不懂，只能翻着课本硬听”。如果说这些障碍都是短期靠努力还尚且可以克服的话,弱势学生和优势学生在头脑里的某种“思想资源”上的差距曾经令他苦恼过相当长一段时间:

大成:“我印象很深,大家都讲普通话,但是很多同学语气语调就是很不一样,很特别。”

雅君:“你是说有口音?”

大成:“不是,我觉得语音没有什么特别的差别。就是某种流行文化,接触得更多我觉得,也不是……我说的是……”

雅君:“那是什么?”

大成:“最典型的一个场景是什么?比如说一群学生坐一起开始开玩笑,这个时候就特别明显——你并不能讲出一个很好的玩笑。这当然是一个困难的磨合阶段,因为我不怎么玩游戏而且不怎么上网,不懂他们的语言。”

现在回过头来反思的时候,大成认识到,他所经历的尴尬和局促,并不是因为他不够好或是其他同学有意疏离,而是由于“文化语码”的不适配:“你的语言资源跟你的思想资源,其实跟大家差别很大。并不是说你不够幽默,而是一时间你没有办法把它转化成他们熟悉的那套话语讲出来,让他感受到你善意或者那个‘笑点’。这就好比是你这个‘处理器’难以识别他们的‘语码’,需要一下‘重新下载安装’的过程”。他在谈话中一再用到“语言包”的比喻。在他看来,适应大学社交环境相当于主机重新下载一个语言包，这个新的语言包里需要包含北方大学的本地常识、校园热门话题、网络流行话题、本校学生的习惯用语等等，“新的语言包下载好就不会‘乱码’了”。

可惜并不是许多人都会成功度过这段“乱码”的社交适应期，文化障碍带来的脱嵌感仍然或多或少地限制着“直觉依赖者”近距离接触与他们不一样的人。同样来自农村的牛铭，就因社会融入不足导致交往圈子十分狭窄，从而始终对自己的职业前景处于困顿的摸索当中。牛铭并非没有积极参与学校的各项活动，他大一时也曾加入过不少学生社团，“既在校学生会干过，又在院里干过，我应该是那种都尝试过的学生吧？但我没有投入很多时间……我在这方面不太出色，都一个学期、半个学期，然后就默默没有了，就消失了，然后就没干了”。牛铭在尝试进入了多个学生组织后最终发现，自己试图融入一些学生组织的努力一次次失败，“算是没有真正地融入进去，我感觉没融进去，然后就出来了，比较失败”。说这些话的时候，我感觉到他对自己并不满意，有一点怪自己的情绪，但又不知道自己究竟错在哪里。“我感觉我当时（大一）已经做好准备了，我就以一个全新的新起点、新开始，一张白纸进来了，也许是有适应过程，但是有可能没预料到（这种局面）吧，我觉得我并没有什么心理障碍啊！我也不知道为什么。就是绩点没搞好，然后为职业做准备的东西没搞好。从来都是在搞‘自由教育’‘通识教育’。”说到自己总在“自由教育”“通识教育”的时候，他无奈地笑了。他虽然也在班里担任班委，班级有什么事也会去参与；在学院的科协也当过副主席，帮忙筹建挑战杯，举办比赛。“但是感情建立是没有的，这些东西从来没有在生活中改变我的价值观”。

冰倩是一个从湖南农家考进南方大学的纤瘦女生。和牛铭的经历类似,低年级时努力试图融入五彩缤纷的课外活动,却次次以失败告终。现在回想起来,正是因为她不知道如何以被认为“正确”的方式与他人互动:

冰倩:“我大一的时候会觉得跟别人不一样,是因为我觉得我没有像我室友那样。我最明显的比较就来自我的室友。感觉她加了很多乱七八糟的社团,还当了核心层的干部,而且她也是班委。”

雅君:“你和她有啥不一样?”

冰倩:“我竞选班委失败了。社团也一个都没加进去。我去面(试)了几次,但感觉我的面试肯定是很烂。我记得一个场景,就是我想去当个小记者,是一个那种新闻学院办的一个杂志,面试的学姐问我,‘如果你成了我们什么这边的小萌新,你会关注我们的公众号吗’?我当时说应该不会。我现在想起来就很傻,你都成了人家记者,你不关注他们公众号?(笑)我当时还想着我还挺有个性的,后来我觉得肯定就类似这么傻的经历,让我对那些我喜欢的社团没有加进去。其实也加了一些不是很核心层的社团,但是参与感实在太低了,所以也没有印象。大一下学期我又去面了几个,我感觉聊得挺好,但不知道怎么还是没进。”

面试上的屡次挫折让冰倩越发怀疑自己的能力。她开始害怕失败，以致于她之后的一年索性拒绝接受挑战，把社交限制在由几个老乡组成的狭小范围内。虽然这样能让自己的生活简单一些，但她其实心里清楚这样无异于“掩耳盗铃”。到了大二，她对自己的状态愈发不满意，甚至陷入了抑郁情绪：

冰倩：“大二就‘弃疗’了，不去社团了。就觉得自己不够优秀。如果你去参加面试，要去社团的话，他会要你去做ps(photoshop)，做剪辑那些的，我就觉得我不会的话去好像给他们没有什么用。其实后来我才知道很多人也都不会，去了才有人手把手教的。很多人并不是因为他们会做ps才去，而是他们去了才会做ps。从来没有人告诉过我这些……”

雅君：“那时候你的生活是什么样的？”

冰倩：“那时候简单又有点懵懂，刷剧刷得很开心。”

雅君：“很开心？”

冰倩：“因为我害怕的事情我都拒绝掉了。但大二下学期的时候我抑郁过一次，抑郁主要是觉得我除了一起打球的老乡之外，没有别的自己建立起来的好朋友。好像是还在耿耿于怀自己没有在核心层当一个小干部，就还有那种现在想起来很傻的——不会写公众号，不会做ps，不会做海报，也不会剪辑……我就觉得那些我应该都会，我为什么不会？甚至是像什么写问卷星或者干吗，只要一听到这种不会的东西我就害怕，所以那个锅也分不到我，所以我经常看别人会我就很难过。”

到了大三，正当其他同学都把社会性投入的重心从学生活动转向与求职升学衔接更紧密的实习、科研等活动时，冰倩才开始为自己鼓劲，进入了学校的某行政部处做了助管，虽然她后来意识到"也就是打杂"，但至少让她状态回升了一些。从那以后，她给自己加油鼓劲，自学了 ps、公众号写作等技能，结交来自其他国家的留学生作为语言伙伴，还努力拿到了学校全额资助的海外交流机会，感觉自己"曾经害怕的东西好像一样一样变少了"。这些社会性投入让冰倩开始重拾自信，状况有所回升。然而，当她才从抑郁中稍微缓过神来，其他同学早已经在紧锣密鼓地为求职或升学做准备了。她似乎还在纠结于自己要更努力一点去学做 ps，还没来得及考虑她的努力能不能为她的简历添砖加瓦的问题。直到大三下学期，她才意识到自己没有为毕业做好准备，没有校外的企业实习经历，而推免直研的名额好像也轮不到自己，她于是陷入了出路的危机。匆忙之下，她只得孤注一掷，决定考研。六个月后考研失败，她迎来了人生中最大的挫折。

禹海也类似，因为自己其实并无明确的出路意向，于是也就受到了身边"大多数人"的强烈影响。虽然他当时选择工科是考虑到"好找工作"，但他却也莫名其妙地上了读博的船，因为他在整个大学四年中都没发现身边有任何为工作做准备的人："我猜想可能北方大学就是一个没有什么实习文化的学校。我们系也没有这种氛围，学生基本上很少实习，或者说去专门为工作做准备，很少，从来没有见过。其实不管是系里面还是学校层面，这样的引导都不是很多。实际上一届80%以上的人都是各种读书,我们班现在看来只有一个人可能就业,去一家IT公司,但我觉得他也没有准备,直接就去了"。所以对他来说,自己的出路也谈不上是出于学术志趣的主动选择,无非是看身边人都继续读书,就又抱着"直觉依赖者"固有的学习伦理直接选择了读博士。这个决策的生成全然是被动的,他被紧迫的局势推着走,也被身旁的潮流推着走。

而身旁的同学们实际上是什么情况,他其实知之甚少。谈起大学当中的人际交往,禹海表现出了非常明显的疏离感。虽然大二时在课业之余也参加一些学生组织,但他总是不免会担心这些事情会影响成绩,所以也不会花很多精力在上面:"参加系里科协的一些活动,但是也比较表面,没有深入地参与过。然后学校层面的社工,绿色协会也是参加过一点,但是投入也不是很深入,我当时总是觉得可能会影响成绩之类的,所以并不会特别深入地去做。大三主要还是在学习,准备推研,然后大四一开学,推研完就进实验室了……而且我觉得这可能与个人性格有关,我比较倾向于遇到事情自己解决,很少向外物或别人投入感情,或者说我其实并没有想清楚为什么要去参加那些活动"。从禹海的话中可以发现,他其实对参加课外活动和学生组织的潜在好处浑然不觉。极低的目标感带来的是低要求和低期望,以至于不论是对待学习还是在课外活动方面,他都抱着仿佛置身事外的观望态度,并未全心投入。人际交往方面亦然,他在谈到大学的时候坦言大学让他值得留恋的地方并不多,因为在那里其实没有什么让他觉得依依不舍的关系。

禹海："我在大学的时候重点培养了一下与高中同学的感情（笑），虽然他们没几个人在北方大学。总的来说，我觉得和北方大学的同学没有真正意义上的深入接触。"

雅君："为什么呢？你对大学同学的印象是怎么样的？"

禹海："说不到一起去吧。拿我本科的那个寝室来说吧，我们一共4个人，有两个人我感觉明显和我不是一路人，一个是北京本地的，就是不好好学，一天到晚玩，成绩也不好，我和他交流基本浮于表面；另一个是黑龙江的，他和我成绩差不多，但是行为习惯和我不一样，他应该很知道自己要什么。我和他应该有一些单独聊的机会，但是聊着聊着，就总是觉得大家对某些东西的看法可能不一样，并不会有那种好像很设身处地的那种认同感，然后也不会把话题深入下去。最后是江苏的一个同学。他现在也是我博士寝室的室友，我和他关系应该是最近的，算是有一些比较深入的交流。另外还有一两个人，我认为从事业上讲，我们是追求比较一致的，想法比较一致的。但是我和他们一般不会交流除了事业之外的其他事。"

雅君："那大学的老师们呢？你喜欢他们吗？"

禹海："嗯，大部分人是欣赏吧。我觉得挺好的，但并不会觉得和他们很亲近，会有距离感。虽然他们很亲切，但是我自己确实不管是答疑，还是找他们谈任何（个人话题），比如说谈谈大学里我的困扰，这种事情我都没找他们谈过。

雅君:“为什么呢?”

禹海:“首先我觉得我个人没有这种主动和老师接触的倾向。我也挺喜欢一个人,自己想想就完了,不会特别在关系上和老师走得近。要是遇到困难,反正先自己解决,就如果实在解决不了,可能才会考虑去问别人,但是像这种情况非常少,就一般来说都自己想想好就算了。”

雅君:“那问别人不是更快就解决了吗?”

禹海:“依靠会有不安全感吧。我也会咨询一下他们的经验和教训,但是不会有太多情感上的投入,只是问一下他们比如对这个行业的了解啊,那我去问一下大概就明白了。但我很少会向外界的人和物倾注那种真正的感情,不太习惯投入在一堆人的这种环境里面,到现在为止没投入进去过。”

有研究表明,来自弱势社会背景的学生在遇到挑战时更偏向独立解决而不是求助或与他人合作[13],禹海在访谈时直言他确实如此。独立解决问题固然是一种可贵的品质,但有限的社会性投入和同质化的交往圈子,限制了他扩展“文化工具箱”的机会,也限制了他为职业道路早做准备的可能。根据同在北方大学的“目标掌控者”宇森的观察,“北方大学在明面上虽然倡导集体主义、奉献社会,但实际上会在官方或者非官方的地方很鼓励你知道自己想要的是什么,哪怕你就是想赚钱也是可以的,但你一定要知道自己要什么!这一点大学或许没有搬到台面讲,但是私下里辅导员、老师、学长学姐都会给你讲,你一定要知道自己想要什么。这个很重要,所有的一切焦虑、一切纠结都源于自己不清楚这一点”。可见,禹海身边的人(甚至是多数人),其实并非他以为的那样都对自己的未来没有准备。假设禹海与辅导员、老师、学长学姐们沟通更加密切一些,或许他就会更早地意识到树立未来职业方向的重要性。在后文的“转变者”部分,我们会看到那些后来在大学里转变成“目标掌控型”的“直觉依赖者”们,许多人转变的契机正是社会性投入。

需要说明,我作为现象的观察者,希望努力地避免在分析“目标掌控者”和“直觉依赖者”的特点与处境时带有个人的价值倾向。我力求展现两类人投入学业和课外活动背后的心态以及这些行动带给他们的现实处境,无论是目标掌控者围绕目标而投入的理性模式还是直觉依赖者听话而谨慎地摸索,我并不想表达哪种模式更值得赞赏,也不认为任何批评在这里应有一席之地。正如已经在文中体现的,两类人都有自己的行动逻辑和道德观念,两者所秉持的价值判断各有其理,他们的行动在他们自身的认知体系内也是自洽、合理的。只是,恰如布迪厄的理论洞见,大学这个场域的“游戏规则”的确更倾向于掌控优势阶层的知识和文化倾向的学生[14]。从上文中我们看到,“目标掌控者”以生涯目标为核心来组织学业和社会性投入的策略确实更容易使他们在大学里积累职业优势。“直觉依赖者”虽然可能同样努力,其学业和社会性投入却缺乏目标意识的统领,因而容易流于松散,不利于他们在有限的大学时光中积累优势。更不用说,由于习性错配所制造的适应障碍,他们在学业和社会交往上融入大学环境的难度本就更大。结果就是,“直觉依赖者”常常在没有做好准备的情况下被动地被推向毕业的出口。抑或说，“直觉依赖者”组织学业和社会性投入的松散方式本无可厚非，甚至比“目标掌控模式”更接近于“博雅教育”的人文主义理想，但一旦被置于第二章所述及的宏观制度背景和竞争规则之下，其相对于“目标掌控模式”的低效性就显而易见了。说到底，“直觉依赖模式”下组织学业和社会性投入的低效方式，是习性不能完全适应场域游戏规则所产生的结构性限制。大成的一席话正是对这种结构性限制的生动描述：

“（高考）状元也会挂科。比如说你是西部地区的，你的这个原先生活层次就是不够现代化，突然来到一个现代化的学校，必须要求你开始过现代化的生活、参加现代化的竞争，你的综合素质短板就会被放大，你又很高傲，就会很受打击。比如说你一门课考得不好，很消沉，因为人都是正反馈，一旦有负反馈就所有负反馈都来：你的学习不好，你的声望就低；声望低，你交不到好朋友，你的谈吐也不会提升；谈吐不提升你更不会有女朋友，所以你各种事情都会不顺利；然后你觉得很不高兴，不高兴更没有兴趣去上课，不参加活动，更不知道以后要干什么……”话说回来，当然两种模式的学生都可能发生这种情况，但如果遭遇这些的恰巧是个“直觉依赖者”，很可能负面影响也会比“目标掌控者”更大，因为“直觉依赖者”的自主性和目标感更低，更容易牢牢被外在的反馈所左右，故而更难以摆脱这种限制。

为了使文章更易读，下表列出了上文中描述的两类模式在学业投入与社会性投入上的主要特征，以及对出路优势的影响。

表4　两类模式的学业投入与社会性投入特征

	"直觉依赖模式"	"目标掌控模式"
学业投入特征	• 习惯性地将大部分精力集中在学业投入上，以学业优秀为评价标准 • 秉持自由全面发展的单纯动机投入学习，却因为目的不明确而注意力涣散 • 因意识不到成绩考核结果对日后资源获得中的重要性，因而常常在成绩竞争中失去优势	• 在目标探索阶段常策略性地应付学业；目标树立后根据预期职业方向与学业的距离远近来决定投入程度 • 秉持比较明确的动机投入学习，目的明确、投入专注 • 明白成绩对于自己日后资源获得中可能带来的后果，因而尽早管理成绩
社会性投入特征	• 习惯性地忽视社会性投入，或因担心影响学习而投入更少 • 弱势家庭背景常对社会性投入造成客观限制 • 倾向于独立解决困难，师生互动和同学互动程度有限。因而信息渠道单一，难以准确判断自己面临的竞争形势 • 社会性投入多者可能发生向"目标掌控模式"转变的趋势	• 非常重视社会性投入，明白课外活动和人际关系对自己探索目标和实现目标的重要性 • 优势家庭背景不会对社会性投入造成客观限制 • 倾向于向老师和学长学姐寻求帮助、获取资源。因而信息渠道多元，对自己面临的形势认识更为准确
对出路的影响	到毕业关头还没有明确的自主职业目标，因而履历缺乏方向性，只能被动地选择一条自己能力够得着的出路，或者推免直研以延缓就业，本人往往对结果不甚满意、迟疑	尽早地树立了自主职业目标，到毕业关头已经做好方向性的准备，因而可以主动追求那些更高要求、更高回报的目标职业，或为达到此目标而继续深造。本人往往对结果满意、坚定

转变者

社会结构的力量诚然令人难以抗拒，但"直觉依赖者"们所遇到的结构性限制并非一成不变的。高等教育作为一个带有时间性和生成性的过程，不仅仅生产文凭，更是以促进人的改变为己任。Stevens 提出，高等教育的另一重面向是一个如同“育婴室”的文化性/社会性过程[15]。学生身在其中，接受一番被精心创设的、集中的再社会化过程，其认知图式、文化修养、气质、品位，甚至价值观都可能发生微妙的转换。这也与布迪厄场域理论的观点并行不悖——习性作为一种可转换的持久倾向系统，会不断地调和自身与场域之间的矛盾，一方面需要维持与旧系统的连贯性，另一方面也可能发展新的倾向以适应新的环境[16]。在将部分“直觉依赖者”向“目标掌控模式”转变的神奇过程中，高等教育集中地体现了它在促进社会流动上的重要性——原本对职业生涯没有自主意识的学生，通过大学经历逐渐形成了对自身职业道路的预期或规划，从而迅速扩充他们的“文化工具箱”，利用大学的时间和资源为自己的“关底对决”做好准备。

文化移入与意义感的重组

来自云南省的农村学生梓桐也曾一度出于“直觉依赖模式”的惯性，最看重学业成绩。他回想起刚进入南方大学的时候，“还是很在意这个绩点的，刚进来的时候觉得大学的成绩和高中的那个完全不是一回事，就是很优秀的那些人，必须得好好学习，不然学不过他们”，大一上学期小心翼翼，拿下了将近 3.6 的绩点。然后渐渐地，通过他对系里同学的观察，他发现那些优秀的学生似乎都不是很看重成绩，于是也亦步亦趋地“开始对绩点失去了执念”，并且对盲目追求绩点的人有了一丝鄙薄。大二时他一门课拿了“C－”，绩点应声跌落至 3.2，成了班里排名后 50%的人。梓桐这样解释他对绩点看法上的转变：

“中文系很崇尚那种书读得多、思维活跃的人。当时我就观察那个班里怎么样，后来我发现我们班最有想法的那些人，就是中上等那些人，这种人绩点都不好，后来我就对绩点失去了执念，发现这个不是正比关系嘛！刻意去追求那个绩点没意义！后来就大一下了，大二的时候看到外面很多名教授来讲座，去蹭讲座，然后就越发感觉这个绩点不是太重要，不要把精力放在这个上，还是多读书，这个才是重要的。要不然人家讲什么你都听不懂。”

听讲座的经历和与其他同学的接触使得梓桐开始意识到，似乎并不能将绩点等同于“优秀”。然而那时候的他，更像是处在一个过渡性的十字路口——发现了自己固有的“工具箱”可能存在问题，却也不能完全了解另一套“文化工具箱”的运转原理，于是当他一下子意识到绩点不是最重要的时候，就模仿性地放弃了对成绩的掌控，实际上他那时尚未意识到成绩对他而言或许还有“用”。处于这种“半觉醒”状态之下的他选择了一条学业投入的“中间道路”，既拒绝刷绩点，又不再对所有课全心投入：“一方面专业课绩点我很在乎，还有什么史记精读，这种课我是很在乎的，选的时候一定要保证认真上，不能刷（绩点）。另一方面其他的课就那样，混一混。一些课拿了好成绩也没意义”。直到梓桐后来经历了长时间的迷茫期之后，开始对自己未来的道路有了细致的反思，树立了明确的目标意识——决定读博并从事学术职业，并且重组了可供他组织行动与生成意义感的“文化工具箱”，他才算基本完成了从“直觉依赖模式”到“目标掌控模式”的转变。

这种转变是从持续不断的社会性投入开始的。梓桐在大二、大三期间陆续参加了勤工助学中心、支教等活动，还曾自己组队去甘肃定西支教，并在平时不断地听各类讲座。在一些名师讲座的熏陶下，他对古代文学有了一些研究兴趣，身边志同道合的小圈子也为他的学术兴趣提供了支持，“我们有个微信群，都是5号楼的，都是文史的，平时也不怎么见，互相见面不认识，建了一个群慢慢地就发展成为一个小圈子，现在基本上都是一周聚个一两次，就是讲大家研究的是什么，大家最近有什么新发现，什么都扯。在大学同学之间找到志同道合的人特别容易，我从他们身上获得的东西和从老师身上获得的东西都是很有分量的”。梓桐在讲述同学和老师的时候充满了感激和钦佩之情，看得出他十分珍视和老师同学的交往。大三上半年，他又去台湾某大学交流了一学期，全新的经历给了他重新审视自我的机会。“在那边又是全新的，因为话语环境不一样，是另外一套东西，等你回来以后就会想，我做的这些事有意思吗？当时我很纠结，大三下学期非常迷茫，两个月的时间不知道自己在干吗。成天想，工作到底有什么意义呢？我到底要怎样？搞学术又有什么意义呢？看到身边的一些同学，以前也爱读书的人也有准备去工作的，大二、大三就开始到处实习，然后就拿到了offer比较好的，这个时候就会有强烈的反差，就会经常在想搞这些有什么意义，要不要还是找工作赚钱去算了！”

从跃跃欲试找工作到决定投身学术，对于梓桐而言，要归功于他跟着中文系的一位老师做研究项目的经历。“大二上课的时候认识了现在的我那个指导老师,一个搞古代方向的老师,对我非常提点,指导也非常深,所以经常跟他聊天什么的,我就跟他申请了一个XX项目(本科生学术资助项目),跟着他做。我申请的XX项目是一个古典文献学的东西,做起来很枯燥,但这个老师让我明白一个道理:本科生你还是扎扎实实的,先把该做的东西做掉,该读的东西读懂。不要去搞那些花拳绣腿。”与导师密切的交往使得梓桐逐渐移入了老师所秉持的价值图式,即作为学者,“首先立足于自己的学科,在自己深耕的领域有所建树”,就他所钟爱的古代文学而言,就是中国古典文化的思想继承。说到这里,他回忆起了导师对他说过的一席话:“我没有为这个社会创造GDP,是社会的废人。虽然从这个意义上讲我是废人,但我至少把这个东西传承下去,这个东西要有人来读。现在的人天天想着搞大新闻,整天想着提出个什么惊世骇俗的理论,你不要这样。你先把前人的东西读读懂,传下去,不要让它断掉。”梓桐坐在我的对面,淡然地笑笑。他发现自己还是对读书和思想最有兴趣,希望自己日后投身学术职业,“如果我真的在这条路上走得好,我就只求在我的研究领域里面有点影响。你研究那个人,至少你要提出一个有启发的洞见或者一种观念,能够帮助今天的人理解自己的处境,这是我最想做的事”。身处经济理性发达的上海,他当然发现大批同学在择业的时候“还是最看重钱”,但他在大学阶段逐渐形成的职业理想显然与随大流的选择形成了某种对抗,他管这个过程叫“整个人的画风变了”。当他真正开始反思自己的追求,并对自己的未来作出了审慎的抉择，他提到了南方大学对他的影响：

雅君："你是怎么就慢慢'画风'变了？"

梓桐："其实我觉得当时大一大二的时候影响最大的就是'X演说家'（南方大学前任校长）。我不知道你有没有听过他的开学演讲，他讲作为这个社会的精英，不能只盯着眼前利益，要对自己的使命有更高的要求之类的。他在开学典礼上一直这么讲，那个时候懵懵懂懂，但是记住了这些话。我同意南方大学就应该是精英教育，因为你吸纳进来的这些人全都是国家的未来精英，如果你把这些人全部教成一个出去赚钱的工具，那这个国家难道还指望那些二本、三本的出来做那些赚不了钱但很重要的事吗？"

雅君："这种转变是在南方大学完成的？"

王梓桐："嗯，这肯定是南方大学带来的。我刚进大学以后最大的改变就是我的认知能力呈指数型增长，每天想的问题都不一样。当时很傻，看到一个大四的学霸，恨不得跪在地上朝拜。后来慢慢开始考虑一些真正的问题，到了这个时候你慢慢搞清楚你想要什么，你会怎么样，大概知道一点。我觉得所有人的认知都是这样过来的吧？之前本来就没怎么想过，就是想也就是以后要跳出农门，过上更好的日子。这个可能跟个人生活经验有关，因为我之前的生活经历还是很局限，不像江浙沪的孩子，他们高中阶段就出国的出国，到处去长见识了，这个也是个人局限吧。所以到了大学会有很大的转变。"。

雅君:"你觉得大学对你的影响是通过什么机制产生的呢?"

梓桐:"南方大学的资源比较好,通过和这些人的接触,你能切身感受到一种感召。我觉得主要是这个,因为你光鼓吹没有用的,你必须实实在在地摆出来给我看。我们南方大学能把宇文所安请过来,能把田晓菲请过来,还有裴宜理……看到这些人,他们是怎么通过学术研究,通过他们自己的手段,在他们这个领域里面影响世界、影响其他的人。就觉得这种才是一个南方大学的人应该考虑的问题。"

雅君:"那你怎么看现在很多人追求的'小确幸'①?"

梓桐:"我在台湾的时候就发现他们觉得这个(小确幸)很好,比如说在寝室楼下摆个花,就能感动一年,然后他们喜欢大半夜骑车到阳明山去吹风。我就想啊,可能台湾社会相对公平一点,社会问题也稍微少一点,在那个社会你去追求小确幸,我觉得是没有问题的。但是你在大陆,读了这么好的大学,你追求小确幸,发发朋友圈?如果满足你的生活只满足于这样的话,我觉得你是没良心的。上了南方大学,你吸取了多少人都够不到的非常有限的资源,国家把资源都投在这个上,你享受着这个资源去过你的小确幸日子?我做不到。"

雅君:"那你会不会顾虑学术界里面的潜规则呢?"

梓桐:"没有办法,你还能怎么样,学庄子去钓鱼?不现

① "小确幸",网络流行语,意指"小而确定的幸福",通常与宏大目标或远大理想相对。

实，要做事情，最主要是你要做事情。前两天我们那个系主任还讲，求学问如果只是为了知识的话，没有意义。只追求独善其身，不求道的话，那没有价值。我觉得人文学科都会有这种野心企图，没有这个你做什么学问？”

雅君：“你所说的这个‘道’是什么？”

梓桐：“用张载那句话说吧，‘为天地立心，为生民立命，为往圣继绝学，为万世开太平’。”

在南方大学的求学经历，让梓桐心目中对“什么是真正有意义的”这一问题终于有了一个经过自己详细省察的答案，并对自身的现实处境和生涯目标有了相对清晰的认识。他将这一预料之外的转变归功于大学经历。这个转变让他感受到了自己的成长，也让他感到自己的生活状态变得更加有秩序感和意义感：“你总得找个东西来做你的价值支撑，不然你的行动就会无意义，前一个行动和后一个行动连不成一条线，你说服不了自己，那样的人会过得很惶恐。就像我有些同学不知道自己要干嘛的，比较慌，到毕业季就看出来了，有的人真的慌。一开始是准备保研，保到一半就要出国，出国到一半又要去工作……我看到过有这种。他可能没有太注意反思自己到底适合做什么或者他想做什么，所以到了选择的关头就非常慌。所以想想跟他们比至少挺幸运的。”虽然家庭背景劣势明显，但大学教育过程带给他的转变，使得他对自己的未来有了自主的掌控，并从本科阶段就开始有所积累。他甚至在本科阶段就发表了两篇文章，为日后的知识精英之路打下了扎实的基础。在他直研出现问题的关头，他的老师“马上找了另外两个教授给我写了三封推荐信一起交上去”，使他最终免于出路上的风险。两年后，他顺利转入本系的博士修业阶段，一步一个脚印地向着自己选择的方向发展。

行动策略的充实化

除了意义感的重塑，从“直觉依赖者”到“目标掌控者”的转变过程往往还伴随着文化工具箱中行动策略的充实化。如果说“直觉依赖者”升级自身文化工具箱的第一步是开始有意识地选择“我要的是什么”，那么关键的另一步就是对“我该怎样做”增加更多的概念。当梓桐决定将目标设为学术研究之后，安排自己时间和精力的策略也随之发生了变化：“我会刻意地安排自己的时间和精力。比如说这个课题它要求很低的，你只要做到基本的东西就可以。但是我不会这样，我要把多余的时间空出来，在我要研究的方面下更多的工夫，而且读书也分方向，古代会多读一点。不会像以前所有书都是一种读法。”

和梓桐一样，高程也是一个在大学过程中发生蜕变的第一代大学生。当初在被北方大学录取时，他毫不犹豫地把经管学院的金融专业填写为第一志愿，原因是“金融专业最热门，当然先报这个了，而且当时查资料发现那些省状元都去这个地方。其实当时不知道这个专业是干啥的，没有这个概念，反正就是感觉大家都觉得这是一个好专业”。不想后来被调剂到了社会学系，他也同样对这个专业无甚认识。当时的他还没想过未来要做什么，只是在印象中觉得“最优秀的人都去那些跨国公司，年薪好几百万，公司名字一说出来地球人都知道”。然而在北方大学度过七个春秋以后，他最终主动放弃了银行和地产公司年薪20万元的工作邀请和难得的北京户口，选择了月薪只有3000余元的某省直机关的选调生岗位。今天，当他和我谈到自己的选择的时候，他并无犹豫和后悔，而是认为自己走了一条“对的路”。现在的他，已经从身边同学的启发下意识到，优秀并非单维度的，一个优秀的人需要像那些“目标掌控者”一样，首先为自己选择一条发展的轨道。在积极投入大学课外活动与人际交往的过程中，高程受到学长学姐和自身学生工作经历的强烈影响，最终选择进入体制，投身于公共服务中去。

雅君：“你是怎么样发生这个转变的？”

高程：“大一的时候，大家谁都没有这个明确的一个导向。当时我高中的时候就一心学习，什么都不做嘛，后来想大学就是锻炼锻炼，我就从大一就进了院里的学生会，也在班里当班干部嘛。后来慢慢和学长学姐接触多了，就怎么说呢，就是开始是觉得评判一个人就业优秀的标准其实更多的时候看这个人年薪多少钱呗是吧，后来我就发现在北方大学里最优秀的学生反而不去赚钱的有好多。大一大二的时候看到好多非常优秀的师兄师姐很突出的那种，反而去了这个地方基层政府。很多身边一批批的学长学姐选择这条道路。然后当时就有一个概念，就是说最优秀的人不一定要出去赚钱。这种事情我认为你不管是干什么，在学校里都是一个就是渐渐慢慢互相影响的一个过程，不可能说一开始大家就已经想好了。而且到了大概大三的时候，就发现北方大学的同学,他自己的这个主见很强。虽然有那种跟着大部队走的,但是不都是那种随波逐流的。"

雅君:"哦?主见很强怎么说?"

高程:"就发现身边同学啊,就是从大三大四这个阶段开始就已经有比较明显的分化了,当时我们班同学,并不都是盯着某几个同学看人家干吗就干吗。都会**自己想得比较清楚自己是要干什么**。因为**不同追求的人在学校里干的事也不一样**。就比如说是想要去赚钱的人,发现他们从大三开始就基本不在学校里了,除了必须来的课,平时都在实习。像这个搞学术的人呢,那些乱七八糟的学校活动也都不参与,然后就是做功课,就跟着导师去弄这个课题研究,或者申请学术研究的这种项目。嗯反正就是大家都在做事,在自己的方向上努力,其实很少看到那种什么都不干的人。所以那时候我就有触动了,其实优秀不是一个可比的东西,因为你比的是这个方面,而人家在努力的是另一个方面。那时候(大三)就开始考虑我以后要干什么。"

雅君:"怎么考虑的呢?"

高程:"那时候因为一直在学生会嘛,慢慢地做这些宣传工作,然后寒暑假什么的也经常去这种社会实践,然后感觉在地方政府工作也很有价值。后来我就想我其实对于物质追求不是很高,我个人生活成本其实很低。我觉得去国企或者去这个大外企,每天忙得不行,天天加班,无非就是挣钱,挣完钱去干吗呢?我就想我在60岁退休的时候还在某个外企赚钱,为老板卖命,人生就没什么意思。要忙得有意义，而且从政会受到更多的尊重吧，待遇的话保证个人基本需求也是可以的。然后看看那些很厉害的学长学姐，要是出去（工作）百分之百赚大钱的那种人，去了非常艰苦的地区奋斗，然后也是越来越觉得人生的这个社会价值重要了。所以那时候就觉得要从政嘛。我大四的时候有个学长，软件学院的，他当时研究生毕业，网易游戏给他60万年薪，他最后去广西还是贵州当了选调生。我觉得这种人特别厉害。”

雅君："所以是你学生工作的这些经历让你逐渐树立了要从政的方向？"

高程："反正最后选择去这些基层政府或者老少边穷地区的，有相当大比例的人都是学校这些学生工作系统中培养出来的学生，就是比如说是什么学生会主席啊之类的，反正至少是干部。我个人感觉就是在大学这些学生会团委这些组织，他本身就像政府一样，和政府的性质有些类似。这个两个谁影响谁都不好说，事实是我认为就是你本身就特别讨厌这些政府机关工作模式的人，你肯定不会来做这个，你要是来做就说明你有机会接受它嘛。你的履历和价值观两个互相影响，你也说不上是谁先谁后，反正就是互相影响。然后我也一直在学生会做嘛，所以那时候就决定去体制内了。"

显然，高程也在大学里经过了文化移入与意义感的重塑，从未经省察的随大流状态转变为了有志于公共服务的“目标掌控者”。决定了进体制的方向以后，高程才发现自己并没有特别的“资本”可以让他在政府机关谋到一个让自己满意的岗位，而那时候他已经大三了。如果大四毕业就去工作，他显然没有做好准备。但至少他已经坚定了这一方向，并且在学生工作投入方面有一些“无心插柳”的积累。对一个“目标掌控者”而言，一旦确定方向，准备策略的谋划则“亡羊补牢犹未晚”。于是，他选择了推免直研以使自己有更多机会为职业道路作准备，大四的他以更饱满的热情投入到了院学生会的学生事务中去，并在大四的时候被任命为学院的学生会主席——同样是在学生组织里认真工作，其行动的出发点已经悄然发生了变化。读研之后，他有意地在本学院主动担任起更多学生工作职责，在研一研二期间“双肩挑”，担任了本科生的思想政治辅导员，“因为在北方大学，你在你们院担任辅导员，就说明你在这个社工方面表现或者说能力还是数一数二的”。并且，他也意识到社会学专业理论性太强，并不符合未来自己重实践的职业预期，于是索性在申请推免直研时申请换了专业：

雅君：“你本科和研究生不是同一个专业？”

高程：“对，我转到了一个主要研究科技政策的研究所去读研。”

雅君：“为什么会到那里去呢？”

高程：“转到这个地方还是说是一些客观的因素，因为我当时和这个所的一个老师特别熟，他就是我现在的导师，然后当时我就觉得在社会学系我的想法就是如果以后不搞学术的话有点太那什么了，有点太不接地气了，理论性太强。”

高程：“这个所是一个类似于像政策研究一样的一个地方。当时我就想北方大学的工科学校，找一个交叉学科学学也挺好，对我以后有点用。说实话，我虽然也不知道他当时具体是要干嘛的，但我觉得可能至少比社会学更实用一些，而且他们会常常下去做调查，搞这个产学研相结合的东西嘛。感觉对我来说更实用一点。社会学研究做这种理论太费劲了，而且这个搞学术并不是我的职业选择，不是我想走的路。所以就转了。”

从实现生涯目标的角度看，高程为未来考虑而作出的转专业决策无疑是正确的。他脱离了过于理论性的学科训练，进入了与管理实践更加相关的研究领域，他在读研期间跟着老师做过一个航天科技集团和一个关于退伍军人转业安置政策的评估项目，还与其他同学一起帮老师翻译过一本外文著作。现在，他已经通过了某省委组织部的考核，被正式录用了。作为从北方大学遴选的选调生，持有硕士学位的他入职之后直接被给予副科级别，然后三年之后升为正科级。对于一个立志从政，在国家公共部门实现社会价值的同学来说，他在成为政治精英的职业道路上颇有前景。至此，从担任院学生会主席，到“双肩挑”，再到有意地转专业，我们已经看到了高程从大三以来着意部署的行动策略已经具有了明显的“目标掌控模式”的风格。只是因为经历了一个过渡性的转变过程，他比那些一进校门就直奔目标的“目标掌控者”花费了更多的时间成本。

类似于高程的转变颇不少见，大约半数“直觉依赖者”在高年级或读研后（至少部分）完成了向“目标掌控模式”的转变。前文提到的浙江籍第一代大学生初晓，在大三遭遇了绩点不能本系直研的冲击之后，在系友的提点下幡然意识到“尽早确定方向”有多么重要：“以前就觉得大学里啊愉快一点，我自己轻松一点，然后多增长点见识。（笑）现在我觉得尽早地确定之后的方向最重要，这样可以早点朝那个方向作准备。虽然知道这个是很难……你得去多接触人、多经历，然后看看会不会有一些东西觉得不错。然后有时候也可能碰不着，那就继续碰呗，再一个多思考也挺重要的吧，就是想想看到底要什么。怎么说呢？就是一个最初的方向比你一个劲地努力要更重要。”

那时候，与室友的一番不经意的谈话让初晓认识了生物医学工程这个研究领域，力学系出身的他立即对这个交叉领域有了兴趣，也由此确定了以后的职业方向——医疗器械与工程行业。然而在那个时候，他还连任何与此领域相关的经历都没有。于是他决定先读一个短期的硕士项目为自己争取准备的机会——虽然已经大四了，他还是立即主动去接触南方大学专攻这一方向的老师，参与他的研究课题。毕业之后，他也没有亦步亦趋地找工作，而是决定先度过一年的间隔年，其间一边跟南方大学的老师继续做项目，积累用来申请硕士项目的研究经历，一边找找与医疗有关的实习，积累行业工作经历。他第一次接受访谈的时候，正在准备递交留学申请。几个月后，他的辛勤准备总算是有了收获——他已经收到了一家排名靠前的英国大学的录取通知。出路的危机终于过去，虽然多花了一年时间，但初晓总算踏上了他要去往的理想方向。两年后，初晓通过微信联络告诉我，他已经毕业回国，就职于上海的一家知名外资医疗器械公司，对现在的工作颇为满意。

来自福建农村的鹏程是另一个因在社会性投入过程中充实了行动策略而免于出路危机的典型例子。他就读于南方大学经济类专业，低年级时也曾因搞不清场域规则而跌跌撞撞。大一时，他对学习还算兢兢业业，成绩排名处于中等偏上，可大二时不知怎么的，他就想当然地觉得自己保研没有希望，于是就放弃了对成绩的管理，对学业越发随意，也越发投入到学校勤工助学的一个小部门的活动中去。到了大二暑假，他也没有任何安排和规划，后来抱着不切实际的想象接受了一位学姐介绍给他的某500强公司的实习机会，然而入职一周后又因为“感觉太累太无聊”而主动请辞，放弃了这个积累实习经历的好机会。大三开学后，还未有任何生涯目标的他主动约见辅导员，讨论未来的方向，辅导员建议他尽早开始主动找实习。一番尝试之后，他顺利申请到了某世界500强公司的实习机会。在大三一年，鹏程接连获得了平安保险、普华永道等业内知名公司的四份实习经历，也慢慢在此过程中积累了更多求职准备策略。到了大四，他选定了几家目标求职企业，开始了有条不紊地准备，最终顺利收到他最心仪的某通信科技巨头公司财经部门的入职邀请，起薪超过15万。他求职成功的背后，是对该公司具体招聘要求的长期了解和大量的针对性准备：

“××财经跟经院联系得比较密切，我关注它好久。然后从他们给我的反馈来说我也觉得不错。为了××财经我确实是很努力了。××财经在上海办了三次招聘活动，第一次做了个小型的参观，就是只要上海几个学校的人去参观，之后有个交流，我就去了；第二次是××财经请学校的经院学生吃饭，我也去了；然后后面他们办了一个正式的宣讲会我也去，也经常和去了那边工作的一个学长交流。其实××财经跟其他公司有点不一样，至少从我目前面试过的许多公司来看都不太看重学生具体的专业。但××财经第一面是群面，第二面就是专业面，他们很看重专业素质。所以我其实从暑假的时候就为了××财经看财务报表会计那块，那时候就已经开始看CPA的财务管理分析。”

现在回想起来，鹏程觉得身为“学渣”的自己之所以求职战绩不错，主要归功于实习经历。“其实我比身边很多人早出去忙了一学期。大家基本上是大三下（学期）去找实习，但实际上从我个人来看，肯定大三上（学期）找更好，因为很多人出去（境外）交流，专业课会排得很少。像实习这种东西，最后你不一定做出什么成就，但起码你实习过，就经历摆在那里，而且可以混脸熟。像我就是因为我刷脸刷得比较多，确实整个面试过程挺顺利的，面（试）完我就知道我稳了。”

回到我们的游戏比喻。如果说资本化过程奠定了各类玩家在游戏中的基本倾向，那么本章所讨论的投入过程则更直接地为他们积累了可用于关底对决（毕业出路）的装备与能力值。学生在大学里的学业投入，课外社交活动的参与、与老师的互动、同学社交圈子的营建，既是融入大学生活的过程，也是能力形成、奠定简历优势的过程，甚至还可能是重组文化工具箱、发生习性转换的过程。某种程度上说，在大学这一局的游戏规则里，学业投入是“初赛”，社会性投入则是“预决赛”。课外的社会性投入尤其重要，正如学者们已经指出的——大学生活经历在帮助学生们意识到他们“想要什么”这一问题上功劳卓著[15]。在这一过程中，结构性因素和个体能动性的重要性都不可忽视。在有限的游戏时间内，带着什么样的实践模式来走完迷宫路线，将很大程度上决定大学生在游戏出口处是从容还是仓惶。

虽然上大学的实践模式首先是由社会出身奠定的，但并非一成不变。我们在本章看到，在当前的扩招和自主择业制度背景下，“目标掌控者”组织学业与社会性投入的方式的确有助于高效且有针对性地为获得毕业出路做好准备。恰如泽斌的忠告，在当下内卷加剧、“履历经济学”当道的今天，围绕一条确定的生涯发展道路开始准备得越早，则越有利。较大规模的学生调查结果也侧面反映了这个事实：牛新春和郑雅君基于连续三年对部属 X 大学的本科生进行跟踪调查发现，早在大二暑期之后，学生进行学业和社会性投入的特征就发生了有规律的分化，生涯目标清晰的学生投入的范围明显缩小，方向性更加明确——打算升学的学生越来越集中于学术投入，而考虑就业的学生越来越集中于就业准备；而生涯目标清晰度偏低的学生则投入持续偏低且无方向性，并且迟至大三暑期才开始考虑就业准备[17]。后者比前者在着手出路准备的时间上整整晚了一年。

这种后知后觉意味着什么，禹海深有体会："自己的经历以及所处环境的限制，导致自己对一些问题的认识，会比别人晚个一两年这种感觉，但其实晚一两年就差别很大。"

我们也在本章看到，要在毕业出路中占据优势，大学的确对所有人都意义非凡。只是对不同人的机制不同：对于使用"目标掌控模式"的玩家而言，大学对他们的意义主要在于提供了一个供他们自主探索自身兴趣和积累履历的平台，通过探索多个毕业出路所通向的事业，尽早使他们心中模糊的生涯目标具体化为某些职业领域，尽早明晰他们在这一领域将要面临的游戏规则，从而便于他们尽早地进行有针对性的准备，为自主择业积累优势；而对于使用"直觉依赖模式"的玩家而言，大学的意义则更加重大——通过提供社会性投入的机会，帮助他们（至少是部分地）实现从"摸着石头过河"的低效模式转变成围绕生涯目标来主动获得出路的高效模式。成功实现转变者可能像"目标掌控者"一样，尽早对未来职业目标形成预期，熟悉游戏规则、着意积累资本，最终走上与自己志趣投合的理想职业道路；而未实现转变者的出路则可能面临更大的不确定性，更容易取决于外部的制度机会和偶然因素，也更容易被推向没有选择的被动境地。

本章参考文献：

[1] Tinto V. Leaving college: Rethinking the causes and cures of student attrition (Second Edition) [M]. University of Chicago Press, 1993.

[2] Kuh G D, Schuh J H, Whitt E J. Involving Colleges: Successful Approaches to Fostering Student Learning and Development outside the Classroom [M]. San Francisco: Jossey-Bass Publishers, 1991.

[3] Astin A W. What matters in college: Four critical years revisited [M]. San Francisco: Jossey-Bass, 1993.

[4] Pike G R, Kuh G D. First-and second-generation college students: A comparison of their engagement and intellectual development [J]. The Journal of Higher Education, 2005,76(3): 276 - 300.

[5] 牛新春.迎头赶上：来自不同地域学生的大学学业表现的实证案例研究[J].清华大学教育研究,2018,39(1): 91 - 101。

[6] Brown P, Hesketh A. The mismanagement of talent: Employability and jobs in the knowledge economy[M]. Oxford University Press, 2004.

[7] Brown P, Hesketh A, Wiliams S. Employability in a knowledge-driven economy [J]. Journal of education and work, 2003,16(2): 107 - 126.

[8] Stuber J M. Class, culture, and participation in the collegiate extra - curriculum [C]. Sociological Forum, 2009: 877 - 900.

[9] Stuber J M. Inside the college gates: How class and culture matter in higher education [M]. Lexington Books, 2011.

[10] Bergerson A A. Exploring the impact of social class on adjustment to college: Anna's story [J]. International Journal of Qualitative Studies in Education, 2007,20(1): 99 - 119.

[11] 张玉婷.不同家庭背景学生的高等教育经验——基于学生投入理论的质性研究[J].教育学报,2016,(6): 88 - 97。

[12] 谢爱磊.精英高校中的农村籍学生——社会流动与生存心态的转变[J].教育研究,2016,(11): 74 - 81。

[13] Yee A. The Unwritten Rules Of Engagement: Social Class Differences in Undergraduates' Academic Strategies [J]. The Journal of Higher Education, 2016,87(6): 831 - 858.

[14] Bourdieu P, Passeron J C. The inheritors: French students and their relation to culture [M]. Chicago: University of Chicago Press, 1979.

[15] Stevens M L, Armstrong E A, Arum R. Sieve, incubator, temple, hub: Empirical and theoretical advances in the sociology of higher education [J]. Annual Review of Sociology, 2008,34: 127 - 151.

[16] 皮埃尔.布迪厄,蒋梓骅译.实践感[M].译林出版社,2012。

[17] 牛新春,郑雅君.重点大学城乡学生的生涯定向：基于跟踪调研的过程研究[J].现代大学教育,2018,(5): 58 - 71。

第五章　方向[①]

“有的学生不知道自己要什么，真的很要命。他可能在直研前一周想好了我要直研，这种和没想好其实没什么区别。然后绩点不够，废了吧，搞不定了，家里来帮我吧！家里帮不上呢，那就临时开始找工作，要不延毕。还有一批呢，好像有个打算，但他想得很空，比如想好了我要当公务员，但当公务员为的什么呢？我是求稳？求工资？求以后发展还是求留在上海？不知道。”

——敏浩，南方大学社科，中部城市学生兼本科生辅导员，父母为机关干部

“我也想去国外看看，像其他同学那样，可是家里的经济不支持。我想找工作给家里挣钱，因为家里没钱，然后指导老师又

① 本章部分内容曾见于《名校生的出路分化——文化-行动二元路径模型下的一种补充性解释》一文，《社会学刊》2018 年第一期，pp. 93 - 141；另有部分内容见于《“90 后”名校大学生工作意义的构建——基于文化社会学视角的探究》一文，《青年研究》2021 年第三期，pp. 41 - 52.

严肃地提醒我，说你一定要做你自己真正热爱的事情，这样才是正确的思考方式，我就真的懵了！我也考虑过做学术，这是我的兴趣，但又怕我的实力撑不起自己的兴趣。”

——冰倩，南方大学社科，中部农村学生，父亲务工（父母离异）

前两章已集中展现了在大学期间尽早决定生涯方向对于所有人的重要性。或许有些读者会有这样的困惑：就算明白主动树立目标的必要性，可还是不知道自己想要什么。尽管“目标掌控者”比“直觉依赖者”在树立目标方面拥有更多先发优势，但大学生毕竟年资尚浅，在二十出头的年纪要尽早想清楚“我想成为谁？”“为了什么而工作？”这样大的问题，还要做出影响深远的生涯决策，不可谓不是难题。学者对美国一流高校的学生研究也发现，很多学生在入学前对劳动力市场了解很少，不清楚哪些工作应该被视作“好工作”[1]。那么，生涯目标或发展方向究竟是如何被选定的？本研究不愿将大学生简单化地假设为仅仅为高薪而汲汲营营的“工具人”，一个更具现实性的假设可能是：一个让人认真对待并持之以恒的目标背后，必定有强有力的意义感的支撑。韦伯著名的“扳道夫”假设认为：“直接支配人的行为并非理念，而是物质型利益和理念型利益。不过，由观念创造出来的‘世界图景’，常常像扳道夫一样决定了行为沿着哪条利益驱动的轨道发生”[2] p.274。在本研究的访谈中，我邀请被访者详细讨论了树立生涯目标的过程和缘由，特别是被访者赋予目标的意义和价值。本章即是旨在深入受访者的意义世界，去探究他们为未来的工作赋予价值的过程，以及这一过程与其出路获得之间的关联。本章首先探讨了名校大学生建构工作意义的文化资源，接着讨论了意义感和价值信念在生涯定向中所发挥的作用。最后，本章提出了一个关于毕业出路产生机制的分类框架。

意义感的来源

当名校大学生选择未来的发展方向时，有哪些文化资源可供他们用来建构工作的意义感？在访谈中，我与被访者详细讨论了他们做出生涯选择的缘由，以及工作之于他们的意义，以此来理解他们选定生涯目标、获得毕业出路的过程。需要稍作说明的是，本部分分析共计使用了70位同学的访谈资料，是在前文所交代的62名被访者的基础上另外增加了后期增补的8名南方大学的受访者，以女生和对自己出路满意的弱势学生居多。考虑到本部分分析采用了更严格的归纳法，需要对所有访谈材料进行以主题为区分的逐级编码，因而使用了尽可能多的访谈材料以提高归纳的可靠性。

大多数被访者对自身工作之意义的理解都是在进入成年期之后才逐步成形的。南方大学工科学生浩凡把这种价值取向上的懵懂状态比作“一张白纸就进来了”。当新生代青年尚未形成一套成熟稳固的价值体系和习以为常的行动逻辑，外部环境中盛行的话语、惯例、常识等就为他们提供了理解自身现实和组织行动路线的文化资源[2]。通过对70份访谈资料的216处编码参考点的编码归类，最终获得关于全体受访者阐释工作意义的三种轴心编码，据此归纳出名校大学生用以建构工作意义的三种主要的文化图式——地位保障/家庭责任、家国理想/社会价值以及自我表达/个体趣味(见图 2)。

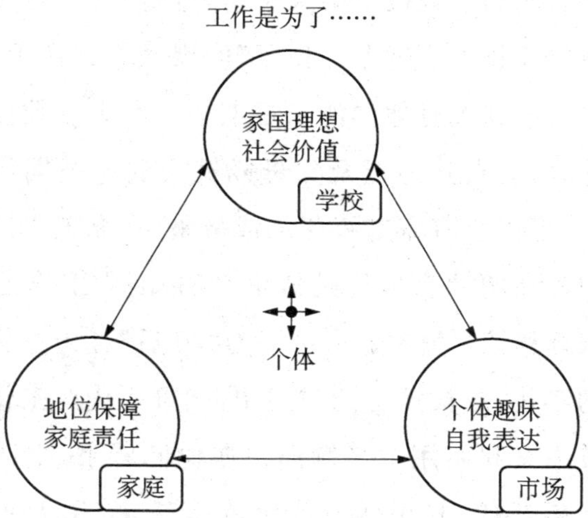

图 2 名校大学生工作意义来源的三角图式结构

更重要的是,上述三种观念图式形成了一个富有内在张力的三角结构。也就是说,对“90 后”名校大学生群体来说,似乎并不存在某种单一的、对工作之意义的“主流”理解,而是呈现出多个意义系统并行的状态。

家本位的传统观念:为地位保障/家庭责任而工作

为取得社会地位、履行家庭责任而工作,是访谈中最常被提及的一类图式,访谈资料中的编码参考点多达 101 个。这种图式塑造了一个“养家者”或“家庭成员”的意象,主要是强调工作之于个人和家庭的资源供应功能,将工作视为获得稳定收入以立身养家的一种必不可少的手段。70 位被访者中,有 54 位被访者明确表示自己在择业决策中激活了这一图式,将获得地位保障、履行家庭责任理解为自身工作的意义。

即便是对职场了解最少的大学生,也对"考个好大学=找个好工作=稳定高收入=过上好日子"的观念非常熟悉,这通常是家长和父辈从小到大对他们的一贯期望。绝大多数被访者在谈论这种观念时,会自然地提及父母或家人的这类期待。在这类话语中,对一个担负着家庭责任的成员来说,靠工作谋求一份稳定的收入和较高的社会地位是最重要的,因为工作的目的就是为了成立家庭和维系家庭。或许因为"60后"经历过物质匮乏和社会动荡的年代,在被访者的描述中,父母一代对工作的追求常常极具物质主义和实用主义倾向。在他们看来,生活的真正意义来源于丰裕舒适、其乐融融的家庭生活,工作无非是养家糊口、给家人创造良好生活条件的手段,至于自身的工作兴趣、个人理想都在其次。虽然富有家庭和中产家庭的父母已经取得了物质上的安全保障,但在儿女工作的考量上,稳妥、安逸和体面的社会地位仍是重要的因素。

"(父母)他们这一代人感觉就没有那个意识、或者说没有那个条件去实现自己的一些理想,基本就只能是把上一代的老人都照顾好,把下一代的子女都教育好了,他们会把这个事情看得很重要。直到现在我爸妈还是希望我读个博士,当个大学老师……当爹妈的嘛都可以理解,都希望你没有风险,比较稳定。"(思同,北方大学社科,河北籍,父亲为大学教授,母亲为医生)

那些出身于底层家庭的被访者,更是清楚父母多年来含辛茹苦供自己读书,为的就是有朝一日,自己能通过一份稳定有保障的好工作来改善全家的处境。这样的一份工作之于他们,不仅意味着自己的社会地位向上流动的机会，还意味着对长辈辛苦的一种报答，以及一份光耀门楣、反哺父母甚至兄弟姐妹的家庭责任。南方大学工科女生美华家在农村，父亲患有腿疾，高一时母亲又因病去世，年长她两岁的亲姐姐不得不辍学，做生意供她读书，支撑家用。对美华来说，工作首先要让她在财务和时间上都有能力照顾家庭，以减轻姐姐的重担。

"可能很多人会觉得体制外的企业会比体制内的钱多，但是可能我想要相对稳定一点。如果当公务员，就不像企业的话天天加班，都没有办法照顾家里。我姐姐就是非常希望我进政府部门工作，而且最好是回云南，我们可以一起照顾家里。农村都有一种观念，就是读书出来吃国家粮，很光荣，大家都这么觉得。"（美华，南方大学工科，云南籍，父亲无业）

崇高追求的学校话语：为家国理想/社会价值而工作

为建设国家和社会贡献自己的力量而工作，将自己的个体价值融入对社会和大众的价值中，是被访者反复提及的另一种意义阐释逻辑。这种图式塑造了一个"回馈者"或"关怀者"的意象，认为工作的真正意义在于使整个国家和社会、甚至全人类获益。因为每一个工作者都是国家和社会悉心培养的结果，对所属的社群饱含情感，所以工作是对社群的回报和责任。如果说前一种图式集中代表一种看待工作的物质主义和实用主义立场，这种图式则代表了另一种极具精神价值和意义感的崇高理念。属于该图式的同类别编码参考点多达 65 个，有 44 位被访者在谈论中提到相关的话题，其中 26 位明确表示自己在择业决策中激活了这一图式。

与地位保障/家庭责任图式不同，家国理想/社会价值图式主要是通过学校的德育宣传工作和老师的言行被传递和接受的。有目共睹的是，在外部社会环境不断经历市场化浪潮冲击的背景下，主导我国学校教育的意识形态却并无明显的自由化趋势。在南方大学和北方大学这类一流学府的毕业典礼上，总少不了校长这样的谆谆教导："同学们，希望你们永远把祖国和人民放在心中最崇高的位置，在服务祖国、人民的奋斗中绽放自我。"① 在习近平总书记"全过程全方位育人"①的旗帜领导下，从日常的校园媒体和精心组织的学生活动，到课堂内外与教授的互动，再到典礼上庄严的演讲，为这种文化图式的制造创造了一种稳定而鲜明的话语来源。大学生时常浸润在这种话语环境下，自然而然能够察觉到其价值导向，甚至许多人还作为学生干部担任了宣传环节的某一部分。正如友斌在北方大学校园里观察到的：

"这种导向非常明显，就是学校鼓励我们努力学习，要成才，然后要为祖国作贡献，甚至要为全人类作贡献，要志存高远又要脚踏实地。什么叫为祖国作贡献？就是物尽其用、人尽其才，将国家的效益最大化。学校做这件事情不仅仅是喊口号，它有很多的活动做支撑。比如说班级里要学习好几次，还有党课小组的活动，团支部有活动，然后系里、学校层面会组织各种各样的

---

① 习近平，2016，《把思想政治工作贯穿教育教学全过程》，12 月 8 日（http://www.xinhuanet.com/politics/2016-12/08/c_1120082577.htm），最后访问日期：2020 年 3 月 31 日。

文体活动、志愿服务活动、实践活动，会让大家在实际行动中感受到。”（友斌，北方大学工科，福建籍，父亲为国企工程师）

倘若从家国理想/社会价值图式出发去考虑择业，思路就会从“小我”转向更具超越性的公共领域，核心是思考个人能够对国家社会发挥什么样的价值。显然，这种鼓励“舍小家为大家”的观念图式，与前一种为了致力于保障小家庭生活的图式之间存在不小的张力。上一章提到过的梓桐就真切地感受到这种张力。曾经只是想着出人头地、衣锦还乡的他，从教授的治学态度中受到家国理想/社会价值图式的感召，萌发了进行学术研究的志向。然而，新的意义图式的激活，与父母基于地位保障/家庭责任图式的期待产生了明确的分歧。

“他们（父母）就是迫切地想让我回去考公务员，想让我走仕途，但是遭到了我的抵制。学术传统总得有人去继承，我觉得这才是真正有意义的事情。……上了南方大学，你吸取了多少人都够不到的非常有限的资源，国家把资源都投在这个上，你享受着这个资源去过你的小确幸日子？我做不到。”（梓桐，南方大学文科，云南籍，父母务农）

消费社会的新潮理念：为个体趣味/自我表达而工作

为追求有趣体验、表达自我的个性而工作，是访谈中浮现出的第三种制造工作价值感的观念图式。这种图式中所建构起的是一个“人生体验者”的意向，致力于追求有趣又新奇的体验以满足自身想要体验更多的欲望，而工作则仅仅被视作为这些体验奠定条件的手段。与前两种图式相比，第三种图式更加前卫，更具有后物质主义价值观的特征,也最令他们的父辈感到陌生。该图式在访谈资料中共涉及编码参考点 44 个,有 29 位被访者在访谈中主动提及自己工作的目的至少部分在于此,其中 15 人将其作为定义自己工作意义的最重要方面。在这套话语中,工作既不是仅仅为了守护家庭责任,也不是为社会大众创造价值,而是收窄到自我和个体领域——为了满足自己的趣味和愿望。与前两个图式里镶嵌在社会规范中的行动者不同,为个体趣味/自我表达而工作的人只以自己的偏好和兴趣为准绳。他们对就业去向的选择,认为工作自身的内容和价值无足轻重,重要的是它能否尽快得到尽可能多的金钱,使其在财务上和时间上获得双重自由,从而能够"做自己想做的事"。而这些"做自己想做的事",通常是极其个人化的愿望和趣味,比如收藏、旅行、创作、开店,甚至是流浪。

"我希望这份工作能给我所期待的生活,就是一切有意思的事情,我都能有足够的资本去尝试。人活着说白了就是为了体验。赚更多的钱,无非是为了追求体验别人所体验不到的东西。因为其实说实话,有意思的事情是无穷无尽的。你干了这个,又会觉得那个更有意思。"(钦凯,南方大学理科,上海籍,父亲为私营企业主,母亲为国企工程师)

钦凯的话表达出一种鲜明的自娱观念,认为工作的目的、甚至人生的终极价值就在于无止境地追求一种趣味,让自己体验更多有意思的事物。必须承认,当今社会,这种对自娱的渴望,通常需要强烈地依赖商品市场才能达成。而生长在市场化年代的"90 后",对琳琅满目的消费市场和商品广告从不陌生,早已自觉形成强烈的消费者角色认同。对钦凯来说，用钱购买趣味是天经地义的，而“不差钱”的他认为自己之所以仍需要一份高收入的工作，是因为趣味常常迭代转换，而这需要很多钱和闲暇来支撑。他坦率地告诉笔者：“很多奇奇怪怪的爱好是很烧钱的，比如说我自己喜欢养鱼，去乡下包池子，然后去日本买鱼。……我在养鱼上花的钱够买一辆奥迪了。”

对追求个体趣味的大学生来说，消费实现了工作的全部意义。正如鲍曼所言：“寻求自我认同、获得社会中的一席之地，过一种被视作有意义的生活，都需要每天在消费市场中实现。”[3]p.68 消费市场不断更新迭代的商品，使他们心中永远存在下一个想体验的兴趣目标。鲍德里亚在《消费社会》中描绘了这种由市场制造出的源源不绝的自娱愿望：“某种对烹饪、文化、科学、宗教、性欲等等的普遍好奇由此苏醒。……一种被扩散了的牵挂挑动起来的普遍好奇——这便是‘娱乐道德’，其中充满了自娱的绝对命令，即深入开发能使自我兴奋、享受、满意的一切可能性。”[4]p.72-73 在对市场上各种各样“有趣”事物的追求中，工作、财富、甚至闲暇的首要意义，就是能让消费者在时间和空间上得到双重“解放”，从而获得更多的消费自由。

经纬通过工作想达成的愿望是年轻时就完成环球旅行，晓刚想去外太空，庆溪想当一名作家，天宇的目标是成为专长诸多的“斜杠青年”，宇鑫的愿望是去从事人类学研究，梦瑶想去不同国家体验生活，思同则想象自己有一天能去流浪，去体验不同的社会角色……虽然他们的终极目标大相径庭，但他们的择业逻辑却惊人地相似，都想首先通过高薪工作实现“财务自由”，再用钱去置换闲暇。晓刚在访谈中直白地表达了这种“花钱买时间”的思路：“第一件事就是财务自由，就是说我可以赚到足够多的钱，然后就不用再攒钱了，就可以用这些钱做自己想做的事情了。”（晓刚，南方大学社科，浙江籍，父母为小业主）不过，至于究竟多少钱算得上财务自由，自我趣味与社会角色如何兼顾等问题，又引起了他们或多或少的纠结。

从被访者的相关论述中不难发现，上述三种观念图式（在最典型的情况下）各自出于不同的社会制度组织所构建的话语体系。名校的大学生日常接触最多的三个话语制造者——家庭、大学和市场——平行地生产出三种不同的意义阐释逻辑，为名校大学生看待工作的目的和意义提供了竞争性的图式资源。这或许彰显了“90后”文化工具箱的某种时代特征：一方面在温和渐进的社会发展进程中完整地掌握前辈群体的传统家国观念，另一方面又在经济体制改革的潮流中同时习得新潮的自我概念和个体意识。

选择与被选择

由此观之，名校大学生建构工作意义的“文化工具箱”是由多种竞争性的文化图式构成的，这些观念图式来源各异，对工作意义的定义千差万别，使大学生仿佛置身于一个多重意义框架的角力场。曾担任过北方大学本科生辅导员工作的浩凡告诉我：“我们管学生工作的老师经常说，‘年轻人的思想就是一片空地，你（学校教育）不进入的话，其他东西会进入’。”（浩凡，北方大学社科，河南籍，父母务农务工）这句话道破了不同图式及其背后的话语权力之间的多重性和竞争性。虽然绝大多数被访者对上述三种(甚至更多的)图式都相当熟悉,但正如斯威德勒所言:“人们所知道的文化比他们所使用的要多”[2]p.277,大学生也会在适当的情形下调用自身工具箱中的元素去建构行动路线和自身的现实,以尽量维持自身行动的连贯性和意义感。在一个市场规则主导的大学生就业制度体系下,个人需要独立面对多种选择:求职,读研,出国,创业,每一条路上又需要进行许多选择,终究要凭借某种价值评估依据作为准绳,否则难免陷入纠结和混乱。正如梓桐所言:“你总得找个东西来做你的价值支撑,不然你的行动就会无意义,前一个行动、后一个行动连不成一条线,你说服不了自己,那样的人会过得很惶恐。”

那么,在择业过程中,大学生们究竟是如何运用自己文化工具箱里的图式资源的?根据被访者的叙述,大学生择业行动中的图式运用大体上分为两种情形:“方向导引”和“结果合理化”。“方向导引”是指大学生经过四年的学习生活经历,在毕业之际已经形成对某些图式的鲜明认同和内化,因而在择业时自然知道该激活哪些图式,此时学生的决策方向往往力图保持与该图式的指向相一致;“结果合理化”是指大学生在毕业之时工具箱中的各类图式均保持在较低的内化水平,因而在择业关头未能主动调用任何图式来驱动选择,其出路结果通常是服从外部制度安排(如推免或征兵)或偶然性因素的结果,此时学生可能调用与该结果相符的某图式来合理化自己的择业结果。

根据访谈对受访者意义世界达成的整体性理解,我对每位被访者援引和认同各个图式的程度进行1—5范围内的赋分,从而在由上述三种图式组成的“意义地图”上标记出所有被访者的位置。根据受访者调用每个观念图式的程度得分,图3标识出所有受访者在该意义角力场上的大致位置。每个以B或S开头的个案编号代表一个受访者(B代表来自北方大学,S代表来自南方大学),其距离图中每个图式圈圆心的长度越短,表明对该图式激活程度越高。

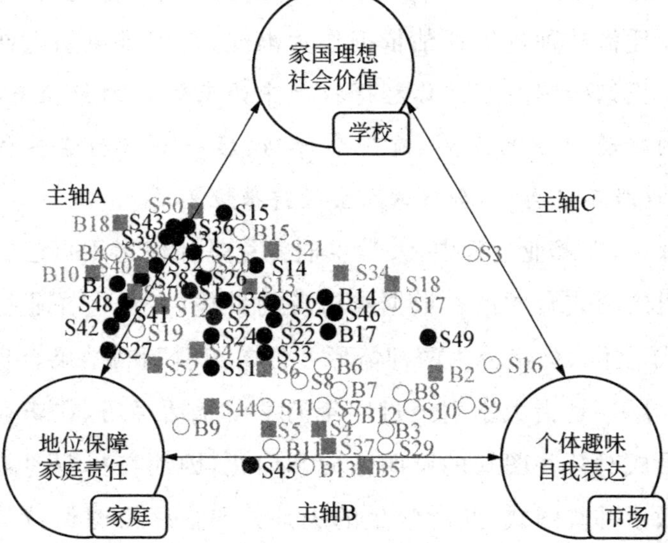

图3 每位被访者在三种观念图式之间所处位置图示①

在“方向导引”情形下,被激活的文化图式会直接左右择业决策,其决策结果往往与该图式有意义上的高度关联。由图2可知,在考虑工作意义问题时,单独援引一种观念图式的情况较为

① 注:个案编号前面的形状标识代表着简要的父母阶层背景信息,“●”为农民/劳工家庭,“■”为城市平民家庭,“○”为富有/中产家庭。

少见。例如，杏芳（S41）、美华（S42）和飞帆（S27）就几乎只调用了地位保障/家庭责任图式。因为没有其他图式的干扰，他们在择业中少有纠结，直截了当地选择自己看来最能够让自己出人头地或照顾家庭的选项。杏芳选择先推免直研，研究生毕业后再去薪水丰厚的外资企业工作，以尽快减轻父母养育妹妹的经济负担；美华和飞帆则选择了回家乡当公务员，理由是离家近、能更好地顾及亲情。三人以履行家庭责任为第一要务，各自选择了能达成此用意的毕业出路。

不过，在图3中，大多数受访者处于靠近主轴A、B、C的某个位置，这说明多数被访者同时激活了该主轴两端的两个图式，并对第三种图式保持着有意无意的疏离。这意味着他们将面对主轴两端的图式之间的张力。有趣的是，被访者往往能够使用一些创造性的方式达成妥协，从而来维持意义和行动的连贯性。例如，他们会在决策中尽可能兼顾同时激活的两种图式，然后想办法去化解二者之间产生的张力。A轴上的益民（S35）和高翔（S36）都一方面希望去西部和基层贡献力量，但另一方面又迫切希望回馈家庭，他们权衡之下最终选择了回家乡省份做选调生，“毕竟离父母比较近，待遇也不错，然后未来等各方面有一些积累了，希望有机会去中西部地区吧”（益民，南方大学社科，江苏籍，父母务工务农）。B轴上的梦瑶（S37）的梦想是去体验世界各地的生活方式，但眼下的当务之急是帮父母还房贷。于是，她的择业决策成了次序分明的几步：先求职取得稳定收入，积累了资本再创业捞金，实现财务自由后再去环球体验。她最终选择入职沪上某知名互联网公司，希望入职五年后年薪可以达到50万，即使工作辛苦也在所不惜，“因为如果不能实现这个目标的话，资本的积累就很少，我又要花更多时间工作，这样对我来说是无意义的”（梦瑶，南方大学社科，安徽籍，父母为个体户）。C轴上的田野（S3）出身于知识分子家庭，他眼中真正有意义的工作是投身于公共服务，然而考虑到他也梦想“35岁之前遍览世界各大洲”，他又很清楚公益事业不能满足他的物质需求：“这个社会但凡能养得起我的工作都很无聊，我跟你说实话。我认识有一批人进NGO的，我觉得他们做的工作比较有意义，他们是真的在改变一些东西，但他们收入非常低，养不活我。”因为旅行需要闲暇，他不愿意接受一份忙碌而高薪的工作。最终，他拒绝两家地产企业的高薪工作，签约某大型央企，原因是央企“不用拼命加班，假期多”。他认真地对笔者说：“等我玩够了，等我很棒的时候，我肯定会反过来去回馈社会的，这是一定的。我不需要奢华到在上海买两栋别墅，然后雇5个保姆天天给我打扫，我不需要这样的生活”（田野，南方大学社科，山东籍，父母为大学教授）。另一种化解张力的策略则是试图通过意义的再解释去模糊二者的界限。例如，梓桐（S15）抱着强烈的家国情怀选择了学术职业，而家人却希望他当官出人头地，于是他坚持选择了学术道路，却拿家人使用的图式去解释做学术的好处：“对我来说最重要的还是想问题的乐趣，不过我跟我父母讲的完全是另一套说辞，我就说我以后大不了回老家当个大学老师，不愁没有饭吃。”（梓桐，南方大学文科，云南籍，父母务农）

而在“结果合理化”的情形下，大学生未能主动调动起任何图式去选择择业方向，他们是多种可能性之间的游离者。例如牛铭(B14)、冰倩(S22)和禹海(B17),他们在多种可能的选项之间举棋不定,最终往往出于偶然性或易得性接受一个权宜的结果,然后再调用特定的图式去给自己一个理由,去"合理化"这一结果。冰倩直到临近毕业也仍在纠结自己究竟想走哪条路,似乎每个选择都有一个相对的图式与其对抗:"我也想去国外看看,像其他同学那样,可是家里的经济不支持。我想找工作给家里挣钱,然后指导老师又严肃地提醒我,说你一定要做你自己真正热爱的事情,这样才是正确的思考方式,我就真的懵了!我也考虑过做学术,这是我的兴趣,但又怕我的实力撑不起自己的兴趣。"考研失败后,她硬着头皮选择了二战,她以培养学术兴趣为理由宽慰自己:"研究生阶段至少能跟老师好好做做研究,找到一个自己的研究兴趣。"牛铭的处境与冰倩差不多,只不过他成功地抓住了成绩这根"救命稻草",走上了推免直升博士的道路。他坦言自己其实是"稀里糊涂就直博了",对自己所学的经济学方向他也并不十分感兴趣,但当他谈起工作的意义时,很自然地援引了盛行于北方大学的家国理想/社会价值图式,提到自己做学术是为了"研究社会问题,为社会做贡献"。通过事后激活相应的图式,冰倩和牛铭为他们的权宜之策维持了些许价值感。

显然,两种情形中,意义感在出路获得中扮演的角色截然不同。在前一种"方向导引"情形中,意义感如灯塔般驱动和指引了对出路的选择;而在后一种"结果合理化"情形中,意义感则仅仅起到对已经形成的出路结果进行事后解释的作用。另外一个值得关注的发现是,行动者对文化图式的运用并非杂乱无章,而是有规律可循:不同成长背景出身的受访者似乎倾向于在择业中调用不同的图式,即各图式在不同亚群体的“工具箱”里的地位不同。由图3可见,受访者呈现出明显的代内分化:不同家庭背景的个案点在图中三个主轴上的分布很不均匀。为了进一步探索主轴之间的代内分化,我以被访者在三个图式上的得分相对大小,判别出每位被访者的主轴位置,并在表5中标识出每个主轴位置上的亚群体人数。

表5　受访者亚群体在不同主轴位置上的分布情况

	主轴A	主轴B	主轴C	游离者
家庭阶层背景				
富有/中产家庭	5	13	4	0
城市平民家庭	10	6	2	1
农民/劳工家庭	22	1	1	5
生源地区				
沿海地区	8	14	7	0
内陆地区	29	6	0	6
毕业去向				
体制内就业	22	2	3	1
体制外就业	5	11	2	1
深造/暂不就业	10	7	2	4
共计	37	20	7	6

由表5可知,来自内陆地区、农民/劳工家庭出身、选择了体制内就业的受访者多集中在主轴A,而来自沿海地区、富有/中产家庭出身、择业体制外就业者则多分布在主轴B。接近主轴C

的占少数，但仍以沿海地区家境优越的大学生居多。本研究无意于论证家庭背景决定着个体运用文化的方式，不过特定的社会环境的确可能使身处其中的人更容易接触到并激活某些特定的图式，从而影响他们对文化工具的使用[5—7]。诚然，上述浅显的观察还不能得出可靠的结论，但或许反映了当代名校大学生文化工具箱分化的某些特征：主轴 A 两端一者代表着“家”本位的传统文化，一者代表着“国”为先的集体主义精神，都是改革开放之前早已深入人心的文化图式，都将个体的意义纳入某一社会角色中；而主轴 B 和主轴 C 则均与改革开放之后才兴起的个体趣味/自我表达图式相联系，这说明作为“90 后”新生代的大学生虽普遍熟识从父辈承袭而来的文化工具，但其中成长于改革开放前沿地区的优势群体，似乎能够更加自然和熟练地运用个体本位的文化图式去建构自己工作的意义。他们的文化工具箱所制造出的矛盾，不再是“家庭责任”与“社会责任”之间的矛盾，而是“自我趣味”与“社会角色”之间的冲突。换句话说，不同家境和地区的大学生所面对的意义感的纠结点可能存在分化。

优势的分化

上文已清晰表明，当我们真正走入行动者的意义世界，就发现他们对自身未来的谋划诚然是带有理性的，但这种理性其实远不限于对工具性利益的算计，意义感和价值信念同样占有一席之地。甚至可以说，行动者所构建的价值信念是工具理性发挥作用的前置环节，因为工具理性指导下的目的-手段行动决定了实现目标的手段,而价值信念指引了目标的树立。所以,本章力图抓住这个价值认知环节在被访者的生涯定向过程中浮现出的某种规律,以更加透彻地理解大学生毕业出路的产生机制。

如果说前文对于"目标掌控模式"和"直觉依赖模式"的区分建立了家庭背景和工具理性行动能力之间的关联,本研究则试图将价值理性的作用也纳入在解释框架里,即学生内化了什么样的价值信念,这些文化图式能否帮助学生树立起清晰的行动目的。通过对目的-手段行动力和价值信念驱动力的综合,本研究在"目标掌控模式"和"直觉依赖模式"的二分类基础上得出了一个 2×2 的四分类模型,用以解释不同家庭背景的大学生获得毕业出路的四种机制:

如图 4 所示,四个类别分布在由两个轴组成的象限里。大体上,纵轴代表工具理性驱使之下利用手段达成目标的目的-手段行动力。"目标掌控模式"与"直觉依赖模式"的主要分野即是在此。正如前两章已经说明的,自如使用文化工具去达成目标的能力与社会出身有着系统性的关联,因而纵轴同时也带有家庭背景的意涵。横轴代表价值信念对生涯选择的驱动力,前文表明学生的行动目标受信念的影响程度是有差异的,浅层内化或相互冲突的价值图式可能不会带来一个明确的目的,而深层内化的价值图式就会构成选择生涯目标的真实动机。

在纵轴的上方,使用"目标掌控模式"的行动者依价值信念驱动力的不同而分为两种类型:"机会主义者"和"自主驱动者"。在典型情况下,二者均来自优势家庭背景,同样深谙大学与劳动

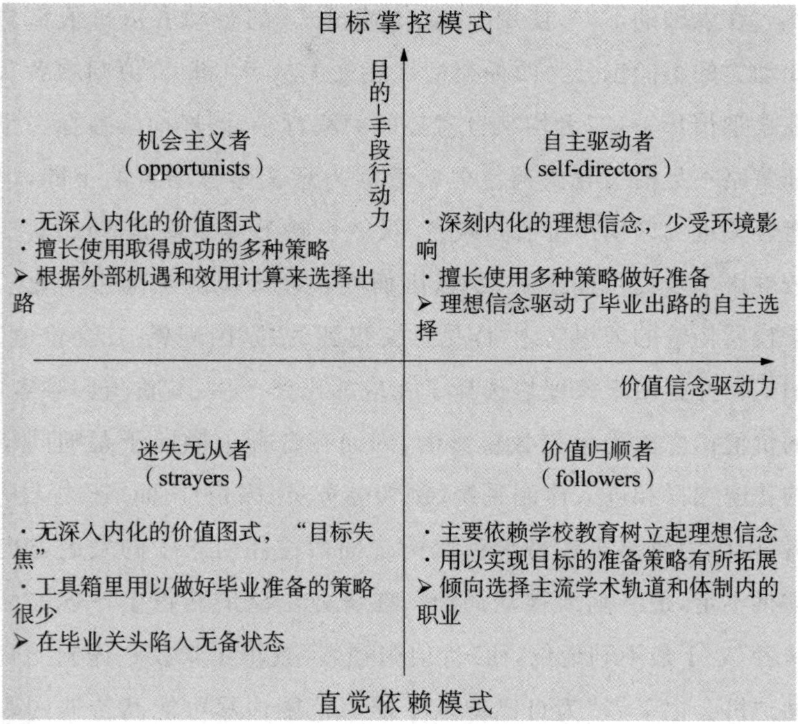

图 4　大学生出路产生机制的四分类

力市场的游戏规则，也习惯于围绕生涯目标来组织学业与社会性投入，但二者在价值信念上有着关键的区别：“机会主义者”虽然也有很强的目标意识，却没有深入地内化一个逻辑自洽的价值图式，其目标很大程序上是工具性的，而非指向一个对行动者有意义的理想信念。因而“机会主义者”常将生涯目标定位在能获得尽可能多的工具性利益（钱、权力）的职业上。而“自主驱动者”则有一个自主树立的有意义感的生涯理想，虽然他们也很擅长使用策略去做好生涯准备，但他们的选择偏好却不像“机会主义者”那样容易预见，而是取决于他们的意义感设定。

在纵轴的下方，使用“直觉依赖模式”的行动者依价值信念驱动力的不同也分为两种类型：“迷失无从者”和“价值归顺者”。在典型情形下，二者均来自劣势的家庭背景，同样面临目标失焦和策略不足的文化障碍。但二者因为意义感驱动力的不同，也有着关键的区别：“价值归顺者”虽然也缺乏目标意识，却相对比较顺服学校提供的正式教育，因而在校园环境的熏陶中内化了学校所传输的理想信念（详见上文提到的“家国理想-社会价值”图式），并且出于该理想选择了相应的出路。由于“价值归顺者”的价值信念深受学校教育影响，因而在选择上倾向于跟随同学的普遍选择和进入体制系统（例如公务员、国企）。而“迷失无从者”则因为游离于各种价值取向之间而往往对未来的发展方向举棋不定，最终陷入被动局面。在毕业出路的获得上，“迷失无从者”处于最不利地位，而“价值归顺者”获得了学校和体制的赞助，“机会主义者”为自己博取了能力范围内尽可能高待遇的职业，“自主驱动者”则往往能够实现自主设定的职业或升学目标。可以想见，“自主驱动者”目标通常具有相当高的门槛和精英性质，与无路可走的“迷失无从者”可谓天壤之别。

成我所愿：“自主驱动者”的追梦之路

在一系列鼓励个性和批判性思维的话语中成长，又依托巨大的家庭资本和关系资源作为后盾，“自主驱动者”们从来不缺少定义自己“想要的生活”的意识和方式。大多数“自主驱动者”们想要的生活都不约而同地指向一种上层阶级的生活方式，不过他们对于人生成功的定义还是不尽相同，并且通常不会直接受学校主流价值教育和意识形态的影响，而是在审视自我的基础上从更多的观念来源获得启发。对于第三章开篇提到的经纬来说，赚更多钱或者博得一个看上去很厉害的职位并不值得被当作一种执念去追求，他深入内化了“个体趣味-自我表达”图式，希望能从丰富的人生经历中洞察自己的热爱。交易员职位之所以吸引他也是因为这个职业比其他职业蕴含着更多人生体验的可能性。而对于教授家庭出身的彦超来说，他的理想是做一名出色的建筑设计师，因为他的确热爱这个行业，“你可以有你自己的作品，就会有很多成就感……当你这个帮助别人满足他们的需求的时候，你自己也觉得自己是有价值的人，然后就很高兴”。其实他也拿到了多家机构的录用，但对他而言，挑选职位的首要标准也不是薪水，而是看团队的工作风格和对新手的培养意愿，“其实我们这个行业还是一个类似师徒制的东西，所以我现在最看重的还是团队，我能获得什么样的成长、去什么性质的单位其实没所谓……”与经纬类似，彦超最后选择的一家建筑设计院也不是薪水最高的，而是他认为可以提供最理想学习机会的团队。

其实，“自主驱动者”也并不是从一开始就很清楚什么东西最重要，只不过他们在大学期间主动地、尽早地完成了自我探寻之旅。由于要探索自己的热忱与理想，他们不会把自己禁锢在故纸堆里，课外的社会性投入至关重要。经纬这样描述这些经历对他自我探寻的意义：“你不去经历，你就永远不知道自己想要的是什么。你去经历去尝试，会做错很多事情，但只有这样才能知道什么是自己想要的”。某种程度上，与其说大学为“自主驱动者”提供了“教育”，不如说是为他们提供了一个自我成长的平台和所需要的资源。谈起大学对他最大的意义，经纬直言并不是课业，尤其不是专业教育，而是课外的人际交往、讲座和各种各样的社会实践经历。提到学校在价值观方面的引导，经纬也直言：“我觉得我几乎没有受到官方价值教育的影响，而且官方的输出其实很少，同学中间倒是有的。‘自由而无用’嘛，我觉得就是说人不能太功利，因为功利的人往往短视”。对于北方大学对学生旗帜鲜明的价值教育，彦超也表达了一种冷静的审视，将这种导向看作这所大学的一种历史基因：“在历史上它可能需要这么讲，不过很多人的选择都是一个综合的东西，你自己还是环境里面的各种因素都要考虑。所以我觉得独立自由还是很重要的吧，爱国奉献精神我很同意啊，但多大程度上成为你的动力因人而异吧。我不会对这类话特别敏感，可能因为我平时比较忙，所以关注的是还是专业方面为主”。

经过一番不断“试错”的过程，直到清楚地认识到自身的优势与短处，并在失败面前叩问自己真实的兴趣和终极目的，最终锚定一个职业目标——这条探索之路对所有人而言都并非易事，自主驱动者们只是在这条路上更有意识、也更容易获取支持。最终，自我驱动者们会在心里将“自己真正想做的”和“条件允许我做的”、“很多人都去做的”，以及“父母希望我做的”等等选项做一番比较，并且基于自己深刻内化的一套逻辑圆融的世界观去作出本心所愿的选择。他们对自己的价值系统已经颇为确信，并且对意义感和价值感表达出相当高的需要，以至于他们真的会依据自己的一套价值体系对各种潜在的选项做出评判，最终指向一个确定的选择：

“从我现在做这个事(创业)来说，我觉得它最重要的就是它不仅仅是一个工作，也是一个你往前要去追的这么一个东西。当你去追的时候，你觉得你就跟这个事情都已经是融为一体了，其他的事情都要放在这个之后去安排了！如果按我爸妈的意思，可能我去当个大学老师什么的，那可能就是一个能养活自己、然后有点时间做自己喜欢的事儿的这样的一个手段。但我现在整天都可以做我自己喜欢的事儿啊！就是那种……认真地经历一些事情的那种感觉吧，就会有一种对每天都很期待的感觉。”(思同，北方大学社科，北京人，父亲为大学教授，毕业后选择自主创业)

“钱太少当然不行，这是基本条件。但对我来说差不多有个中层的收入，就是可以接受的事情，但是生活要有意义，其实我是这么觉得的。很多人可能追求拥有一大堆奢侈品，大多数人为了赚更多的钱，无非是追求体验别人所体验不到的东西，但是如果在这个能赚钱的过程中，你同时实现了意义这件事情，我觉得是比较有意思的。”(钦凯，南方大学理科，上海人，父亲为私营企业主，母亲为工程师，毕业后就职于某知名外企)

“我有考虑过找工作啊，但是我觉得没有价值感，就是你的那种纯粹思考、讨论、自由、写文章的这种快乐就没有了，你可能要么朝九晚五，要么就被公司榨取得不行。如果一种生活除了给你带来收入，也能给你带来价值感的话，可能会比纯粹的劳动来得对我来说更有吸引力一点，这是一个比较理想的想法。而且我们现在收入也不低，我们现在参加了一些项目，做一些课题什么的，我觉得也还行。X 大学有个老师，他说："我现在不做别的研究，我只伺候自己的兴趣，我觉得活到这份上这辈子就比较厉害了。自由就是从心所欲而不逾矩，让你做自己觉得有意义、有一定社会价值的事情。"（宇森，北方大学社科，东部城市学生，父母均在机关事业单位任职，毕业后选择深造）

"赚钱是一个方面，钱反正够花就行了，赚多了没用，你又不会把钱全取出来堆在家里。事实上你还要考虑其他方面，就是过得高不高兴。你花了人民币是要追求什么？是追求自己高兴，如果你在这个地方虽然收入很高，但是你要工作 20 个小时或者工作 16 个小时。投行现在收入很高，但你一天或者一段时间内就要疯狂地工作，过得也不是很高兴。所以我觉得教育有的时候更重要的是，让人意识到其实我们的收获不是只有人民币，还有很多别的东西，它们可以融通在一起。我学术做得好还是可以赚钱的，走遍天下都可以去做各种讲座，我的这个行业地位就奠定起来了。"（友斌，北方大学工科，东部城市学生，父亲为国企工程师，毕业后选择从事学术职业）

莫谈情怀："机会主义者"的成功之道

"机会主义者"没有深入内化某种价值图式作为自己意义感的支撑，但善于使用策略获得世俗意义上的成功。由于家庭背景所赋予的优势，"机会主义者"们对取得好成绩、好工作的手段相当熟悉；又因为尚未深刻地内化一种成熟的价值信念，他们其实对于"为什么要成功"的问题没有答案。这也是"机会主义者"与"自主驱动者"最大的不同之处，他们的生涯目标常常是短期的、工具性的，而并非植根于所认同的人生价值和意义感之上。

“机会主义者”几乎从一进校开始就认清了学习并非大学里最重要的事情，他们必须从学业里节省精力去打造自己的求职简历。但他们同时又知道自己必须要保持一定水平的绩点，以防错过好成绩赋予的资源和机会。《选课学概论》这样的学问，在机会主义者当中最受欢迎，它可以帮助学生从“水课”中拿到好成绩，又用节省出来的时间去投入到更有“投资价值”的活动中去。他们早就对学校提供的价值引导和“培养”放弃了兴趣，并且早已洞察到：课堂上所教的东西和就业市场上需要的东西是两回事，一个理性的求职者理应做到根据市场的需求早做准备。正如第四章提到过的泽斌，他在学习中属于典型的“浅薄涉猎”型，居然也保持着排名前列的绩点。他为自己谋划了一条行得通的跨专业实习求职之路——通过成功获得某行业巨头公司的暑期实习机会，大四之初就拿到了包括通用电气、强生医疗等三个世界500强企业的录用函。但他并没有在那时候停止求职，而是继续对重点行业广泛撒网，“投了咨询，还有就是市场有关，比如像百威英博，当然我也投过几家互联网”，最终他决定选择国内某知名互联网游戏公司的市场营销岗位，起薪几乎超过南方大学本科生起薪平均水平的3倍。

与“自主驱动者”不同的是，“机会主义者”其实对自己的目标并无价值意义上的认同。泽斌对各种为学校所赞赏的价值感到虚无，似乎只有最直接的物质报酬值得他当下去追寻。在他看来，南方大学的同学实际上利己者众，论到南方大学“自由而无用”的文化，他显得非常怀疑，也并不觉得自己在身边见过真正践行这种价值的人:"其实我觉得很多人还是在一直在做'有用'的东西,其实真正去做无用的什么东西的人很少,反正我自己觉得很少。自由无用啊,说说都是一些情怀,但我觉得现在大部分人最关心的还是自己的offer有多少钱"。他希望自己以后能够成为业界的大佬,但他也坦言这个想法说到底还是为了"追求财富或更高的地位"。

> 雅君:"那你会觉得财富和地位就是你的人生理想吗?"
>
> 泽斌:"目前支撑我的就是这两个,其实这个东西越简单越好。因为这个就是当你有足够的钱啊,你才会转移到精神层面的追求。……(意义问题)我现在暂时搁置吧,因为我觉得它目前对我来说,嗯……并不是一个主要的问题。而且现在想也白想,目前人生阅历也很少,又想不出来。"

国凡是在大学里变成一个"机会主义者"的。他曾怀着一腔新闻梦想转学新闻学,却在几年的国际交流、访学和实习经历之后决定抛弃自己的理想。多次媒体实习经历让他相信,现实世界远非他理想中的样子,加之如今互联网对传统媒体的冲击,他因此怀着恼恨的心情彻底抛弃了原先想做一个新闻记者的梦想,决定彻底离开新闻界,转战金融。他把这个过程叫"洗白":"洗白就是我都不把自己的媒体实习经历写在简历上,然后去金融从零刷实习,去券商去银行。"他专门为此转了专业读研,以为自己留下足够多的时间去准备在金融圈求职。他的求职结果也还算满意,最终接受了某家大型证券公司总裁办公室的工作邀请。总结自己的求职之路，他把自己全然描述成一个不相信任何“漂亮说辞”的机会主义者：

国凡：“我们虽然鼓吹自由，谁也从来没有真正的自由过。每个人都活在别人的期待里。别人怎么样跟你什么关系都没有，找工作也一样。自由这件事情其实只有自己解放自己，你别想着什么，你多挣30万，你就能有更多自由。所以我现在找工作，我就看待遇和发展这两块，就是钱和对能力的培养。我其实就是一条狗，谁给我的骨头肉多我就给谁干活，领了钱回到家啃骨头，就这么简单。”

雅君：“那你会考虑自己喜不喜欢吗？”

国凡：“喜不喜欢是个很虚的东西。媒体我够喜欢吗？那实习干完就不喜欢了。你所有喜欢的行业，干到最后可能都不喜欢。其实包括金融圈，大家都是狗。只不过是在哪里当狗的问题，那就去找个有肉的骨头啃啊。”

虽然“狗”的比喻听起来略显刺耳，但我注意到颇有好几位被访者使用了相同的比喻，将自己与劳动力市场的关系看得透彻赤裸。既然与雇主单纯是一种交易关系，当然要选择待遇最优的雇主。身处竞争激烈的中国社会，紧盯高薪热门职位的机会主义者们从不缺少运用工具理性形成最优策略的能力，在竞争中自然更容易胜出。同样是为职业生涯早作准备，“机会主义者”选择生涯发展方向的思路却与“自主驱动者”存在微妙差异：“自主驱动者”重视自己的价值信念——“我真正想做什么”，而机会主义者则更多地考虑自己的成功概率——“做什么可以让我最成功”。

“我上大学以后就没有遭遇过任何挫折，好像我想要的都拿到了，这个是因为我对自己的能力认识得很清楚，或者说我没有去追求那种我肯定拿不到的东西。……到大三之后我思考了一下，如果不出国的话，成绩有什么用。我当时手上已经有各种各样的途径可以直研了，不需要靠成绩直研。其实只要想清楚，这个东西有什么用、能不能用，这个东西只要有用，你就把它弄出来。……我大三上在团市委挂职，政府实习已经刷好了，现在媒体这块也做得不错。我觉得我不需要在体制内寻找一个饭碗，我要去体制内当公务员没什么优势，可能还是做媒体吧。……我从来不在自己做的事情上建立意义感。我可以把自媒体做得很好，但这有什么意义，做的东西全部是虚的，意义感是很虚的东西，自己过得爽才是最重要的。”（皓然，南方大学文科，中部城市学生，父母为当地机关事业单位干部，毕业后就职于国内某知名媒体）

“一开始还对哲学蛮有兴趣的，但是越学越发觉这些问题全是别人已经搞过的，后来就你们争你们的学术问题，我去玩摄影了。大概大四吧，开始把所谓的那些国家社会价值追求放在其次，我还是认同对社会有意义的努力的，但我只能说不在其位不谋其政吧。自由而无用固然是好的，但是首先得让我吃饱喝足生活幸福吧？对我来说，我能有时间玩摄影、赚钱、在海边买个房子，过上让外人从心底羡慕的生活，就可以了。所以我基本上研究生（阶段）都是在实习，简历上现在有八份实习吧。……‘做自己'是个很虚的词,我也不知道自己是什么样的。"(世民,南方大学文科,东部城市学生,父亲任大学中层行政干部,毕业后就职于某知名金融机构)

路在何方:"迷失无从者"的困惑之境

如果说"自主驱动者"既有自主设定的价值目标,也知道如何动用合理的手段去达成,那么"迷失无从者"则恰好相反:既没有内在一致的价值目标,所拥有又能被熟练使用的策略工具更是少而又少。从家庭背景,到看待"好学生"的观念,再到组织学习生活的基本思路,再到最后的出路,"自主驱动者"和"迷失无从者"是天差地别的两类人。不要说成为好朋友,他们可能甚至很难冷静地理解对方。他们之间最显而易见的区别是:"自主驱动者"的努力是出于明确且带有反思性的目标,而"迷失无从者"的努力则并非出于目的-手段的考虑,而是基于一种缺乏方向感的直觉与惯性,以至于在毕业关头前者的努力可以高效地转化为求职优势,而后者的简历则是一盘散沙。

"迷失无从者"多为生长在工农家庭、中西部地区的第一代大学生。前两章已经述及,相对劣势的家庭背景使他们面临着一种文化障碍,以至于常常在安排自身大学生活上策略性不足,而是更多倚赖直觉和习惯。虽然"迷失无从者"和"价值归顺者"都面临这些障碍,但"价值归顺者"得益于大学主流价值观的教育而获得了清晰明确的方向,而"迷失无从者"之所以在毕业面前茫然不知如何选择,部分原因是他们未能为自己树立一套内在自洽的价值观念——他们是上一节中提到的意义感的"游离者”。

其实，无论在哪个主轴上徘徊，只要能找着自己在价值坐标上的位置，就有利于尽早确定生涯方向，提前为毕业铺平道路。遗憾的是，出于家庭资源和信息来源的局限，他们的观念来源本身就比较狭窄，加上父辈们的偏见、道听途说的看法、自己的猜测……他们掌握的观念通常不成体系，如同箱子里横七竖八的零碎工具，互不配搭、甚至互有抵牾，而且很可能并不适用于大学这个具体而又相对陌生的场域。结果是，到了毕业前夕，他们往往仍然想不清自己到底要走哪条路。毕业出路对他们而言谈不上主观意志的“选择”，而更多地是一种情急之下的权宜之策。“他们就是走到哪算哪”，在南方大学做过本科生辅导员的敏浩对这种“迷失无从者”的典型症候非常熟悉：

> “他可能在直研前一周想好了我要直研，这种和没想好其实没什么区别。然后绩点不够废了吧，搞不定了，家里来帮我吧！家里帮不上呢，那就临时开始找工作，要不延毕。还有一批呢，好像有个打算，但他想得很空，比如想好了我要当公务员，但当公务员为的什么呢？我是求稳？求工资？求以后发展还是求留在上海？不知道。”

远在北方大学的牛铭正是符合敏浩描述的情况。他从未料到自己有一天会为自己的出路犯愁，然而他却真的面临这样的现实。直到大三下学期抉择出路的关头，牛铭仍然没决定要走哪条路：“当时很重要的时期了，只能考虑保研，工作的话我没有实际经历，简历什么的都没有，比较困难，虽然我是北方大学的，其实到这之后总感觉就业还是有挑战的，并不是说什么工作不愁了，可以实现个人理想了，感觉压力还是挺大的。”

雅君：“你大一到大三中间还隔两年，你这两年在干吗？”

牛铭：“一直在学校里学习上课。”

雅君：“但是你会看到，从大二大三开始你就会看到有的同学就已经出去实习了，对不对？”

牛铭：“怎么说呢？就是总有事干，我还待在学校里面学习。看看书，有时候也玩。”

雅君：“你会去做实习实践，或者做兼职吗？”

牛铭：“没干过，我也想做，但总感觉个人能力不够，不好意思做。我就是在学校里面，一直在学校里面，大学的门基本上一年都出去不到一两次。”

雅君：“那你怎么能知道以后做什么工作呢？”

牛铭：“我到现在都没琢磨，我简历上现在都空白。所以说我就糊里糊涂地直博了，就没做好准备就直博了。”

作为一个学经济学和管理学双学位的学生，专业领域本来可以带给他一些生涯选择上的优势，然而牛铭却一年出不了几次大学校门，从来没有过实习经历。作为一个来自中部农村、家境平平的学生，本来“家庭责任-地位获得”图式很可能是驱动他的一个动机，但受北方大学价值教育影响颇大的他，又不能接受一个逐利的自己:“我不是这样的人,我不是想去赚钱的人。可能别人会去赚钱,我自己从来没把赚钱作为我的追求。如果没有来北方大学,我可能会和很多人一样去赚钱吧,但我来北方大学是来学习真本事的,不是来赚钱的。……我们学校的那些最优秀的人,受到奖励的,你看看他们是干什么的?有的研究政治,有的研究扶贫,没有人去赚钱。不过有这些思想的人一般都会主动、有些行动,但我感觉我没行动”。就这样,现实功利的道路被自己所接受的正式教育所弃置一旁,而心里其实有点认可的理想信念——担负起更多的国家社会责任——的道路似乎也走不通。他也考虑过当公务员,但因为对体制内的游戏规则并不熟悉,又缺乏相应的经历,专业铸就的价值倾向和自信心的缺乏让牛铭总觉得自己心有余而力不足:“干公务员必须得有资源的,而且很多情况是,我感觉公务员很难真正地对一个地方有作为的。因为我也不太了解公务员,我有可能不知道吧,我不是个崇尚体制的人,我是学经济学的怎么可能会崇尚体制呢”?牛铭似乎并没有利用自己的专业优势自主作选择,而是陷入了这个专业所面对的某种矛盾的价值立场。然而眼下,不要说实现理想或承担社会责任,就是去找份工作解决生计问题,他都有点发愁。最后,他只能抓住院系提供的一条权宜之路,匆忙直博。即便是直博,他也没想好他这么做是为了什么:“我总感觉我是被北方大学这个潮流驱使去读博的。我们学校大部分人都是继续读书,读研比例高得很,都是偶尔才出去工作的。其实我是不想这样做的,但是总感觉现在找工作的话,我跟你说了嘛,我主要是没实习,我都没出去看过,我怎么知道,万一入错了行怎么办”。学术科研其实并非他的兴趣所在，于是他设想着博士毕业后再去工作，因为在他的想象中博士一定更容易就业，“不然为什么有那么多同学继续读书呢”？再问博士毕业后想找什么工作，牛铭又一次陷入了迷茫……

其实，许多被访者都表示自己曾在大学过程中经历过一段价值迷茫期。但重要的是，多数家境好的学生会尽早度过这个阶段，以规避沉没成本带来的损失，然而，阶层背景较低的学生更容易陷入长久的迷失而不自知。正如第三章所述，出身于农民/劳工阶层的被访者，在进入名校和大城市后，多数经历过一个艰难适应的过程，这一过程无疑会消耗许多心力和自我效能[8]。更重要的是，大城市里扑面而来的消费文化、名校学生出国留学的风潮、加上大学所盛行的“家国理想-社会价值”话语，很容易使他们原本内化的“地位保障-家庭责任”图式也松动了，以致于失去了方向。来自江西农村的寒梅也在毕业之际深陷这种茫然无从的状态：直研未果，只好匆忙四处借钱准备留学申请，然而收到的却是一封封拒绝信。延毕一年之后，仍然没有拿到录取的她，只得被迫加入求职大军……当考虑每一个选项的时候，她心里都会响起一个反对的声音，以至于在意义图式的海洋中漂泊无定，“不知道自己究竟要什么”。

“其实我大二的时候就想出国了，但是家里周围那些人没人听说过出国，好像我就是有种什么癞蛤蟆想吃天鹅肉的感觉。然后我就是觉得可能确实是我自己想要的太多了。然后就只能考虑要么考研要么工作。然后考研的话，感觉也会给家里带来经济负担，感觉我要读下去的话，就是一个很自私的选择。那我就想要么工作好了,但是当时就听说什么经济形势不好、工作也不好找之类的……所以就还是想出国,但是准备的时间太短了。我也没钱找中介,反正也没申上。后来再申还是没拿到offer,我觉得自己好丢人,当时真的很难过……现在我打算去××公司工作了,慢慢也看开了,或许回归生活、经济独立后思想会更独立。"(寒梅,南方大学社科,中部农村学生,延迟毕业一年准备留学申请未果后求职)

再者,作为第一代大学生,"迷失无从者"严重缺乏对大学和职场内部常识和规则的知识,而这些往往被中产阶层及以上的学生认为是不言自明的[9]。"根本不知道有哪些选择,比如说出国这些方面,我发现他们是很早就意识到或者已经知道这件事情,我是很晚才知道这个事情,但真正开始明白过来的时候就已经有些晚了",来自河南的农村学生浩凡道出了不少被访者的同感。

就这样,在学校的引导、世俗的追求、自己微弱的理想等若干选项的纠结之间,在残酷的竞争结果面前,"迷失无从者"总是最容易陷入一种被选择的局面。迷茫的目标和匮乏的信息与策略共同导致了一种"生涯目标失焦、简历一盘散沙"的状态。在左顾右盼、举棋不定之间,四年光阴匆匆逝去,使得"迷失无从者"极易错失为毕业出路做准备的窗口期,其名校文凭对职业地位的兑换能力也不免随之缩水。

跟从主流:"价值归顺者"的逆转之机

上文提到,因为劣势阶层的学生"工具箱"通常小而零碎,内化的观念并不整合，因而比起“目标掌控者”而言更容易受到外部意识形态（即学校主流价值教育、风行的同辈文化）的影响。然而家庭、市场和学校各自生产着不同的话语和意义指向，导致外部意识形态的环境又相当嘈杂，学生在其中如同置身一个意义角力场，容易迷失无从。不过，他们当中有一部分“价值归顺者”因为接受了学校里的主流文化宣导，而树立起了被学校和校友所支持的生涯目标，由此免于生涯困境。

正如前两章所示，习性的错置和文化资本的短缺的确构成了阻碍低阶层学生成功的文化障碍。但尽管如此，也不应该认为中国精英大学与寒门学子的文化全然不匹配。从他们的叙述来看，他们用以理解自身现实和组织行动策略的“文化工具箱”不仅仅带着阶层生活经历的烙印，也受到政府领导下的学校教育的深刻影响。事实上，布迪厄也认为学校教育对国民的感知、思想和行为模式的形成影响深远：正是学校教育系统将社会的主流思想观念传递给个体（包括无意识层面），因而有相似教育背景的人们更容易共享某些特定的常识和观念——他称为“学校化的习性”（“a cultured habitus”）[10]p. 344。作为经过高度选择的高考制度的“获胜者”，与 Paul Willis 笔下那些过早背叛学校的底层青少年不同[11]，本研究中来自劣势家庭背景的被访者们表现出了对学校教育系统及其意识形态的高度认同。无一例外地，所有被访者都对“教育可以改变命运”坚信不疑，并且对自己能有机会在大学学习充满感激和自豪之情。因为入学之后普遍抽离出家庭、稳定地居住在大学校园里，他们便更有机会去内化校园里盛行的观念图式。其中最鲜明者，是学校和老师在正式教育中提供的“家国理想-社会价值”图式。

对“家国理想-社会价值”图式的接受为“价值归顺者”带来了一种获得学术职业和政府体制接纳的可能性。自80年代初以来，过去以“统”和“包”为主的计划分配体制被“双向选择、自主择业”的市场竞争机制所代替，使得大学毕业生的处境与市场主导的西方国家具有了更多相似性。尽管如此，对于市场转型阶段中国精英的形成，学界达成了以下基本共识：在自上而下的渐进式改革中，国家主导和原有体制的路径依赖决定了主导再分配权力的政府体制并未被削弱，而与市场体制并立或融通[12—15]。万闻华和方长春[16]甚至认为，政治权力和市场共同作用于精英形成，政府体制其实一直居于主导地位，而市场从属于政府体制，原因在于市场框架是在强大的政府能力的基础上构建的。也就是说，即便市场机制已经在整个社会的经济运行中占主要份额，政府机关以及包含学术科研组织在内的事业单位仍是一条上升为社会精英的关键通道，这也印证于社会上对公务员、事业编制的追捧。而大学本身作为一种政府管理下的事业单位，与体制资源有诸多衔接之处，这就为一种从学校到工作岗位的“赞助性流动”创造了可能性。众所周知，大学作为现代社会的核心正式组织，会为其成员创造和提供多种多样的上升机会，直观的例子包括校内行政岗位、直研深造、留校任教、向政府机关和事业单位输送选调生等。比起一直迟疑彷徨的“迷失无从者”，“价值归顺者”的优势就在于，他们顺从了大学的主流价值导向，并据此选择了大学提供赞助的生涯发展方向，因而获得了一条走得通的出路。上一章的“转变者”部分中提到的海文和梓桐,都是因为内化了大学所传递的“家国理想-社会价值”图式而获得理想出路的例子。

更鲜明的例子体现在走上选调生岗位的被访者身上。在我访谈的多位选调生中,这种对主流意识形态的高度认同和践行意识令我颇为震撼,而从他们的出路来看,大学和体制也的确提供了有力的支持。益民从小生长于安徽某国家级贫困县的乡村,通过贫困地区专项招生计划被南方大学公共管理类专业录取。从国家级贫困县的乡野到一线大都市的名校,益民在一开始也经受了不少文化上的冲击,往日的自信心跌到谷底,只剩无休止的自我怀疑和迷失感:“那种现代化的都市和那个偏远的小山村之间一个巨大的落差会让你不知所措,会让你有种迷失感,就是你以前很熟悉的生活,突然这边出了这么多嘈杂的声音,你不知道要去怎么走,下一步应该要去哪里”。一向要强的他,白天强打精神正常上课,表面上和同学们相处得很好,但其实“内心整个人都已经炸了,心态崩了,有时候半夜一个人会默默地流眼泪,然后想想啊,感觉自己一点长处都没有,一点优点都没有,自己是不是要完了,那个时候就是感觉能活着一天就不错了!以前长那么大没有这种事情”。当时的他不愿和任何人聊起这些感受,独自默默坚持着。慢慢地,在社会调研团队和支教项目中的参与让他恢复了一些状态。虽然参与的时候也没有明确的目的性,但这些懵懂而积极的投入却换来了自我的重新整合和方向的确立:

益民:“寒假或暑假我都会出去,做调研或者是社会实践，去的地方都是一些就是西南啊这些比较贫困的一些地方。”

雅君：“你参加这个是觉得这个会对你的就业有帮助？”

益民：“我没有那么强的功利性。我就觉得我需要去因为我自己是农村的，也要去感受一下就是一些贫困地区的情况。然后当我第一次去的时候去的是那个湖北巴东，当时也是一个贫困县，然后去的感觉就是那个贫困县比我们县还要贫困，可能是我小时候的那种状态，所以就给我很大的震惊，然后之后就觉得有必要再去看一看到底是什么状况。”

雅君：“也没有考虑过去实习之类的？”

益民：“没有，我一直没想去实习，我觉得可能赚钱这种事跟我来说好像不太搭调，怎么说，就觉得气质不符吧，讲钱太那个啥了，太俗了，所以就没有想去公司这种。”

雅君：“所以你花了多久才算是适应了大学？”

益民：“基本上是整个大一吧。到大一下学期以后才稍微好点，然后到大二然后再继续参加一些就是社团活动，精准扶贫的调研啊这方面的，然后才稳定下来。我觉得那种自我的撕裂感在整个大一大二都会有，可能在大三才真正地平静了下来。然后才知道自己就是未来想要一个怎样的自我，想要怎样发展。然后我对工作的选择就是能够发展好自己，然后最好给周围的人带来一些改变，所以就想从政，专业也对口。跟辅导员聊过相关方面的话题，但还是很模糊。”

雅君："你是怎么知道有选调生这条路的呢？"

益民："我听辅导员说过，但是还不是怎么太清楚，然后大三的时候我们有那个'基层就业协会'，它会有个宣讲，然后我们之后又拉了个群，他们也会定期推出一些关于选调生的一些信息，然后这个时候我才真正去接触和了解这些东西。大四上的时候，就通过那个基层就业协会，他们的信息，包括也有一些学长就是往年的选调生到学校来做那个宣讲之类的，也会去听一些，然后去跟他们聊一聊这方面的工作，然后就比较明确了。"

通过参加扶贫调研、支教等公益活动，益民把工作的理想树立在了基层服务之上。而通过加入学校的"基层就业协会"这类社团，他又得以接触与自己志同道合的学长学姐，从而获得了选调生遴选的信息渠道。已有不少基层服务和调研经历的他，又是预备党员身份，在选调生选拔中一路绿灯，拿到了包括江苏、浙江省在内的多个录用通知。最终，他选择了江苏省，被分到某市的市直机关，他对这一结果颇为满意。之所以选择去江苏，一方面考虑到离家乡近，可以照顾父母；另一方面又能学习东部地区较为先进的公共治理经验，这样以后可以更好地服务西部地区，"这也是基于我之前去西南部一些地区，去跟当地的政府官员他们交流，我自己得出的一个观点就是真的中西部的行政效率真的各方面问题都很多，跟我接触的东部地区差距还是蛮大的，所以我就想还是去东部待几年看看情况，然后未来的话有机会再去西部"。虽然留在了市直机关，他最大的心愿还是去更基层的乡下扎根锻炼，因为他觉得帮基层民众解决实际问题才更有意义："我特地还问了他们，他们说可能会去村里面或者镇里面挂个职之类的。我其实蛮期待之后两年的基层锻炼，就是能够直接地接触到一些基层社会的情况，最好的就是把他们的一些想法，一些问题啊通过我去反映上去，能够帮助他们解决。我觉得这样还是蛮有意义蛮重要的。因为之后我一直都在市委工作的话，你跟基层民众打交道的机会其实很少的，就是面对这些政府工作人员，其实你并不知道基层是什么样子的，我觉得就是我的出发点还是蛮重要的，就是不能偏离了这个东西"。

和益民一样，来自甘肃农村的大成也在大学拥抱了家国情怀。在北方大学读研期间，他就是"双肩挑"的辅导员中的一员。在北方大学学校文化的熏陶下，他逐渐树立了从政的理想——进入体制内，"去关心和试图解决当下社会的问题，这是我觉得真正值得去做的"，可见他对这一目标寄予了相当强的价值感。他在校团委任职，不仅担任辅导员，还在每个假期加入学校基层研究会组织的基层挂职，在大四毕业的时候，他毅然选择了从金融学院转入社科学院读研，为了让自己掌握更多分析社会问题的知识与方法。他决定响应国家号召，硕士毕业后去乡镇做一名基层公务员。考虑到北方大学校友网络在各地政界的有力影响，大成的从政之路其实颇有前景，"我们学校老师，党委副书记，可能每年会去看很多刚刚到地方去的新生。其实就是去领导那点个卯，刷个存在感，提干的时候让这个领导记得，我们这可有一个北方大学的人在这。表示一个姿态，我的学生来到你这个地方，我都一直关注着，你不关注我关注，我也是个部级单位”。

从结果来看，依托于学校和体制内强有力的资源庇护，“价值归顺者”们的出路虽然可能从薪酬上不及“自主驱动者”和“机会主义者”，但从声望、地位和权力来说同样相当理想。

“我们北方大学一直倡导的就是去重点行业重点领域，为国家做事，追求的有一个口号叫作‘入主流上大舞台’。比如说那种60万年薪的外企，北方大学是绝不会在官方场合宣传的，他们根本就不是学校鼓励和支持的。……我现在选了省委组织部，虽然工资确实低，但不管从事什么岗位，你始终是在为国家做事对吧？那种私企和外企，你干了一辈子之后，你感觉你除了为这个大老板赚钱之外，好像并没有做出什么特别值得称道的事，但是我去的政府，他是在基层在为国家做事，而不是在为某一个人做事，感觉这个更有意义。而且这个位置它的社会地位还是挺高的。”（高程，北方大学社科，东部城市学生，第一代大学生，父亲为工厂经营者）

“‘爱国奉献追求卓越’一定程度上就是这种把集体主义的奉献精神和你的自我价值统一起来的，你并不是觉得它们两个是对立的关系。我觉得北方大学的人就是要追求卓越，而且并不是我奉献了就没有我自己了，你会觉得它是你自我价值的一种体现。当你有一天做了爱国奉献之类的这类事情的时候，你就会觉得你就会有一种欣喜感，或者一种自我满足感。……虽然那些企业的offer能给我几十万年薪，但我觉得去航天研发部门平台更大。我做到了我应该去做的，然后我从来不会说什么，就像我有很多朋友也是这样。”（浩凡，北方大学工科，中部农村

学生，父母务农）

至此，四类出路获得机制的主要特征已经清晰可见了。上述个案鲜明地向我们呈现出，同在名校，不同学生的生涯成功之路是如何被他们自己铺就或堵上的。在每个人的故事里，阶层的限制与个体的能动性、理性计算与价值理想相互交织，共同组成了一个看似纷繁复杂难以解释的现实图景。不过，文化社会学中关于文化和行动关系的理论为我们赋予了一个有用的视角。当我们仔细思忖上述四分类，会发现关于价值信念与行动之关联的两种理论路径——价值观驱动范式和文化“工具箱”范式，其实有论无争，甚至互相补充：价值观驱动范式的解释重点在于人的行动目的是如何确立的，而“工具箱”范式强调了人如何像使用工具那样使用文化去达到预先确立的目的。在学校-工作转换的具体语境下，学生能在生涯选择上享有多大程度的自由，取决于两个要素：(1)内化的价值观念是否驱动了自洽的、明晰的目标；(2)学生作为理性行动者使用文化工具达成目标的能力，而如上文所述，使用文化工具来达成目标的能力与阶层有着系统性的联系。

表6　四种类型的毕业出路获得机制

	优势家庭背景		劣势家庭背景	
	自主驱动者	机会主义者	迷失无从者	价值归顺者
目的-手段行动力				
对毕业出路有清晰的目标	√	√	×	√

续 表

	优势家庭背景		劣势家庭背景	
	自主驱动者	机会主义者	迷失无从者	价值归顺者
自己对实现目标有多种有效策略	√	√	×	×
价值信念驱动力				
内化的价值图式驱动清晰的目标	√	×	×	√
自主树立目标而非受外界意识形态影响	√	√	×	×
毕业出路结果	获得自主设定的理想职位	获得世俗标准下的高级职位	被动求职/直研或延迟毕业	进入主流体制内的职业轨道

如表 6 所示，因为优势家庭背景提供了足够的信息、策略和探索自我的机会，“自主驱动者”在为自己树立目标和实现目标方面都享有优势，在有目标、有策略的情况下，他们容易获得自己的目标职业；家境相仿的“机会主义者”与此类似，只不过出于某种生活经历或环境原因他们未能树立起有意义的价值目标，但至少他们知道如何利用自身的优势取得令人歆羡的高级职业；而家庭背景优势不足的学生则很容易因缺乏信息、道听途说和相互冲突的信念而迷失职业目标，导致在毕业关头成为处境被动的“迷失无从者”；不过，如果他们当中有人对学校、政府等正式组织的活动参与频繁，并以该组织的意识形态为自身的理想信念，他们就可能跳脱出“直觉依赖模式”的困境，怀抱着主流理想信念在组织的庇护下获得职业机会。如果以薪酬来测量他们的出路高低，其大致次序可能是“自主驱动者”/“机会主义者”

最高，"迷失无从者"最低；如果将权力和声望也纳入测量，那么"价值归顺者"也被视为获得了相当精英的职业。真正感到难以在名校学习期间改变命运的，就是"迷失无从者"了。

至此，我们已经详细地展示了，在家庭背景的结构性约制和个人使用文化的能动性的双重作用下，使用"目标掌控模式"和"直觉依赖模式"的大学生各自是如何获得毕业出路，以及出路的差距又是怎样拉开的。本章表明，虽然"目标掌控模式"和"直觉依赖模式"的分配很大程度上遵循的是再生产的逻辑，但出路的获得却不仅仅是个决定论的故事。"自主驱动者"固然优势占尽，但"价值归顺者"的峰回路转同样有迹可循。在当前中国社会，市场轨道和体制轨道并行的二元精英路径下，家境劣势的大学生并非注定只能成为"迷失无从者"。正如前文讲述的，当他们在接受大学教育的过程中读懂了大学的游戏规则，充实了自己的行动能力，或是响应国家号召、获得了组织的有力支持，他们就有可能摆脱"直觉依赖模式"的困境，获得比较满意的向上流动结果。

本章参考文献：

[1] Binder A J, Davis D B, Bloom N. Career Funneling: How Elite Students Learn to Define and Desire "Prestigious" Jobs [J]. Sociology of Education, 2016,89(1): 20 - 39.

[2] Swidler A. Culture in action: Symbols and strategies [J]. American Sociological Review, 1986: 273 - 286.

[3] [英]齐格蒙特·鲍曼.工作、消费与新穷人[M].长春：吉林出版集团有限责任公司,2010。

[4] [法]让·鲍德里亚.消费社会[M].刘成富等译，译.南京：南京大学出版

社，2000。
[5] Lamont M. The dignity of working men: Morality and the boundaries of race, class, and immigration [M]. Cambridge, MA: Harvard University Press, 2000.
[6] Harding D J. Rethinking the cultural context of schooling decisions in disadvantaged neighborhoods: From deviant subculture to cultural heterogeneity [J]. Sociology of Education, 2011,84(4): 322 - 339.
[7] Lamont M, Beljean S, Clair M. What is missing? Cultural processes and causal pathways to inequality [J]. Socio-Economic Review, 2014,12(3): 573 - 608.
[8] Jin J, Ball S J. Precarious success and the conspiracy of reflexivity: questioning the 'habitus transformation' of working-class students at elite universities [J]. Critical Studies in Education, 2019: 1 - 16.
[9] Lareau A. Cultural knowledge and social inequality [J]. American Sociological Review, 2015,80(1): 1 - 27.
[10] Bourdieu P. Systems of Education and Systems of Thought [J]. Social Science information, 1967,14: 338 - 358.
[11] Willis P E. Learning to labor: How working class kids get working class jobs [M]. Columbia University Press, 1977.
[12] 李路路.制度转型与分层结构的变迁-阶层相对关系模式的“双重再生产”[J].中国社会科学，2002，(6)：105 - 118。
[13] 吕鹏，范晓光.中国精英地位代际再生产的双轨路径(1978—2010)[J].社会学研究，2016，(5)：114 - 138。
[14] Walder A G. Local governments as industrial firms: an organizational analysis of China's transitional economy [J]. American Journal of sociology, 1995, 101(2): 263 - 301.
[15] 刘欣.英才之路：通往转型社会二元精英地位的双重路径[J].社会学研究，2021，(4)：159 - 181。
[16] 万闻华，方长春.论市场转型与中国社会精英的生成机制[J].江海学刊，2008，(1)：119 - 123。

第六章　余论

“如果社会学的目的仅仅在于发现那些拉动它所观察的个体的提线，如果社会学忘记了它在与人打交道，即使人们以木偶的方式玩他们不知道其规则的游戏，总之，如果社会学认为自己的任务是向这些人再现其行为的意义，那么社会学也许不值得花费一丁点努力。”

——布迪厄，2009[2002]，p. 104[1]

为什么社会出身弱势的学生即使进入了最好的大学，却仍然在出路上劣势明显？一个简明的思路是去问他们自己，如何以及为何走上了这条路。两种主流理论视角对此给予的解释尚有未尽之处：分层与地位获得研究的分析重点并不在行动者的主观意愿与能动性[2]，而重视行动者的人力资本-理性选择研究则要么完全忽略价值观，要么简化假定行动者都是由世俗工具利益驱动的[3]。然而，本研究中被访者的出路获得过程表明，大学生并非总是如同理论假设的那般目标明确，私人工具性利益也并非总是统摄着大学生的去向。正如第二章已经说明的，在当前“双向就业、自主择业”的政策背景下，对名校大学生而言，出路的获得，绝不单单是能力高低的问题，而首先是一个选择。本研究正是试图去理解不同家境的大学生作出这一选择的处境、过程和缘由。显然，不是所有人都意识到了自己需要选择，更不是所有人为这一选择做好了准备。这一发现挑战了我在研究之始不假思索的假设：大学生的出路总是经过审慎的考虑之后才获得的。然而，随着研究的进展，我不得不推翻这一原本以为理所当然的假定——在“直觉依赖模式”下，大学生恰恰就是缺乏组织行动的明确理由或目的。他们如同一叶孤舟，被潮流裹挟着、彷徨着，不知自己要去往何方；他们又如同在迷宫里不带地图的探险者，全凭直觉依着迷宫的地势而行。“目标掌控模式”才是最适合精英大学场域规则的行事方式，是一套暗藏阶级壁垒的文化技艺。因为没有掌握这套关键的技艺，“直觉依赖者”在出路的竞争中受到了排斥。

下文将首先对这一文化解释进行理论上的回顾与讨论，接着对本书的核心关切——寒门学子在名校遭遇的文化障碍——进行总结梳理，最后基于全书的发现，对寒门学子突破文化障碍、取得理想出路提出了建议。

当工具理性遇到价值信念

基于教育社会学、高等教育学和文化社会学所贡献的相关理论，本书构建了一个包含了“资本化过程”、“投入过程”和“价值选择过程”的一个“大学过程”的分析框架，前者考虑到入学前社会出身的结构性影响，后两者则对学生入校后发挥个体能动性提供可能。在分析社会出身对大学生的影响时，本研究区分了组织大学生活的两种模式——“目标掌控模式”和“直觉依赖模式”。在分析大学生的投入过程时，本研究展现了两类模式下的投入特征对职业优势生成的影响。“目标掌控者”了解大学及劳动力市场的游戏规则，因而意识到目标的重要性，并掌控自己的投入过程去服务于已有的或正在形成的生涯目标。他们往往在大学里较早地树立职业目标并做好方向性的准备，因而主动追求也往往获得那些更高要求、更高回报的目标职业。而“直觉依赖者”则往往在不了解游戏规则的情况下沿袭直觉和习惯去组织大学生活，往往无意识地陷入“目标失焦”状态，常常到毕业关头还没有明确的自主职业目标，履历缺乏方向性，只能被动地选择一条自己够得着的职业，或者推免直研以延缓就业。全书试图论证，“目标掌控模式”和“直觉依赖模式”并非取决于个体的自由选择，而是阶层习性的产物，是不同阶层成员日用而不知的、前反思性的实践特征。大学的评判标准或职业竞争的游戏规则客观上有利于“目标掌控者”获取职业优势，从而促进了学生出路结果不平等的产生。

在教育不平等实证研究的主流范式中，行动者仅仅被有意无意地假定为通过成本效益计算而追求最大私人利益的理性人。在分层与地位获得研究中，教育被看作是一种对人力资本的投资行为，毕业后的职业地位或薪水等教育结果则被认为是这种投资所获得的相应回报如[4]。教育似乎只剩下工具性职能，行动者在教育选择和职业选择过程中的理性被大幅简化了。如果说视野宏观的分层与地位获得学派忽略行动者主体性尚且无可厚非,那么企图解释个体选择行为的理性选择理论也作类似忽略就堪称遗憾了。理性选择理论的基本内容是个体行动者在特定条件和情境下会倾向于自身效用最大的策略[5]。它原本在理论上将结构层面和个体层面的因素并行考虑,但在实际操作中却出于方法原因偏向结构层面,这一特征与地位获得研究有同流之处[3];再者,出于对这个多层次模型的简洁化考虑,理性选择理论家要么对个体行动目标和价值观完全缄默不提("thin model"),要么策略性地假定个体行动的驱动力就是由大众普遍追求的、可通约的私人工具性利益(private instrumental goods)——例如钱财和权力("thick model")[3]。理性选择理论家对再生产给出的解释是:学生的教育选择或职业选择行为是学生对一系列成本和回报的衡量过程,而同一个选择对不同阶层的学生意味着的成本和回报则是不同的,因而他们理性选择的结果也自然是分化的[6]。

理性选择解释具有显而易见的解释力。但一个潜在的问题是,人们理性选择的"理性"①程度可能是分化的[3]。Gambetta 在一本探讨学生教育选择的书中指出,学生会运用多种理性而不是单一的工具理性来衡量教育选择,而这个衡量过程难免受到特定阶层偏见的扭曲[7]。另外,关于职业选择的心理学研究的一个基本共识是,求职者不仅会对薪水、职位等世俗成功标准之列的外在回报进行考虑,还会对个人兴趣、同事、工作风格等非

① "理性"(rationality)一词的意思在各家著作中争论不一。在本书中,"理性"一词指人们行动时认为他们有充足的理由应该这样做(Boudon 2001, p. 67)。

物质类内在回报进行考虑[8]，而对这些回报的感知和评估标准势必与个体生活其间的社会文化背景相关[2,9]。就工具理性可以观测到的外在行为——树立目标与使用策略来说，部分实证研究已经表明了阶层之间存在着的差异：第一代大学生与非一代大学生相比，更有可能发生生涯目标不明确的情况[10]；关于学习投入特征的研究也表明，中产阶级出身的学生比低阶层学生在学习上有更多的策略，当低阶层学生单单靠自己在学习上费劲时，中产阶级学生则倾向于采取多种策略来寻求支持（例如咨询老师和学长），而这些策略恰恰被学校的评估标准所青睐[11]。

其实，工具理性和阶层的关联也从布迪厄的理论中可见一斑[12]。在最宽泛的意义上，"文化资本"一词正是想表明文化也可以成为一种可以被"用"来获取竞争优势的权力资源[13]。透过习性这一试图衔接主观主义和客观主义的新概念[详见13]，布迪厄似乎想表露工具理性也是受社会结构规制的。在《继承人——大学生与文化》一书中[14]，布氏辛辣地批判了学校制度是如何隐秘地造成大学生工具理性的失调。在以教育为名的令人眼花缭乱的辞藻下和教师的配合下，下层阶级的大学生很容易忘记为求职做准备："做一个大学生最合乎理性的方式就是根据未来职业的要求组织当前全部活动，利用所有合理的手段尽快尽好地达到这一目的。（然而）实际情况并非如此。通过将今天和未来隔绝，将手段和他们本应该实现的目的分开，学生们仿佛在无意识地掩饰他们活动的真实性"[14, p.57]。关键是，并非所有大学生都割裂了学业和前途之间的联系，"因为前途并非对所有人都同样不真实、不确定或不乐观。……大学生与他们的前途和学业的关系，直接与本阶级人接受高等教育的客观机会有关”[14]p.58,62。下层阶级的大学生在考试成功的强烈吸引下忘记了为前途打算，而最优越背景的大学生却反而为达到一种“明确而单一的理性目的”而有条不紊地组织学习[14, chapter 3]。

本书对“目标掌控模式”和“直觉依赖模式”的区分正是表明，在组织目的-工具行动方面，学生的“理性”程度在阶层之间是分化的。前者善用工具理性，往往尽早树立职业目标并形成有效的准备策略；而后者自主树立目标的意识弱，或出于固有的习惯而将学习当成目的本身，因而往往在毕业关头陷入被动。

理性选择假设的另一个问题是忽略了行动者多样的价值选择。首先，虽然追求世俗利益者众，但大学生群体的动机和目的可能是多样化的，忽略价值观的驱动作用非常遗憾——作为正式组织的学校，其内部的价值观教育和同辈文化对个体价值观很可能产生系统性的制约和导向作用。大学不甘心仅仅将学生培育成唯利是图的理性人。某种程度上，高等教育往往怀着改写学生价值图式的使命。几乎全球范围内的精英高等教育，在文化上都倾向于颂扬一种价值无涉的信念伦理和普遍主义的利他倾向，这种价值信念与仅仅指向个人或局部利益的实用主义相反，是一种去功利化的、造福他人的终极情怀与责任感[15]，中国经典里早有“士不可以不弘毅，任重而道远”（《论语・泰伯》）的古训，在欧洲的古典教育中也早有“精英责任”（noblesse oblige）之说[16]。在大学与世俗社会边界越来越模糊的今天，顶尖大学仍然坚持向学生传递这一理想。正如特罗所言：“（大众化时期的)精英高等教育向学生(试图)传递的观念是:他们可以完成世界上的重大事情,可以有重大发现,可以领导大型机构,可以对他们国家的法律和政府施加影响,以及对知识的增长有所作为。"[17]p.359 。那么,精英高等教育一方面试图鼓励学生投身普遍主义和利他取向的理想追求,一方面又承载着拉动个体向上流动、改善自身生活机会的功能。理想情怀和现实利益就此横亘在面临职业选择的学子面前,二者孰重?

"钱对你来说是什么?"这道经纬遇到的面试题,无论是否被意识到,对所有的毕业生们都是必需的考虑。如果说我在整个研究过程中有一个最大的感触,那就是我并未预料到被访者在这一问题上的看法差异性如此之大。尤其是在我国体制与市场的精英职业路径二元分割下,毕业生对这一问题的看法更是难以预设的。倘若研究者仅仅对毕业生抱有一种简化动机的工具人假设,我们就会无从解释那些抛弃了更高薪水而选择了远赴基层或扎根学术研究的学生,也难以理解"迷失无从者"究竟是缘何不能尽早为自己铺就生涯发展之路。

本书揭示了毕业生们对这一问题的权衡,这些千差万别的答案向读者证明:仅仅立足于成本-效益计算的理性选择模型作为一种理论假设,在解释和预判人的行为时的确有用但也有缺憾。与韦伯和布东观点一致,本研究在前提假设上同意行动者是理性的——即行动者的信念和行动远不是动机不明、虚假的和偶然的,而是对他们而言建立在充分的理由之上——不过这些理由可以是基于成本-效益比较的、后果主义式的工具性理由(instrumental rationality),也可以是基于价值感认同的、非后果主义式的价值性理由(axiological rationality)[18]。钱固然对人人都重要,但对某人而言究竟有多重要,以及人赚钱又是为了什么,终究是由行动者所持有的价值观念对多样的价值对象赋予权重的结果,其赋值人人各异。而这个起关键作用的"赋值"过程,很大程度上恰恰是在"大学过程"中发生的各类价值图示的冲突中完成建立的:原生家庭所给予的习性和资源,以及学生在大学中的投入和努力,二者相互影响、妥协、融通,共同定义了学生的偏好倾向。

文化社会学中关于文化与行动之关系的研究,为本研究深入探究大学生的理想信念与生涯选择提供了理论资源。基于文化-行动的二元路径模型,本研究在目的-手段合理性的维度之外添加了价值观驱动行动目的的维度,并根据个案在不同维度上的特征,将大学生的出路获得机制分为四种类型:"自主驱动"、"机会主义"、"迷失无从"和"价值归顺"。其中,"机会主义者"完全符合理性选择理论的假设,"自主驱动者"在多数情况下符合①,"迷失无从者"和"价值归顺者"则并不符合——"迷失无从者"并不是没有能力去追求目标,而是不知道目标在哪儿,因为树立目标的意识和工具理性被对大学的陌生感、道听途说的误解和专注学业的惯性所掩盖住了,更不用说在受到学校价值教育的影响后,即便他们知道很多"机会主义者"致力于赚钱,他们也不会轻易跟随;而"价值归顺者"因为内化了学校倡导的"家国理想-社会价值"图式,走上了一条象征资本和精神回报高的道

① 追求有违主流精英选择的特殊职业目标除外。

路——其行动有时甚至可能与理性选择理论的预测是相反的——想想大成从鼎鼎大名的金融学院转到较为边缘的社科学院;家境平平的梓桐不去市场赚钱反而有志于做一个收入平平的文科研究者;浩凡拒绝了某建筑咨询公司年薪30万的录用通知,最终选择了某国家航天开发部门,薪水只有前者的一半。当我们不了解他们的价值观念时,会认为他们的选择从理性选择的角度似乎是不可理解的,而当我们将他们的客观处境和主观信念并置,就会发现他们这样选择其实具备充分的合理性。

在目的-手段行动力和价值信念驱动力两个维度的基础上,本书构建了对名校大学生出路不平等的一种文化社会学解释。通过强调行动者利用文化建立目标的可能和使用文化达成目的的能力,本研究试图重新将行动者的主体性和能动性带回高等教育结果不平等的讨论中。倚重社会结构的再生产解释诚然在宏观或群体层面具有一定的说服力,然而这些解释对个体所能提供的洞见却十分有限。本书表明,个体能动性依然在塑造大学生出路差异的过程中占有重要的位置。“直觉依赖模式”下的寒门学子之所以在毕业出路上陷入困境,并非被迫如此或必然如此,而是在习性牵引下所自觉组织的行动让他们毫无察觉地步入了困境。不过,尽管家庭背景赋予了一些学生更多的优势,但获取职业优势终究在于自己主动树立目标、并运用可习得的文化能力去逐步实现目标。这样,虽然或许从宏观层面无法避免优势再生产的发生,个体却不至于悲观绝望,因为仍有发挥主体能动性的空间。即便出身贫寒,也有从“直觉依赖模式”向“目标掌控模式”转变的可能,尽管这种转变的发生需要一些条件。

特别是当“直觉依赖者”在接受高等教育的过程中内化了学校所传递的理想信念，还有可能获得来自体制强有力的组织赞助。若说本书试图对理解高等教育结果不平等现象提供一丝微薄的贡献，那就是本书力求说明，仅仅透过工具人假设去审视大学生的就业问题可能是不够的，因为这一假设并未考虑到文化能力和价值观对行动的强烈影响，再考虑到工具理性在阶层中的不均衡性，研究者很可能系统性地损失对于弱势学生的失败的合理解释，更难以解释其取得的成就和成功。布迪厄在《继承人》一书中说：“处于最不利地位的阶级……对于实现命运的途径过于不觉悟，从而促进了自己命运的实现，因而学校教育系统的合法性权威可以加剧社会不平等”[14, p.72]。不少弱势学生的确对于实现命运的途径过于不觉悟，在此意义上，问题的症结不仅仅在资本的多少，还在于意识的清晰程度和信念的强弱。关于高等教育结果不平等的研究，理应为促进这种“觉悟”添砖加瓦。

需要重申的是，我本人作为研究者，并不希望在分析每一种模式或类型时带有个人的价值倾向，而是力求展现不同类型产生的缘由以及其现实处境。正如已经在文中体现的，无论是“目标掌控者”还是“直觉依赖者”，都有自己的行动合理性，两者所秉持的道德感各有其源流，他们的行动模式在自身的逻辑体系内也完全是自洽的。不过，本研究仍然启发我对评估学生教育结果的价值标准进行反思：“目标掌控者”和“直觉依赖者”中，哪一类是教育者期望培育的呢？“机会主义者”的成功和“迷失无从者”（看上去的）失败，究竟能否从教育者的角度看作是“成功”或“失败”？或许并不容易回答。“机会主义者”更擅长达到目标，却可能因为工具性太强而错过了内在意义上的个人成长；“迷失无从者”看上去在毕业去向上表现不佳，其在大学里的散漫发展和自由探索却有可能让他们在内在自我的探寻上取得进步，只是这种进步尚未外显出来而已。当研究者试图从某一个重要的外显角度（比如职业获得）测量学生的教育结果时，“直觉依赖者”因为所付出的努力缺乏方向上的集中性，其表现很可能不及“目标掌控者”。然而如果从多个衡量内在个人发展的角度测量，“直觉依赖者”所取得的成就或许更大。只不过，恰如布迪厄的理论洞见，大学这个场域的“游戏规则”或评判标准，明显地倾向于优势阶层的学生[12]。我们不得不承认这一点，但它也将继续催促我们继续反思，并继续寻求改变。

文化障碍的二重性

揭示寒门学子在当前中国名校中遭遇到的文化障碍，是本书的一个核心关切。自 20 世纪 60 年代社会理论的“文化转向”以来，学界一直关注阶层或种族的文化差异如何在学校教育环节中传递其优（劣）势。“文化”在此语境下不仅包括客观的言行举止、文化商品、消费习惯等等，也包含主观的意义阐释框架、规范意识和一系列前提假设[19,20]。从“反学校文化”[21]到“扮白人(acting white)”，[22]，再到文化再生产理论[12,23]和文化错配理论(cultural mismatch theory)[24]，学者达成了共识：学校教育系统隐性的文化要求与低阶层文化不相兼容，而是系统性地与优势阶级的主流文化相一致。因而，当低阶层或少数族裔学生进入学校后，会因为自身文化与周遭环境错配而被排斥。法国社会学家布迪厄对这种排斥机制的分析提供了最具影响力的理论基础。对布氏而言,习性和场域构成了社会分层结构的两种相互扭结的存在方式:习性内在于行动者,是作为知觉、态度和行动的母体而存在的一套持续性的性情倾向系统,而场域外在于行动者,是生产和交换某种利益的一个结构性的竞争领域[25]。行动者或组织所持有的各种资本、与场域里其他行动者的客观关系决定了其在场域里的位置,而行动者的习性既反映了其在场域中的位置,也同时内化和合法化了其场域位置[13]。

由于习性和场域之间的对应性,当低阶层学生走进以中产阶级文化为主导的精英大学场域时,会感觉自己似乎走错了地方——体验到一系列陌生感、混乱感、不安全感和不确定感,很不自在[26]。这一理论为我们提供了一种既考虑行动者的主观经验、又能够对主观经验所依托的客观结构位置同时进行分析的可能性。沿着布迪厄游戏之喻的思路,大学可被视为一个具有一些特定游戏规则的迷宫(即场域),处于场内不同位置的行动者试图使用拥有的资本去获取各种机会和荣誉,他们的位置也会塑造他们的习性——即"一种对游戏的感觉,对必要的行动和此游戏之逻辑的感觉"[27,p.64]。而影响行动者在游戏里获胜的资本,既包括经济资本和社会资本,也包括文化资本,也就是对场域中主导文化的掌握和熟稔[12,28,29]。显然,与家境优越的城市学生相比,来自农村、贫困地区、西部偏远地区的家境弱势学生,对城市和大学都相当陌生,对大学里的出路竞争游戏很可能根本找不着"感觉",也缺乏获胜所需要的文化资本。由此,进入精英大学的寒门大学生,就不得不面临一种"文化障碍"。这种"文化障碍”首先是情感性的，但也深刻地影响到了行动策略的生成；不仅仅压制了他们的自我认识与自信心，还对他们在大学里的人际交往和生涯发展不利。

基于现有的文献和本研究的发现，我试图总结出在精英大学中羁绊低阶层学生的文化障碍的两个方面。这两个方面相互关联，却也有着明显的分野，可以说对寒门大学生适应名校、取得成功构成了双重障碍。第一重文化障碍称为“文化脱嵌”，典型特征是寒门学子进入精英大学后，体会到对周遭物理环境和社会文化环境的全面疏离。如布迪厄所言，习性如果突兀地进入一个与自身不配合的场域，会产生一种如同鱼离了水的感觉[25]。低阶层大学生往往发觉自己的外貌、穿着、口音、姿态、生活习惯等诸多原本习以为常的方面，与精英大学里“正确的”或“默认的”做法迥然不同[22,30,31]，因此他们既难以理解新环境对自己的角色期待[32]，又感到自己在新的环境是个异类[26,33,34]，与原先的社群也难以维持固有的联系[35,36]。一个直接的例子是寒门学子不知如何使用大都市庞杂的道路交通工具和公共服务设施，譬如智能导航、自助购票等。大学当中的大部分人早已适应了使用电脑、手机和互联网传达信息、解决问题，而刚刚从中学进入大学的寒门学子可能并不知道如何操作电脑、查收邮件、在线选课等。当被访者向我讲述这些窘境时，他们害羞和尴尬的表情说明了称为新群体中的“少数人”给他们带来的羞耻感和心理压力。一位女生在讲述自己因为不懂得飞机舱位布局这样的“常识”而闹了笑话时，甚至禁不住开始哭泣。除了对物理空间感到陌生和恐惧，更大的挑战是难以融入精英大学的人际互动环境。因为精英大学的生源目前仍以来自优势家境的学生为主，寒门学子在其中容易感到孤独和被拒斥。正如大成“语码处理器”的比喻，寒门学子的“处理器”仿佛出了故障，难以对大学里老师和同学发出的信号进行解码。他们不知道如何融入同学圈子，也读不懂任课教授对优秀学生的期待，更没意识到自己并不了解大学里的游戏规则(特别是非制度性的那些)。文化上的隔阂使得他们往往对新同学和新老师敬而远之，转而与背景相似的老乡或高中同学抱团取暖，而这却强烈局限了他们社会交往的范围，不利于社会支持体系的建立和“文化工具箱”的迭代升级。另一方面，寒门学子还不得不面临与原先的社群相脱离的问题。空间上的隔绝和新身份的获得，都对他们维系与以往的亲人和朋友的关系造成了障碍。数位被访者向我提起过，上大学以后和原先的朋友疏远了，家人也并不能理解他们遇到的很多新困难。总之，因为实现了向精英高等教育的流动，他们仿佛被“移植”到了一个陌生的地方，文化上或多或少的水土不服总是不可避免。

“文化脱嵌”带来的困扰大部分是短期的。虽然一段时间内(大部分是入学初期)感觉强烈，但“常识”的欠缺和社交上的孤立感大多会随着寒门学子在校时间的累积而逐渐消弭。老乡、室友和辅导员在这个过程中往往起了重要的陪伴作用。多数被访者在入校一学期或一年之后，就会感到状态更平稳了一些。恐惧感和孤立感渐趋消散，取而代之的是一个新社会环境中正在形成的新身份。从本研究被访者的情况看，跨越“文化脱嵌”障碍的过程在个案之间存在差异。如果寒门学子入学后发现同宿舍或同班有不少和自己背景差不多的同学，并交到了投缘的朋友，克服“文化脱嵌”障碍的难度会减小许多，过程也会相对更短。而如果恰巧被分配到一个背景差异悬殊的小环境，“文化脱嵌”障碍则会更加彰显。另外，校园的学生文化似乎也是一个影响因素。拿南方大学和北方大学举例来说，南方大学的学生文化相对比较松散，班集体和学院集体对个人的组织程度都很弱，学生的社交圈子几乎全以个人为单位组织，对集体的归属感整体偏弱，学生身在其中容易有更强烈的“文化脱嵌”感；而北方大学的校园文化环境则更加中心化，学生对班集体和院集体的归属感普遍比较强，个体也很容易被整合进集体组织的活动中去，这种较为中心化的秩序容易使个体对组织和集体迅速产生新的归属感和认同感，从而缓解“文化脱嵌”带来的不适。总体而言，南方大学的被访者表达出了比北方大学被访者更强烈的“文化脱嵌”感。

第二重文化障碍称为“文化迷失”，其典型特征是寒门学子升入名校之后，场域的剧烈转换造成了内在自我的冲突，继而引发了行动目标和策略的迷失。“文化迷失”障碍使得进入精英大学的寒门学子对自己感到迷茫和困惑，弄不清楚当下的自己“是谁”“想要什么”“该干什么”。它极大地削弱了寒门学子使用文化工具去树立目标、达成目标的行动力和能动性，使得他们很多时候仅仅停留在茫然的观望状态。随着习性不断地调和自身与场域之间的矛盾，一方面需要维持与旧系统的连贯性，另一方面又需要发展新的倾向以适应新环境，于是产生了布迪厄所预言的“习性裂化”[37, p.511]。一方面，寒门学子已经脱离原来生长的环境，接触了许多新鲜的观念和事物，与原本熟悉的自我逐渐拉开了差距；另一方面，其在名校新获得的身份和自我认知又不断被原先的自我和社会关系所干扰，以至于自我认同时刻处于一种不稳定或撕裂状态，个体因自己的出身陷入自卑感与羞耻感当中，甚至将自我分裂成多个部分[33,36,38,39]。对中国高校低阶层大学生的研究不约而同地确认了自我的撕裂与认同多重化[39,40]。另一方面，因为不了解精英大学和劳动力市场中的“游戏规则”，寒门学子往往不清楚如何做才能为自己的发展赢得优势，也不倾向于对外寻求帮助。拉鲁及其学生认为，掌握学校这样的正式组织如何运转的“文化知识”，以及向教师寻求理所当然的帮助，是塑造学校教育不平等的关键点[41,42]。“文化迷失”不仅对寒门学子的自尊心和自信心意味着釜底抽薪，还不利于其在当前白热化的竞争中抢占先机、获得成功。正如第六章所述，价值感的混乱和无规划的投入很容易导致“直觉依赖者”在毕业前夕迷失无从，陷入无准备状态。寒门学子应对自我认同危机的策略常常是固守自己熟悉的学业成功，而放弃自己所不熟悉的课外社会性活动[40]，然而这种做法却容易让他们在未经仔细省察自身真正的志趣就匆忙踏上直升研究生或博士的学术道路，虽有助于纾解一时之困，长远来看却不利于其职业发展。

“文化脱嵌”和“文化迷失”两重障碍常常是共生的。寒门学子可能首先强烈体会到“文化脱嵌”的困扰，而后才逐渐体悟到“文化迷失”这种慢性的痛楚。在“文化脱嵌”障碍未克服的情况下，因为失去了社群的支持与接纳，“文化迷失”导致的自我认同撕裂和目标失焦的问题也更加突出。与短期内可能自然得到缓解的“文化脱嵌”相比，“文化迷失”似乎更加击中要害、也更需要有意识地反思和克服。因为身处茫然之境的人，甚至需要花一些时间来意识到自己的迷茫。从“文化迷失”状态中恢复并重新回到一种确定的状态，对寒门学子来说是一个艰巨而长期的过程。多位被访者认为，他们直到毕业也仍然没有走出这种对自我和未来的茫然之境。要走出“文化迷失”的状态，归根到底需要重建内在自我，在新的场域找到定义自身价值与人生目标的新方式。相对而言，“价值归顺者”在大学里比较完整地经历了“文化工具箱”的重塑，更新了看待工作意义和自我价值的眼光，也走上了一条方向明确、前景宽阔的生涯道路，故而更容易跨越这一阶段。

需要申明，寒门学子在精英大学中遭遇文化障碍，并不意味着他们的文化或习性本身存在某种缺陷，而只是因为他们所掌握的文化与大学多数成员所“默认”的文化不同罢了。文化障碍及解释逻辑的提出，看似从寒门学子自身的角度解释了不平等的产生，本意却不在于“谴责受害者”或对寒门学子的文化表示批评。相反，与其他力图揭示低阶层与大学的文化错配问题的研究如[24]一样，揭示“文化障碍”的目的是展现名校的制度与文化环境看似中立，实际上却给寒门学子获得与中产阶层学生同等的高等教育体验带来了额外的困难。说到底，这是宏观层面的大学组织特征（比如大学里各阶层学生的比例结构）和制度安排（比如就业政策、学生评价标准和资源分配制度）导致的，个体身在其中，无可选择地承受了它们带来的后果。当然，这并不是说寒门学子只能被动接受文化障碍的钳制。书中已经多处展现了发挥能动性去突破多种文化障碍的可能性。正如许多运用布迪厄理论研究不平等问题的学者所同意的，要促进寒门学子突破文化障碍，就需要引导他们认识这种文化障碍产生的原因，特别是要向他们解释新的学校场域中那些或明或暗的“游戏规则”[41,43,44]。当有人向他们清晰地解释一番名校中实际起作用的场域规则，他们就逐渐能结合这些知识对自身的处境进行自反性的分析，就有可能重新审视原先未曾意识到的困境，松解那些本不必要的自责、羞耻和负罪感，才有了发挥能动性去突破困境、赢得转机的动力。这正是我写作本书的用意。

寒门学子能做什么？

寒门学子如何突破文化障碍，是我目前正在研究的议题，尚未得出体系化的结论。此处根据我目前的研究进展和感悟略提几点，权当抛砖引玉，与读者讨论。要走出文化障碍带来的低迷状态，首先可以从转变对自己处境的认知开始。正如本研究被访者的体验，不少寒门学子对入校后可能面临的文化障碍没有任何心理准备，遇到困难后又将问题归结于自身，由此带来了沉重的心理负担。因而突破障碍的第一步，就是意识到自己所经历的困境并非自身的能力或性格缺陷所引起，而是像本书所展现的那样，是个有规律可循的社会事实。虽然看似是个人的体验，却有着深刻的社会根源，是正常的，也是在一定范围内具有普遍性的。换句话说，其实身边有这些不适感的同学大有人在。因而，不必对身处这种困境感到羞耻和自责。并且要意识到，支持像自己一样的学生度过适应困难，是大学本来应尽的责任。

虽然寒门学子总不习惯于向辅导员、学院老师等关键人员求助，但错过这个理所当然的帮助来源实为大憾。

要在认知上做好突破文化障碍的准备，还需要向自己强化一个信念：我愿意跨出自己的舒适区，去挑战我习以为常的观念和生活方式，接受（至少是有反思性地拒绝）那些总是不假思索就拒绝的观念和事物。因为习性总是不自知、不自觉地作用于日常生活的分分秒秒，行动者无需刻意思考和判断就自动知道该如何行动。习性作用下的实践常常是前反思性的、是倾向于维护旧有习性的。因此，当寒门学子来到新的名校场域，总是会无意识地拒斥所接触到的新的观念、思维方式和行为方式。正如书中运用"直觉依赖模式"而不自知的同学，明知道其他策略更有利，却常常轻易从自己的道德体系出发，对此嗤之以鼻。当然，寒门学子在接受新事物的时候要有所反思和甄别，亦步亦趋大可不必，但全盘拒斥也不可取。即便是拒斥，也要经过反思程序再决定拒绝。对于那些自己看不惯又好似很有功效的做法，可以首先自己反思自己看不惯的缘由是否站得住脚，而后仔细思索一番令该做法有功效的机制是否合理，然后再决定是否批判性地接受这一做法。

突破文化障碍的第三个要点，是对新场域文化及"游戏规则"的广泛了解和学习。初始的"文化脱嵌"感并不可怕，当寒门学子浸淫在名校的新环境，他们有很多机会去见识其他人习以为常的那些观念和做法。寒门学子要做的，除了在认知上松动自身不假反思的旧观念和旧做法，还要积极为自己创造多元化的社交机会，去尽可能广泛地接触新观念和新做法。在这方面，增加社会性投入和突破单一化的社交圈子非常重要。要尽量避免仅仅在老乡和高中同学群体里寻求社交支持的倾向，也要着意和更广泛的人群、特别是与自己背景不同的同学沟通交流。在遇到文化适应障碍的初期，寒门学子可能会感到与背景熟悉的同学交往更能舒缓压力、建立安全感和归属感。随着新朋友圈子的建立，"文化脱嵌"障碍逐渐瓦解，就是时候勇敢地结交其他与自己不同背景的朋友了。在与不同背景的朋友交往的过程中，可以留心观察和思考那些令自己感到难以理解的观念与做法，并带着坦诚和尊重与他们交流。另外一个重要的方面是增进与师长的非正式交往。教授和师兄师姐并非如同想象当中的那样难以接近，他们更清楚大学的游戏规则，也能为后来者提供切身的帮助和建议。事实上，大学已经在促进师生互动方面实施了许多举措，例如让新生有机会进入课题组的学术启航计划、教授读书会等。不要错过这些交往和学习机会。假以真心与时日，相信会获益良多。

在逐步做好准备拥抱新社交圈子和场域文化的同时，还要注意衔接好旧有的社交关系和原本对自我的认识，从而缓解习性的裂化带来的撕裂感。换句话说，就是要在向上攀登的蜕变之路上仍保持原先自我的延伸性，而非与过去的自己彻底决裂。唯有将自己的过去、现在与未来交织在一起，寒门学子才能实现文化身份上的主动整合，而不用落入文化自杀还是文化固守的两难境地[45]。综合本研究中被访者的经验与叙事心理学的洞见，我认为再创作自己的人生故事可能是一个有用的途径。丹·麦克亚当斯(Dan P. McAdams)在《我们赖以生存的故事》一书中指出，人们通过创作自己的个人神话（personal myth）来理解自身[46]。通过将过去和现在的生活通过故事联系起来，形成一个有意义的、令人信服的整体，人们得以获得自我认同的连贯性和一致性。面对“文化迷失”带来的困境，寒门学子不妨尝试用笔写下或向他人叙述自己的成长故事。在写作或讲述过程中，特别注意挖掘自己在经历多个成长阶段后也从不曾改变的特质，或者从小到大一以贯之的愿望或信念，以提升自身故事的连贯性。一位被访者告诉我，尽管自己发生了许多未曾料到的变化，但当他在大三逐渐意识到，自己身上许多曾经珍视和引以为傲的东西其实仍然在那里，未来仍然可以继续发展，之前碎片化的自我就渐渐地拼合在一起，重新整合出一个完整的、真实的却是经历过身份扩展的自我。尽管目前关于寒门学子上大学的研究往往极言低阶层习性与精英大学场域之间的鸿沟，但在我国的历史文化背景下，能考进名校的寒门学子的习性特征其实与大学场域仍有一定的连续性[40]。例如，寒门学子入学后多习惯性地看重学业，倾向于维护自己一贯的“优等生”身份，而学业“优等生”在目前中国大学的制度系统里的确能获得不少物质性和象征性的支持[39]。因此，寒门学子在大学阶段的发展具有连贯性的自我并非没有可能，个体在再造自身个人神话中无疑拥有相当的自由，这也是我后续研究的方向。

最后，在即将跨越文化障碍的阶段，寒门学子可以试着去欣赏自己的原生文化，并意识到和发挥好自己的文化身份和过渡经历带来的独特优势。法国社会学家迪迪埃·埃里蓬（Didier Eribon）的《回归故里》一书向世人展现了，一个厌弃自身原生文化的人即使取得了成功，也终将因情感和精神的无所依归而饱受折磨。埃里蓬停止这种折磨的最终途径，正是从精神上"回归故里"，与从前一直抵制和不愿承认的自己和解[47]。尽管寒门学子可能一度因自己的身份标签（如"农村人""贫困生""凤凰男""小镇做题家"等）而感到自卑和自我厌弃，但一旦当他们趟过了文化身份扩展的河流，这些经历反而会化作一种独特的个性和优势。不少学者指出，寒门学子的原生文化的确可以制造优势，帮助他们取得成功，包括自立自强的精神、尊师重教的观念、内在生发的不竭动力等等[48,49]。更重要的是，实现了阶层跨越和文化身份扩展的寒门学子，如同穿梭在弱势社群和社会精英之间的"大使"，他们精通两边的语言、明白彼此的诉求，也有意愿、有能力去影响政策和决策，从而改善其原生社群的生活境况。例如，不少毕业于名校的农村学生选择成为选调生、投身公共服务，并非仅仅出于自身向上流动的考虑，也是一种服务基层、回馈乡土的精神追求[50]。同样，公共生活和学术研究领域中，致力于揭示促进社会公平、提升弱势社群福祉的学者和社会活动家中也有许多人正是出身于弱势社群。当他们在新的知识精英场域站稳脚跟，原先的文化身份就自然而然为他们提供了思想资源和问题意识，成为他们实现自我价值的祝福。

归根结底，要从现象上消除文化障碍，绝非寒门学子个体的责任。高校教师和管理者需要认识到他们在消弭文化障碍方面所扮演的重要角色。通过改善政策环境来支持学生应对文化障碍是一条可取的途径。例如，近年重点大学已经提高了贫困学生的录取比例。此外，可以通过一些软性的制度机制增加弱势学生在精英大学的比例和进行社会性投入的机会[51]，促进他们的师生互动和同辈互动，帮助他们完善社会支持体系；另外，将生涯规划辅导提早至低年级甚至新生教育期，帮助寒门学子早日树立目标意识，生成职业价值目标，并扩展“文化工具箱”，组建多样化的职业准备策略。除了透过制度措施来缓和文化障碍，高校教师和辅导员们作为日常接触学生、又手握评估权力的“守门者”(gate keeper)，只要稍微俯下身来，不将自己拥有的知识视为理所当然，多顾及弱势学生的体验和感受，就能为他们扫除不少人为制造出的文化障碍。学术研究者在推动文化障碍的消除方面同样责无旁贷。要做能对寒门学子提供切身帮助的研究，研究者不仅需要揭示文化障碍如何阻碍了他们的发展，还需要继续深入探究他们发挥能动性去突破文化障碍的过程和机制。倘若只满足于无休止地对再生产既定秩序的解释，那么千方百计与文化障碍搏斗的寒门学子就失去了一份得力的支持，而学者们也错过了欣赏一幅能动性与结构性力量相抗衡的动人图景。

本章参考文献：

[1] 皮埃尔·布迪厄.单身者舞会[M].姜志辉，译.上海译文出版社，2009.

[2] Lehmann W. Choosing to labour?: School-work transitions and social class [M]. McGill-Queen's Press-MQUP, 2014.

[3] Hechter M, Kanazawa S. Sociological rational choice theory [J]. Annual review of sociology, 1997, 23(1): 191 - 214.

[4] Hout M. Social and economic returns to college education in the United States [J]. Annual Review of Sociology, 2012, 38: 379 - 400.

[5] Abell P. Sociological theory and rational choice theory [J]. The blackwell

companion to social theory, 2000,2: 223 - 44.

[6] Breen R, Goldthorpe J H. Explaining educational differentials: Towards a formal rational action theory [J]. Rationality and Society, 1997,9(3): 275 - 305.

[7] Gambetta D. Were they pushed or did they jump?: Individual decision mechanisms in education [M]. Cambridge University Press, 1987.

[8] Latham G P, Pinder C C. Work motivation theory and research at the dawn of the twenty-first century [J]. Annual Review of Psychology, 2005,56: 485 - 516.

[9] Hodkinson P, Sparkes A C. Careership: a sociological theory of career decision making [J]. British Journal of Sociology of Education, 1997,18(1): 29 - 44.

[10] 张华峰,郭菲,史静寰.促进家庭第一代大学生参与高影响力教育活动的研究[J].教育研究,2017,(6): 32 - 43。

[11] Yee A. The Unwritten Rules Of Engagement: Social Class Differences in Undergraduates' Academic Strategies [J]. The Journal of Higher Education, 2016,87(6): 831 - 858.

[12] Bourdieu P, Passeron J-C. Reproduction in society, education and culture [J]. Trans. R. Nice. London: Sage, 1977.

[13] Swartz D. Culture and power: The sociology of Pierre Bourdieu [M]. University of Chicago Press, 2012.

[14] Bourdieu P, Passeron J C. The inheritors: French students and their relation to culture [M]. Chicago: University of Chicago Press, 1979.

[15] 阎光才.识读大学:组织文化的视角[D].华东师范大学高等教育研究所,上海:华东师范大学,2001。

[16] Mitford N. Noblesse Oblige: An Enquiry into the Identifiable Characteristics of the English Aristocracy. Oxford: Oxford University Press, 2003.

[17] Trow M. "Elite Higher Education": An Endangered Species? [J]. Minerva, 1976: 355 - 376.

[18] Boudon R. The Origin of Values: Essays in the Sociology and Philosophy of Beliefs [M]. Transaction Publishers, 2001.

[19] 周怡.文化社会学发展之争辩:概念、关系及思考[J].社会学研究,2004,(5): 67 - 79。

[20] Ogbu J U. Cultural problems in minority education: Their interpretations and consequences—Part one: Theoretical background [J]. The Urban Review, 1995,27(3): 189 - 205.

[21] Willis P E. Learning to labor: How working class kids get working class jobs [M]. Columbia University Press, 1977.

[22] Fordham S, Ogbu J U. Black students' school success: Coping with the "burden of 'acting white'" [J]. The urban review, 1986,18(3): 176 - 206.

[23] Bourdieu P. Distinction: A social critique of the judgement of taste [M]. Cambridge, MA: Harvard 1984.

[24] Stephens N M, Townsend S S, Markus H R, et al. A cultural mismatch: Independent cultural norms produce greater increases in cortisol and more negative emotions among first-generation college students [J]. Journal of Experimental Social Psychology, 2012,48(6): 1389 - 1393.

[25] Bourdieu P, Wacquant L J. An invitation to reflexive sociology [M]. University of Chicago press, 1992.

[26] Reay D, Crozier G, Clayton J. 'Strangers in paradise'? Working-class students in elite universities [J]. Sociology, 2009,43(6): 1103 - 1121.

[27] Bourdieu P. The Logic of Practice [M]. Cambridge: Polity Press, 1990.

[28] Lamont M, Lareau A. Cultural capital: Allusions, gaps and glissandos in recent theoretical developments [J]. Sociological theory, 1988: 153 - 168.

[29] Bourdieu P: The forms of capital, Halsey A H, Lauder, Hugh, Brown, Phillip, Wells, Amy Stuart (Ed.), editor, Education: Culture, economy, society, Oxford, England: Oxford University Press, 1997.

[30] Li H. Rural students' experiences in a Chinese elite university: Capital, habitus and practices [J]. British Journal of Sociology of Education, 2013,34(5 - 6): 829 - 847.

[31] Skeggs B. Class, self, culture [M]. Routledge, 2013.

[32] Collier P J, Morgan D L. "Is that paper really due today?": differences in first-generation and traditional college students' understandings of faculty expectations [J]. Higher Education, 2008,55(4): 425 - 446.

[33] Aries E, Seider M. The interactive relationship between class identity and the college experience: The case of lower income students [J]. Qualitative Sociology, 2005,28(4): 419 - 443.

[34] Lehmann W. "I just didn't feel like I fit in": The role of habitus in university dropout decisions [J]. Canadian Journal of Higher Education, 2007,37(2).

[35] Lehmann W. Habitus transformation and hidden injuries: Successful working-class university students [J]. Sociology of Education, 2014,87(1): 1-15.

[36] Lee E M, Kramer R. Out with the old, in with the new? Habitus and social mobility at selective colleges [J]. Sociology of Education, 2013,86(1): 18-35.

[37] Bourdieu P, Accardo A, Emanuel S. The weight of the world: Social suffering in contemporary society [M]. London: Alhoda UK, 1999.

[38] Baxter A, Britton C. Risk, identity and change: Becoming a mature student [J]. International Studies in Sociology of Education, 2001,11(1): 87-104.

[39] Jin J, Ball S J. Precarious success and the conspiracy of reflexivity: questioning the 'habitus transformation' of working-class students at elite universities [J]. Critical Studies in Education, 2019: 1-16.

[40] 谢爱磊.精英高校中的农村籍学生——社会流动与生存心态的转变[J].教育研究,2016,(11): 74-81。

[41] Lareau A. Cultural knowledge and social inequality [J]. American Sociological Review, 2015,80(1): 1-27.

[42] Calarco J M. "I need help!" Social class and children's help-seeking in elementary school [J]. American Sociological Review, 2011,76(6): 862-882.

[43] Jenkins R. Pierre bourdieu [M]. Milton Park: Routledge, 2014.

[44] 朱丽.突破再生产：布迪厄理论的另一面[J].清华大学教育研究,2021,42(3): 26-32。

[45] 余秀兰.从被动融入到主动整合：农村籍大学生的城市适应[J].高等教育研究,2010,(8): 91-99。

[46] Mcadams D P. The stories we live by: Personal myths and the making of the self [M]. Guilford Press, 1993.

[47] 迪迪埃·埃里蓬.回归故里[M].王献,译.上海：上海文化出版社,2020。

[48] 程猛,康永久."物或损之而益"——关于底层文化资本的另一种言说[J].清华大学教育研究,2016,37(4): 83-91。

[49] 余秀兰,韩燕.寒门如何出"贵子"——基于文化资本视角的阶层突破[J].

高等教育研究，2018，(2)：8－16。
[50] 汪卫平，牛新春，郑雅君.为什么要去做定向选调生？——基于某“双一流”建设高校毕业生的质性研究[J].中国高教研究，2020，(8)。
[51] 牛新春，郑雅君.弱势中的亮光：农村大学生的公益投入[J].中国高等教育评论，2018，9(1)。

附录一　个案描述

编号	化名	社会出身特征	专业大类	毕业去向
S1	鹏程	农村学生,父母务农, 第一代大学生,东部学生	经管商科	某知名通信科技公司
S2	一帆	农村学生,父亲工厂工人,母亲在家, 第一代大学生,东部学生	社会科学	某外资咨询公司
S3	田野	城市学生,父母均为大学教授 非一代大学生,东部学生	社会科学	某大型国有企业
S4	初晓	城市学生,父母均为私企普通员工 第一代大学生,东部学生	工程科学	出国读研
S5	晓刚	城市学生,父母技术员和小业主 第一代大学生,东部学生	社会科学	某大型地产集团
S6	王冰	城市学生,父母为中学教师 第一代大学生,西部学生	经管商科	出国读研
S7	庆溪	城市学生,父母均为高级图书发行人 非一代大学生,东部学生	经管商科	某私募基金公司
S8	泽斌	城市学生,父母为私企中层经理 非一代大学生,东部学生	工程科学	某知名互联网公司

续 表

编号	化名	社会出身特征	专业大类	毕业去向
S9	钦凯	城市学生,父亲为私营企业主,母亲为国企工程师 非一代大学生,东部学生	自然科学	某知名外资酒企业
S10	国凡	城市学生,父亲均为体校老师 非一代大学生,东部学生	人文学科	某大型证券公司
S11	世民	城市学生,父亲任大学行政管理岗 非一代大学生,东部学生	人文学科	某大型金融企业
S12	徐飞	城市学生,父亲是包工头 第一代大学生,东部学生	人文学科	公务员
S13	天清	城市学生,父母均为国企工人 第一代大学生,东部学生	社会科学	某知名航空公司
S14	阳龙	农村学生,父母为当地个体户 第一代大学生,东部学生	社会科学	某地方性银行
S15	梓桐	农村学生,父母均务农 第一代大学生,西部学生	人文学科	本校直研
S16	徐虎	农村学生,父亲包工头 第一代大学生,东部学生	人文学科	某大型媒体平台
S17	经纬	城市学生,父亲为国企部门经理 第一代大学生,东部学生	经管商科	某外资投行
S18	天宇	城市学生,父母为私企普通职工 第一代大学生,东部学生	自然科学	某外资化工企业
S19	皓然	城市学生,父母为当地机关事业单位干部 第一代大学生,中部学生	人文学科	某大型媒体平台
S20	敏浩	城市学生,父母均为处级干部 非一代大学生,中部学生	社会科学	某高校部处
S21	罗晶	城市学生,父亲是中学老师,母亲无业 第一代大学生,西部学生	人文学科	本校直研

续　表

编号	化名	社会出身特征	专业大类	毕业去向
S22	寒梅	农村学生,父母务工 第一代大学生,中部学生	社会科学	延毕后申请出国留学
S23	艺飞	农村学生,父亲乡村教师,母亲务农 第一代大学生,中部学生	工程科学	本校直研
S24	刘志	农村学生,父母乡镇个体户 第一代大学生,东部学生	社会科学	本校直研
S25	吴祥	农村学生,父母国企下岗工人 第一代大学生,中部学生	医药科学	延毕后申请出国留学
S26	梦飞	城市学生,父母中小学老师 第一代大学生,中部学生	医药科学	公立医院
S27	飞帆	农村学生,父亲煤矿销售,母亲文工团演员 第一代大学生,中部学生	医药科学	公务员
S28	余涛	农村学生,父母务农 第一代大学生,西部学生	医药科学	选调生
S29	宇鑫	城市学生,父亲为私营企业主 非一代大学生,东部学生	人文学科	选调生
S30	鹏程	城市学生,父亲为事业单位普通职工 第一代大学生,西部学生	工程科学	选调生
S31	成忠	农村学生,父母务工务农 第一代大学生,西部学生	经管商科	选调生
S32	明宇	农村学生,父母务工务农 第一代大学生,西部学生	社会科学	选调生
S33	琳琴	农村学生,父母务工 第一代大学生,西部学生	社会科学	选调生
S34	小昊	城市学生,父母包工头 第一代大学生,西部学生	工程科学	选调生
S35	益民	农村学生,父亲乡供电所职工 第一代大学生,中部学生	社会科学	选调生

续　表

编号	化名	社会出身特征	专业大类	毕业去向
S36	高翔	农村学生,父母务工 第一代大学生,西部学生	工程科学	选调生
S37	梦瑶	城市学生,父亲国企职工 第一代大学生,中部学生	社会科学	某知名互联网企业
S38	大明	城市学生,父亲事业单位科级干部 非一代大学生,西部学生	工程科学	选调生
S39	安明	农村学生,父母务工 第一代大学生,西部学生	人文学科	选调生
S40	爱琳	城市学生,父亲事业单位技术员,母亲售货员 第一代大学生,西部学生	医药科学	选调生
S41	杏芳	农村学生,父母务工务农 第一代大学生,西部学生	医药科学	本校直研
S42	美华	农村学生,父母务工 第一代大学生,西部学生	工程科学	选调生
S43	国栋	农村学生,父母务工 第一代大学生,西部学生	社会科学	选调生
S44	冰倩	农村学生,父亲务工(父母离异) 第一代大学生,中部学生	社会科学	延毕后求职
B1	浩凡	农村学生,父母务农 第一代大学生,中部学生	工程科学	某国有航天企业
B2	国东	农村学生,父母为私企普通职工 第一代大学生,东部学生	自然科学	出国读博
B3	思同	城市学生,父亲为大学教授 非一代大学生,东部学生	社会科学	自主创业
B4	高程	城市学生,父亲为私企高级管理者 第一代大学生,东部学生	社会科学	某省委组织部
B5	夏宇	城市学生,父亲警察,母亲幼师 第一代大学生,东部学生	自然科学	延毕后申请出国留学

续　表

编号	化名	社会出身特征	专业大类	毕业去向
B6	庆西	城市学生，父亲私企工程师，母亲中学教师 非一代大学生，东部学生	自然科学	某知名通信科技公司
B7	宇航	城市学生，父亲医生，母亲小学教师 第一代大学生，中部学生	社会科学	出国读博
B8	彦超	城市学生，父亲大学教授，母亲医生 非一代大学生，东部学生	工程科学	某知名建筑设计院
B9	梓翔	城市学生，父母私企中层管理者 非一代大学生，东部学生	工程科学	某知名通信科技公司
B10	旺才	城市学生，父亲警察，母亲小学老师 第一代大学生，中部学生	社会科学	某外资律所
B11	吴猛	城市学生，父母国企工程师 非一代大学生，东部学生	工程科学	某大型国有金融企业
B12	友斌	城市学生，父亲国企工程师 非一代大学生，东部学生	工程科学	本校直博
B13	国庆	城市学生，父亲中学校长，母亲中学教师 非一代大学生，西部学生	社会科学	出国读博
B14	牛铭	农村学生，父母均为工人 第一代大学生，中部学生	社会科学	本校直博
B15	海文	城市学生，父亲为大专院校教师，母亲小学教师 非一代大学生，东部学生	工程科学	本校直博
B16	宇森	城市学生，父亲警察，母亲教育局科员 非一代大学生，东部学生	社会科学	本校直博
B17	禹海	农村学生，父亲工人，母亲务农 第一代大学生，中部学生	工程科学	本校直博
B18	大成	农村学生，父母务农 第一代大学生，西部学生	经管商科	选调生

注：编号以S开头者来自南方大学，以B开头者来自北方大学。

附录二　被访者基本信息

被访者基本资料问卷　　个案编号：________填写日期：

以下问题帮助我认识和了解参与这项研究的同学。所有的个人信息都是保密的，仅供此项调查之用。每个受访者都有一个编号，只有我知道受访者的真实身份。如果发表，将不会透露任何身份识别信息。

【个人基本信息】

姓名：________出生日期：________性别：①男　②女　修业阶段：①本科生　②研究生

入学年份：________所在院系：________所属专业（请写全称）：

你进入大学时招生录取的方式是：

①高考统招　②自主招生　③保送生　④体艺特长生　⑤定向招生　⑥其他

你本科阶段的平均绩点（GPA）为多少？____全班排名：前____%

（若现为本科生请跳过此题）你研究生阶段的平均绩点为多少？____全班排名：前____%

【家庭基本信息】

籍贯：________省(自治区、直辖市)________市(州)________县________乡

入学前户籍性质：①非农　②农村

父亲的受教育程度：

①小学及以下　②初中及相当水平　③高中　④大专　⑤本科　⑥研究生及以上

父亲目前的工作单位：________职务/职责：

母亲的受教育程度：

①小学及以下　②初中及相当水平　③高中　④大专　⑤本科　⑥研究生及以上

母亲目前的工作单位：________职务/职责：

【就学感受】

如果请你对大学的归属感/认同感进行一个总体性评价，您会打几分？

(最低)0 ---- 1 ----- 2 ----- 3 ----- 4 ----- 5 ----- 6 ----- 7 ----- 8 ----- 9 ----- 10(最高)

本科四年期间，你在大学大概共交到多少位朋友(这里“朋友”的标准是可与之谈论理想与未来)？

①多于15　②10—15　③5—10　④3—5　⑤少于3

本科在校期间，你和大学的老师们在课余时间平均多久进行一次面对面谈话？

①一周几次　②一周一至两次　③一月一次　④一学期一次　⑤几乎不和老师讲话

本科在校期间，你在学生组织里担任领导职务的最高级别是哪一级？

①班级　②学系　③学院　④大学　⑤市级及更高

当你还是大一新生的时候，你知道在T大有几位你的高中校友？

①10位以上　②5—10　③3—5　④1—3　⑤没有高中校友或根本不知道

本科在校期间，你有过几段知名公司或机构的实习经历？

①5段以上　②3—5段　③2—3段　④1段　⑤没有过实习经历

你觉得在本科期间追求下述目标有多重要？

	很重要	比较重要	较不重要	很不重要
a. 专业知识和技能的掌握	□	□	□	□
b. 通识知识和能力的提高	□	□	□	□
c. 获得高成绩	□	□	□	□
d. 发现和培养专业旨趣	□	□	□	□
e. 了解和认识自己想成为什么样的人	□	□	□	□

【职业选择】

你是否已有比较明确的职业路径选择意向？①有　②无

以下六组词语，哪几组最接近你目前在工作中所追求的目标？请按重要程度排序：1____2

①. 自主　兴趣　成长　创造

②. 地位　成功　财富　成就

③. 社会　家国　公益　责任

④. 收入　舒适　稳定　确定

⑤. 探索　好奇　体验　文化

⑥. 不清楚

以下六组词语，哪几组最接近你的人生目标或终极意义？请按重要程度排序：1____2

①. 自主　兴趣　成长　创造

②. 地位　成功　财富　成就

③. 社会　家国　公益　责任

④. 收入　舒适　稳定　确定

⑤. 探索　好奇　体验　文化

⑥. 不清楚

以下六组词语，哪几组最接近你身边的大学同学的职业追求？请按重要程度排序：1____2

①. 自主　兴趣　成长　创造

②. 地位　成功　财富　成就

③. 社会　国家　公益　责任

④. 收入　舒适　稳定　确定

⑤. 探索　好奇　体验　文化

⑥. 不清楚

附录三　访谈提纲

第一部分：个人生活史

1）请简要谈谈你的家庭、求学经历。

2）你从小到大一直是优等生吗？

3）你如何解释自己的优秀？

4）父母对你从小抱有什么样的期望？他们是怎样培养你的？

5）父母追求什么样的人生价值？他们对你的人生追求有何引导？

第二部分：大学就读体验

1）被大学录取的始末。对你来说，考上南方大学/北方大学是不是一件容易的事？

2）为什么选了这个专业？你喜欢自己的专业吗？

3）来到大学之后，你发现这里和你想象的是否一样？是否经历过适应困难？

4）你是那种主动融入大学的各种组织和各项活动的学生吗？简述大学四年的求学经历。

5）北方大学/南方大学崇尚的价值观是什么？你通常通过

哪些渠道感受到这种学校价值观的号召？你对此有什么看法？

6）你喜欢大学的多数老师和同学们吗？他们在你心目中是怎样的形象？

7）为什么同意（或不同意）南方大学/北方大学的人才培养目标？

第三部分：人生价值与工作

1）职业对你来说意味着什么？生活的一种手段还是生活的一部分？

2）谈谈你心目中"理想的工作"是什么样（不考虑现实的限制因素）。

3）你为了获得这种"理想工作"，做了一些有意的准备吗？哪些准备？从什么时候开始形成职业路径的选择的？

4）你觉得你身边的同学一般如何区分"好工作"和"一般的工作"？

5）家人提供了哪些意见？你的工作理想和目前面临的实际情况之间是否存在矛盾？感受如何？

6）什么是"人生赢家"？你还能想起你上大学前对这个问题的想法吗？

7）来到大学后，之前对这个问题的答案有变化吗？（大学有没有在过程中改变你的人生航向？）

8）你感觉自己身边的同学在出路决策中追求什么样的价值？你怎么看？你觉得自己的人生观被某种"大学文化"所影响吗？

9）你对自己目前所秉持的这一套价值观念有多少把握？为什么？

后　记

从踏入复旦校园开始算，这个研究问题已困扰了我十年有余了。犹记得2009年的9月，妈妈送我千里来沪进行新生报到又简单安顿之后，那一天我在复旦的正校门口与她作别。没有很多话，我和妈妈的道别一如往常那样故作轻松，干脆利落。我站在偌大陌生校园前边，看着她渐行渐远的背影，再也禁不住复杂的心绪，失声向着她喊道："妈妈，你放心吧，我会好好学的！"泪水溢出了眼眶。我知道接下来的路全要靠自己了。我想对妈妈许下一些承诺，可我实际上压根不知道接下来要学的是什么、怎样学，以及学了能做什么用。毕竟，就在几天前，我还没亲眼见过名牌大学教授的样子，还没坐过地铁。

我信誓旦旦的背后，是被耀眼的新同学衬托出的心虚和自卑，再加上被层出不穷的看不懂的安排（例如在线选课、书院制等）冲击后的惶惑与恐惧。开学后的头一个月，我都在失魂落魄中流泪度日。每每独步校园，看着身旁一个个看起来从容自信、似乎都在快马加鞭的同学，我感到自己是个异类，不配与他们为伍。我不仅一无所长，还不知道自己该做什么。关于大一，很多记忆都已失去，唯独记得我一点也听不懂徐珂老师在"社会学导论"课上的旁征博引。而这门课名声在外、好评如潮的事实,更让我确认了自己的差劲。三年的大学时光里,我所做的所有努力,无非是从各个方面试图赶上我想象当中的“同学”。然而到了大四,终于有机会被选送出境交流的我,才蓦然发现自己马上就要面临毕业出路的抉择。站在香港中文大学依山傍水的校园里,看着自己拉拉杂杂的简历,我不得不接受这个突如其来的事实:我好像无路可走了。我考虑过打工度假,也考虑过冒险求职,最后是在周怡老师的邮件鼓励下,决定试试学术研究的路。我申请了延毕一年,为自己浅薄的学术积累夯实基础。在这一年中,我停止了乱打乱撞,开始沉下心来思考研究的事。从我的所学和所见中,我逐渐意识到,我在大学所经历的这一切周折和迷茫,并非奇异的个例,而是一种结构性的现象,源于我的社会出身和局限的见识。那么,社会出身的影响究竟是如何延续到大学阶段的?我一直以来相信的奋斗精神难道只是泡影?我于是一头扎进了以布迪厄为代表的教育社会学理论,开始探究家庭背景对大学生的影响。

这一年也意外地迎来了幸运的光顾:徐珂老师知道我对研究教育感兴趣,便在这个暑假把我推荐给时任复旦高教所所长的熊老师做研究助理,由此结下了与熊老师的师生缘。在硕士一年级期间,我不断回望自己的大学经历,反思自己投身学术的动机,还是感到迷茫和困惑。我忽然想到:不如索性以这种出路的迷茫为题,去研究一番其他同学是如何解决这一问题的。那时寒门学子的话题还不像现在这样时兴,但我想至少能对自己的困惑带来启发。在熊老师慷慨的资助下,我完成了在南方大学和北方大学的38个访谈。这是我第一次主导一个质性研究,我的假设在起初也很清楚:不同家庭背景的同学可能对出路选择有着不同的价值偏好。然而,在进行访谈的一年多里,我深切经历了质性研究者不得不承受的巨大的模糊感和不确定性。最困难的阶段当属2015年1月,在北方大学做访谈的日子。每每访谈结束后,我话别被访者,孤零零地瑟缩在北方大学巨大的校园里,总也找不着路。北国的寒风刺骨地刮过全身,我的脑子在这风中却比头发更加凌乱。当时,我已经在南方大学完成了将近一半的访谈,满心觉得已经发现了家庭背景和职业价值偏好之间的某种直接的联系。之所以在导师的建议下选择北方大学再访谈一部分,只是为了验证我的发现。可是,在北方大学的几乎每一个访谈都令我绝望——被访的同学每个人看起来都那么真诚,可是他们的情况为什么和我的预设就是不一样?好不容易有点眉目的框架,又一次轰然倒塌。我恨不得立即回去,就当从没来过,可是旋即又对这种掩耳盗铃的愚蠢想法更加懊恼了。

回到学校,我立即跟熊老师抱怨我所遭遇的挫折。谁料他哈哈一笑,款款说道:"解释不了也是一种发现哟!想想为啥解释不了?"我心中长叹一声,面上做了个鬼脸。此后将近整一年的时间,我又在南方大学做了不少访谈,关注了不少两所学校里有名的微信公众号,看了无数两校学生的知乎帖子,时常注意观察两所学校里学生所使用的话语和分享的常识。然而,眼看着晚一年开题的同学们都进入写作阶段了,我的论文框架仍是一片废墟。从2016年的11月开始,我几乎觉得从千姿百态的现实生活里抽象出概念和理论根本就是不可能的,一度想放弃对定性资料的分析,换做一篇量化文章,这样至少比较安全,不会动不动就框架碎裂。

一个山重水复的故事总有一个柳暗花明的结尾。2016年12月,当我怀着不多的勇气再次踏上前往北方大学的列车,我不知道此去又会遇到什么。天气仍然那样寒冷,我对此行必将遭受的困苦已经有了心理准备。然而几个访谈之后却发现,之前的那种屏障感和隔膜感竟鬼也似的消失了！我终于感觉到南方大学和北方大学的被访者有了共同之处——虽然这是个再不能显而易见的发现。又有很长一段时间，我对这个研究究竟能产出什么结论毫无把握。要贯通理论与被访者的现实、被访者的现实与可能的结论、可能的结论与我自己的预设……每一个环节都经历了来回反复的更改。我决定不去操弄资料，而是坚持要产出一个适用于所有被访者现实的结论。当我终日坐在图书馆里，细细咂摸访谈记录和笔记，开始分清楚哪些是被访人的信念、哪些是自己的偏见、哪些是理论的偏见时，终于发现布迪厄理论的解释力还在那儿，只不过不是按我所想象的那样。家庭背景与选择偏好之间的联系看样子很难建立，而有一些人根本没有意识去主动作选择，却是最鲜明的区别。又一轮理论抽象过程艰难启程了。奇妙的是，在旁听一位同学的预答辩时，“自我主导”(self-authority)四个字悄然跃入脑海，正是我正苦苦描述却不能形容的意思！虽然这是一个着眼点极为微观的心理学理论，与我想说的仍然不同。但我却已经受到启发，想到去对“目标掌控”与“直觉依赖”两种实践模式进行类型化，再回头看访谈资料，发现简直每个个案都是对这一类型化再贴切不过的注解，理论构建的基石由是始成。于是将原先的思路推倒重来，信马由缰10日余，硕士论文初稿终于完成了，正是本书第二、三、四章的主体内容。

这篇论文获得了论文答辩主席唐安国老师的表扬，我也颇为得意。但当熊老师认真建议我出版成书时，我又生出了不少惶恐与担忧。主要的顾虑在于，这篇论文批判多于建设，而且受文化再生产理论的强烈影响，论文大体上还是讲了一个再生产的故事。我开始担心，这样的一本书能给那些最有需要的读者什么真正有帮助的东西，也决定再多做一番仔细的反思和必要的修正。那时我正在香港大学开始博士阶段的学习，导师白杰瑞教授和张丽芳教授颇为宽容，没有干涉我这些看起来“不务正业”的投入。

2017 年和 2018 年暑假，借着牛新春老师邀请的契机，我又在南方大学开展了两轮针对农村学生和贫困专项学生的访谈。在这轮访谈中，我接触到了更多具有典型性的“直觉依赖者”，激发了更强烈的共情。脑海中挥之不去的，是一位大四学妹噙着泪水的倾诉：“我从小的时候，我奶奶就一直跟我说，你以后要好好念书，要有出息。但是当我真的上了好大学了，对我这样一个入学前连电脑都不会玩的人，我真的不知道这个‘有出息’，到底是个什么样的出息。”我蓦然意识到，她需要的不是高高在上的宣判，而是静水流深的支持。我暗下决心，这本书要为和我一样经历过文化障碍的学子而写，不能只瓦解热望而不传递勇气。我开始学着扭转眼光，从关注他们的失败，转向寻思他们的成功与满意。这样想来，“直觉依赖模式”与“目标掌控模式”的区分就过于简单化了。“直觉依赖者”中也有对自己的出路比较满意的，比如选调生、读研读博等等。文化社会学的理论为我提供了价值信念驱动力的视角，也开始意识到先前的思路因为过于被舶来的理论所主导，而并未“看到”当代中国塑造毕业出路机会结构的独特现实——由政治轨道和市场轨道构成的二元精英职业路径。循着这些思路，我又对价值信念与职业优势的获得进行了探讨，遂构成了本书的第五章。除此以外，在访谈中我还意识到，诸如二元精英路径、大学生出路选项这样的“学者常识”，对寒门学子来说其实往往是知识盲区，因而专门增补第一章，算是对大学场域规则的简介。

当然，本研究的一些局限性使得本书的结论和建议都仍然值得进一步推敲。首先，并不是对每个个案都做到了跟踪研究，因为访谈时间安排的关系，有些个案在访谈时已经落实了去处；其次，篇幅所限，也深感在质性资料的运用上还尚未得心应手，因而在分析过程中并非对每一个个案都进行了描述，而是选典型个案重点描写；还有，本研究憾而未将资料的潜力更大程度上发挥出来，出于论文写作时间和篇幅的限制，未能纳入大学之间、性别之间的比较分析；还有，本研究在个案选择上范围较小（只选择成绩排名在前50%的学生），可能导致理论的外部效度降低。一个可能的处理方案是配合大样本的调查研究，使用量化手段去检视本书提出的两类实践模式是否有实证上的区分度。对本书进行了初步概念化的“文化障碍”概念，可以开发用来进行量化测量的量表，以获得更翔实的结论。另外，对寒门学子应对文化障碍的过程的理解仍然比较粗浅。这些缺憾为我的博士论文指明了方向。

回顾来路，心头唯有感激。我感激这馈赠给新手的、一波三折的质性研究过程，孕育了我短暂学术生涯中的第一个果子。虽然还显得青涩，却滋养了我的生命，让我与那个迷惘的自己达成和解。正是那些曾死死攫住我的困难，常常将我推向自己认知世界的边缘，提醒我看到那些熟视无睹的预设和偏见，使我的心灵更加开阔。倘若这个初熟的果子能带给那些和我一样经历过文化障碍的学子些许慰藉和帮助，我就心满意足了。

2021年9月30日于兰州

图书在版编目(CIP)数据

金榜题名之后:大学生出路分化之谜/郑雅君著.—上海:上海三联书店,2023.7 重印
(复旦教育研究曦光丛书/熊庆年主编)
ISBN 978-7-5426-7781-5

Ⅰ.①金… Ⅱ.①郑… Ⅲ.①大学生—职业选择—研究 Ⅳ.①G647.38

中国版本图书馆 CIP 数据核字(2022)第 136742 号

金榜题名之后:大学生出路分化之谜

著　　者 / 郑雅君
策　　划 / 王爱军

责任编辑 / 杜　鹃
装帧设计 / 一本好书
监　　制 / 姚　军
责任校对 / 王凌霄

出版发行 / 上海三联书店
(200030)中国上海市漕溪北路 331 号 A 座 6 楼
邮　　箱 / sdxsanlian@sina.com
邮购电话 / 021-22895540
印　　刷 / 上海惠敦印务科技有限公司

版　　次 / 2023 年 1 月第 1 版
印　　次 / 2023 年 7 月第 6 次印刷
开　　本 / 890 mm × 1240 mm　1/32
字　　数 / 180 千字
印　　张 / 9.25
书　　号 / ISBN 978-7-5426-7781-5/G·1644
定　　价 / 68.00 元